COMPRENDRE L'EMPIRE :
DEMAIN LA GOUVERNANCE GLOBALE OU
LA RÉVOLTE DES NATIONS ?

그들이 세상을 지배해왔다

금융권력,
제국의 지배는 계속될 것인가
국가가 반란을 일으킬 것인가

그들이 세상을
지 배 해 왔 다

알랭 소랄 지음
이현웅 옮김

ALAIN
SORAL

갈라파고스

나를 도와준 모든 사람들에게
그리고 자신의 모습을 알게 될 모든 사람들에게

일러두기

- 원문에서 대문자로 표기된 글은 ' '를 붙여 표기했다.

- 원문에서 이탤릭으로 표기된 글은 굵은 글씨체로 표기했다.

- 책에는 『 』를, 책의 소제목·선언서·칙령에는 「 」를, 잡지·신문에는 《 》를,
영화·텔레비전 프로그램에는 〈 〉를 붙여 표기했다.

- 이 책의 주는 모두 옮긴이의 주다. 짧은 내용의 주는 본문에 직접 싣고, 긴 내용의
주는 본문 끝에 실었다.

'제국'의 실체를 폭로하다

먼저 제목부터 이해하자.

이 책은 『바람둥이의 사회학』처럼 서로 논리적으로 연결되는 짧은 글들로 구성되어 있다. 내가 말하려는 것은 '역사'라 부를 수 있는 것, 곧 사상들의 전쟁이다. 그러면서 그 사상들이 태어나게 된 '역사'의 맥락을 재구성하고자 했다. 따라서 『그들이 세상을 지배해왔다』에는 방금 언급한 책과 마찬가지로 『지배의 사회학』 혹은 『거짓의 사회학』이라는 제목을 붙일 수도 있었다. 그만큼 제국이 지배를 할 수 있는 건 거짓말을 하기 때문이다.

이 책은 독자를 배려하기 위해 학구적 형식을 거의 갖추지 않았지만, 50년간의 독서와 정치 참여활동에서 나온 결실이다. 그러한 참여활동 없이는 어떤 작가도 우리 사회를 진정으로 이해할 수 없다. 이 책은 모든 이를 위해 교육적 목적에서 집필했으며, '전통'에서부터 마르크스주의까지, 그리고 마르크스주의에서부터 '전통'에 이르는 모든 경로를 다시 돌아보고 있다. 이렇게 해야만 소수특권층이 두 세기 이전부터 서구사회에서 시작한 세계 지배 과정을 명확히 밝힐 수 있기 때문이다.

필자의 동기가 궁금할지도 모른다. 세계를 지배하는 제국은 자신에게 반항하는 자들의 지지도가 한없이 낮기를 바랄 것이다. 그런데 필자는 극소수의 사람들에게만 지지를 받을 것을 알면서도 왜 이토록 큰 위험을 감수하려 하는 것일까? 아마도 거리로 나서려는 욕망보다는 전설적인 인물이 되고픈 욕망이 더 크기 때문에? 결국에는 종교처럼 숭배하도록 강요되기 마련인 진리에 도취됐기 때문에? 아니면 올림포스 산 같은 데서 사악한 이들, 길들여진 이들, 어리석은 이들과 너무 오랫동안 지낸 나머지 지독한 권태를 느꼈기 때문에?

나는 딱히 그 동기를 재치있게 말할 생각이 없다. 그렇게 말한다고 해서 내 각오가 더 단단해지는 것도 아니다. 지금까지 살아오면서 교훈을 얻은 동시에 환멸을 느끼기도 했기 때문이다. 만일 내가 진실을 밝히고자 나서지 않는다면 나는 국민과 공동의 선을 경멸하게 만드는 엘리트들의 냉소주의에 빠진 채 도로가로 멀찍이 비켜서서 바라보기만 하는 그 수많은 사람들과 같은 존재가 될 것이다. 말하자면 이게 내 동기다.

차례

신화가 된 역사

"프랑스공화국은 '이성'과 마찬가지로 타파할 수 없고
진리와 마찬가지로 불멸한다.
프랑스 같은 나라에 완전히 자유가 찾아들었을 때,
인간의 어떤 능력으로도 그곳에서 자유를 쫓아낼 수 없다."
— 막시밀리앙 드 로베스피에르

"부르주아지는 지배력을 행사할 수 있는 곳 어디에서나
봉건적, 가부장제적, 목가적 환경을 모두 파괴했다.
연민의 감정이라곤 전혀 없는 그들은 인간을 우월한 자연적 존재에
연결시켜주던 여러 특성의 봉건적 관계들을 가차 없이 차단시켰다.
인간과 인간 사이에 철저하고 노골적인 이해관계, 가혹한 '완전지급'의 관계
이외에는 어떠한 관계도 남지 않도록 하기 위해서였다.
그들은 신성한 전율의 감정과 경건한 열의, 기사도적 열정,
거친 자연에서 느끼는 우수, 이런 모든 것을
이기주의적 계산이라는 차가운 물속에다 용해시켰다."
— 카를 마르크스

프랑스의 현대 역사는 프랑스혁명에서 시작한다

처음에서부터 시작해야 한다. 하지만 '역사'에는 시작도 끝도 없다. 이러한 사실은 계속해서 패배하기만 한 시기에는 유일한 희망이다. 그 패배란 드골주의의 청산, 사라진 프랑스공산당(PCF: Parti communiste française), 국민투표에서 마스트리히트 조약(1992년 2월 유럽경제공동체의 회원국들이 새로운 '유럽연합'을 만들기 위해 체결한 조약—옮긴이)의 승리, 니콜라 사르코지의 당선, 프랑스 유대인기관대표위원회(CRIF: Conseil représentatif des institutions juives de France)의 권력 상승이다. 예를 들어 축구경기에서 15대 0으로 지고 있는데 경기의 끝을 알리는 휘슬이 결코 울리지 않는 것이다. 하지만 오늘의 압도적인 승자가 내일에는 패자가 될 수 있다. 마찬가지로 어떤 날 선거에서 승리한 자가 다른 날에는 희생자가 된다.

니체가 "'역사'의 의미"를 추종하는 순진하고도 폭력적인 신봉자들을 비웃으며 말한 "영원회귀"가 아마도 이런 내용이었을 것이다. 나폴레옹의 피비린내 나는 전투를 부른 '이성', 베르됭에서 수많은 인명 살상을 초래한¹ '계몽', 기술의 힘으로 히로시마를 초토화시킨 '진보'를 곳곳에서 마주칠 수 있는 그 "'역사'의 의미" 말이다. 영원회귀는 관념의 산물이 아니라 직관이자 경험으로 체득한 사실이다.

하지만 '역사'가 끝없이 득점하는 축구 경기처럼 결코 끝나지 않는다 해도 한 '순간', 경계선이 생기고 질적으로 두드러지게 도약하는 시기가 있다. 솔제니친은 이것을 '매듭'이라 표현한다. 이때 전부가 변하는 것은 아니지만 모든 일이 지금까지의 승자들이 크게 선전해댄 것과는 다른 방식으로 진행된다.

우리의 현대성modernity과 관련된 어떤 것이 이미 이곳저곳에서 진행되고 있어도, 우리는 프랑스에 살고 프랑스인이기 때문에 우리의 역사는 보르자의 이탈리아에서, 크롬웰의 영국에서 시작하지 않는다. 우리의 역사는 프랑스혁명이라는 또 다른 중요한 순간에서 시작한다.

이때부터 혁명의 신화가 아니라 국가의 로망roman이 시작된다('로망'은 '소설'을 뜻한다. 프랑스혁명 이후 온갖 전략과 계략이 펼쳐지는 국면이 시작되는데, 저자는 '시'나 '신화 혹은 서사시'와 대비되는 '소설'이라는 용어를 이용해 그런 상황을 표현하고 있다—옮긴이). 새로운 질서를 국민에게 주입해야 할 때 항상 일어나는 일처럼, 필연적으로 프랑스혁명은 명석하고 진보적인 선의 세력이 반계몽적이고 절대주의적인 악의 세력에 맞선 순간으로 선전된다. 곧 쥘 미슐레(Jules Michelet(1798~1874. 프랑스의 역사가. 민중의 입장에서 봤을 때 반동적 세력, 즉 민주주의에 반하는 제정 등에 저항하고자 했다—옮긴이)가 이해하는 "역사의 의미"[2] 속에서의 프랑스혁명인 것이다. 그러나 더 명백하게 말하면 신이 '이성'에 정치적으로 패배한 순간이다.

이때의 '이성'은 수학이나 물리학 같은 엄정한 학문에서 우위를 점하는 이성주의를 의미하지 않는다. 그렇게 된다면 구신앙을 믿던 구세계가 프랑스혁명을 거치며 학문적 진리를 추구하는 새로운 세계에 논리적으로 패배하고 추월당했다고 말하는 것이 된다. 이러한 관점을 가진 사람은 오귀스트 콩트의 실증주의를 받아들였겠지만, 이 관점은 제1차 세계대전의 참혹함으로 인해 확산된 실존주의적 환멸에 의해 끝을 맺었다.[3]

'역사'는 우리에게 다음의 사실을 보여준다. 사회학, 경제학 같은 인문과학의 과학성 뒤에는 항상 승자의 이데올로기가 있다. 그리고 과학성을 내세울수록 그 과학적 이성과 "'역사'의 의미"에 기대어 인간은 광기를 행한다. 스탈린이 소련을 지배하던 때의 '과학적 사회주의'가 가장 좋은 예다. 그리고 방데의 학살[4]에서부터 중국의 문화혁명 때까지 일어난 일들을 보라.

정치적 '이성'의 정치적 승리는 다음과 같이 이해해야 한다. 하나의 지배 이데올로기였던 부르주아지의 상업적이고 합리주의적인 '이성', 곧 사회의 위계질서 내에서 계급 상승 중이던 부르주아지들이 추앙한 완전히 새로운 종교[5]가 가톨릭에 승리한 것이다. 당시 가톨릭은 왕정의 이데올로기였지만 왕정은 1천 년의 권력을 누리는 동안 쇠락했고 귀족계급 스스로도 더 이상 왕정을 신임하지 않았다.

비록 그 긍정적인 면을 본다 하더라도 오늘날에는 열변가 멜랑숑Jean-Luc Mélenchon(1951~. 프랑스의 정치인으로 프랑스 좌파당의 대표이자 2012년 프랑스 대선에서 여러 좌파정당이 연합한 좌파전선의 대선후보였다—옮긴이)을 비롯해 그때가 암흑과 대면한 빛의 시기(프랑스혁명은 이념적으로는 '계몽Luimières' 사상에서 영향을 받았는데 프랑스어 Luimières는 '빛'을 의미하기도 한다—옮긴이)였다고 감히 주장할 수 있는 사람은 아무도 없을 것이다. 하지만 당시에 위대한 모험을 시도하고 위대한 전복을 기도하기 위해선 그때가 빛의 시기였음을 믿을 수밖에 없었다. 곧 이런 믿음에서 확신을 이끌어내야 했다. 하지만 이어서는 가톨릭에 의지한 왕의 약화될 대로 약화된 구세계를 무너트리기 위해 필연적으로 살인을 행하고 피를 흘리는 폭력이 동원됐다.

혁명과 관련한 여러 가지 신화

'절대왕정'의 존재를 여전히 믿는 사람들에게 "중개기능을 한 단체들"이 있었음을 상기시킬 필요가 있다. 『세계백과사전Encyclopœdia Universalis』은 다음과 같이 언급한다.

> 옛 프랑스는 중세 이후부터 개인들이 조직한 집단으로 이뤄져 있었다. 이 집단은 단체corps라고 불렸는데 나라 안에서 동일한 직업을 가졌거나 동일한 기능을 수행하던 사람들로 구성된 성직자단, 수도회, 노동자 단체를 의미했다. 이 단체들의 구성원들은 특정한 이해관계는 물론 공익을 지키기 위해 연합했다. 종종 이 단체들은 군주가 왕위에 오르기 전부터 존재했지만 군주의 인허를 받아 유지됐고 위계상으로 그의 아래에 있었다. 이 단체에는 고등법원, 군주의 조신과 고문들, 의사 단체나 변호사 단체, 노동조합과 전문가집단, 상업이나 산업 단체들이 있었다. 이 단체들은 고유한 법령과 규칙을 갖고 있었고(그렇다고 일반적인 법을 위반할 수 있는 건 아니었다) 군주의 자의와 독단으로부터 스스로를 보호할 만한 자유와 특권들도 지니고 있었다. 법인단체는 재산을 소유할 수 있었는데 단체의 전통을 지키기 위해 소송도 제기할 수 있었다. 이런 단체는 사회에서 어느 정도 높은 지위를 가진 단체였고 그 지위에

는 명예와 권위가 따랐다.

프랑스혁명 때 인민이 한마음으로 왕정을 불신하고 저주했다고 믿는 사람들에게 '반혁명 왕당파'[6]가 있었음을 상기시킬 필요가 있다. 브르타뉴, 멘, 노르망디, 앙주, 아베이롱, 로제르, 방데, 프와투의 모든 농민들은 혁명적이고 공화적인 새 질서에 반대하기 위해 가톨릭교도와 왕당파들로 구성된 군대에 합류했다. 이들은 비록 힘없는 인민이었지만 새로운 시대의 혼란스럽고 폭력적인 상황보다는 이전의 구질서가 훨씬 더 안정적이라고 느꼈던 것이다.

끝으로 혁명을 통해 실제적 평등과 박애가 생겨났다고 여전히 생각하는 사람들에게 '르 샤플리에법Loi le Chapelier'을 상기시킬 필요가 있다. '인권' 선언에 뒤이어 힘없는 인민을 착취하는 가장 잔혹한 경제 자유주의가 도래한다! 바스티유 함락 후 불과 2년 만에 발효된 르 샤플리에법은 노동자와 농민 단체를 불법화했다. 사실상 파업과 노동조합 구성권을 금지하면서 상호공제조합 같은 비영리적 기업도 함께 금지했다. 반면 고용주 단체나 트러스트, 독점행위는 규제되지도 방해를 받지도 않았다. 그래서 1800년부터 목공업 분야 노동자들이 비밀리에 연합해서 비공식적으로 파업을 벌이는 일이 발생한다. 그러나 이런 일들도 다시 르 샤플리에법을 통해 나폴레옹 3세[7] 때까지 탄압받는다.

가톨릭은 배반하지 않았다
나아가 가톨릭은 확실히 왕권의 이데올로기이긴 했지만 자유사상의 전통이 있는 지금 일반인들이 생각하는 것처럼 거짓되고 위선적이며 권력과 결탁해 전적으로 그리스도를 배반한 종교였던 것만은 아니다.

가톨릭은 언제나 권력에 동반되던 폭력을 완화시키는 역할을 했다. 오늘날 우리의 '인권', 곧 부르주아지의 종교가 부르주아지의 자유주의 자체는 문제 삼지 않으면서 그 자유주의로 인해 생겨나는 폭력을 완화시키고자 노력하는 것과 비슷했다.

예를 들어 왕권과 긴밀한 관계에 있던 가톨릭이 권력에 내재한 폭력을 완화시키려 한 노력은 10세기부터 '신의 평화와 휴전'이라는 형태로 나타난다. 이는 그 기간과 결과의 측면에서 전쟁 행위를 제한하려 한 영적이고 도덕적인 운동이었다. 그 목적은 영주들의 사적 이해관계로 유발된 전쟁을 끝내는 것이었다. 이러한 전쟁에서 첫 번째 희생자는 가난한 사람들이었는데 그들은 대개 스스로 보호할 능력이 없었기 때문이다. 다른 한편 가톨릭이 모범을 보이며 시작한 '미망인과 고아 보호' 운동은 왕과 높은 계급의 귀족들에게 지지를 받은 다음, 모든 기사들 사이에 널리 퍼지며 마침내 그리스도교[8]의 도덕이 된다.

교황들의 의지가 반영된 이러한 운동들로 인해 더 높은 사회적 차원에서는 다음과 같은 결과도 나타났다. 곧 가톨릭 군주들의 전쟁 벽을 유럽 바깥으로 향하게 한 것이다. 특히 십자군전쟁을 통해 동로마제국 지지세력을 적대하게 하면서 군주들의 대립이 줄었다.

진정으로 평화적이고 그리스도교적 역할을 수행한 가톨릭의 다른 예는 오랜 노력과 시간 끝에 태어난 성 토마스 아퀴나스의 '정의로운 전쟁' 이론이다. 이 이론의 요점을 언급하면 전쟁은 다음의 항목들과 필요충분조건 관계에 있을 때 가톨릭으로부터 정의로운 것으로 간주된다.

① 전쟁을 피하기 위한 모든 수단을 강구했을 때.

② 선善의 관점에서, 전쟁에서 기대할 수 있는 결과가 전쟁을 하지 않는 것보다 나을 때.

③ 전쟁의 목적이 공익이며 어떤 숨겨진 동기가 아닐 때.

④ 무엇보다도, 전쟁이 제한적인 것일 때.

실제로 왕들의 신앙이 두터웠던 구체제에서는 '전면전全面戰'이라는 게 없었다. 이는 후에 카를 슈미트Carl Schmitt(1888~1985. 독일의 정치학자. 법과 정치질서는 주권적 권위자의 '결단'에 의해 정당화될 수 있다는 결단주의를 주장했다—옮긴이)도 상기시킨 사실이다.

보다 가까운 시기를 생각해보자. 가톨릭은 제1차 세계대전이 일어나지 않도록 상황을 중재하고자 했다. 클레망소George Clemenceau(1841~1929. 프랑스의 정치인. 제1차 세계대전 당시 전쟁을 승리로 이끌었다. 전쟁이 끝난 후 베르사유 조약을 체결할 때도 주요한 역할을 담당했다—옮긴이)를 필두로 연합국 모두가 중앙유럽 제국들을 완전히 파괴하려 했을 때, 특히 이 연합국들이 협상을 거부했던 오스트리아에 가톨릭은 단독으로 평화협상을 시도했다.

귀족들 스스로 가난한 사람들이나 다른 귀족들과 평화적 관계를 유지하려는 운동도 있었다. 이런 이중의 운동이 없었다면 중세 서구 사회는 수많은 소규모 내전으로 황폐해져 비약적으로 발전할 수 없었을 거라고 판단해도 무방하다. 그런데 이러한 평화의 시기(가톨릭에 의하면 이 중 모범적 시기는 생 루이Saint Louis가 통치하던 때다)가 종말을 맞게 된 건 백년전쟁, 특히 종교전쟁들 때문이다. 가톨릭의 전권이 끝난 것이다.

왕과 대립한 건 민중이 아니라 귀족이었다

프랑스에서는 1천 년 동안 왕권과 가톨릭이 함께 나라를 통치하며 협력했다. 이로써 두 세력은 국가를 평화롭게 유지하고 운영하는 전반적인 역할을 맡게 됐다. 이는 권력을 분담한 것이지만 왕권과 가톨릭이 귀족계급의 부당한 관행에 직면한 가난한 사람들에게 종종 구원책 역할을 했다는 걸 의미한다. 프랑스의 왕들도 귀족계급에게서 가난한 사람들을 보호하고 신하들에 대한 권력을 차츰 강화했다. 이런 맥락에서 볼 때 특히 프랑스에서 농노제가 일찍 폐기된 이유를 설명할 수 있다. 왕은 토지와 농노들을 소유한 귀족계급에 대항해 가능한 한 자유 시민들을 많이 두고 싶었던 것이다.

혁명세력과 공화정이 만들어낸 신화와는 반대로, 프랑스 군주제의 내부 역사는 종종 왕권과 귀족계급이 대립해온 것으로 요약할 수 있다. 귀족계급은 자신들의 특권을 회복시키거나 더 많은 특권을 가지려 했다. 심지어 다음과 같이 말할 수 있다. 군주제 스스로 이 기생적인 귀족계급을 제거할 수 없었기 때문에, 그리고 루이 14세 때부터 영국식으로 부르주아지를 개혁하기보다 귀족계급을 제거하려는 목적으로 부르주아지에 의존했기 때문에 혁명이 발발했다. 콜베르에서 튀르고까지 이르는 과정을 보라.[9]

공화정의 신화를 계속해서 해체하기 위해 다음의 사실을 덧붙여야 한다. 인민은 결코 변화를 갈구하지 않았다. 타베르니에Bertrand Tavernier(1941~. 프랑스의 영화감독. 이야기체 사실주의 영화의 전통을 되살린 감독이라는 평을 받고 있다—옮긴이)의 영화 〈축제는 시작된다Que la fête commence〉는 농부들이 화염에 휩싸인 고급 사륜마차 앞을 지나는 장면으로 끝난다. 이 영화는 우리들에게 힘없는 농촌의 인민이 왕권을 증오했다고 생각하게 한다. 하지만 그 장면은 완전히 거짓이다. 국민의 80퍼센트 이상이 농업에 종사하던 농업국가 프랑스에서(프랑스는 20세기 중반까지 농업국가였다) 인민은 농부들이었고 이 농부들은 결코 혁명적인 성격을 지니지 않았다. 오히려 신성한 권위를 존중하는 경향이 있어서 농촌의 인민은 가톨릭과 왕을 존경했다. 그래서 수확량이 다소 떨어진다 해도 기껏해야 화를 내는 정도에서 그칠 뿐이었다. 산발적으로 발생한 농민반란도 대부분 그 타도 대상은 지방의 기생적 존재들인 귀족계급이었다. 농민들이 스스로 생각해내고 이론화한 혁명 프로젝트는 없었다. 귀족계급의 악행에 대면한 그들의 머리에 떠오른 말은 "폭군에게 죽음을"이 아니라 오히려 "훌륭하신 군주님께서 이 사실을 아셨으면"이었다.

실제로 농부들을 제외하고는 도시에서나, 살롱에서나, 클럽에서나, 파리에서는 타베르니에—이 인물은 트로츠키적 문화좌파에 속한 부르주아의 전형이다. 즉 인민에 속하지 않으면서도 항상 그들의 말을 왜곡시킨다—처럼 모든 이들이 유흥에 빠져 있었다.

인민으로 행세한 부르주아지와 자멸한 귀족계급

파리에서 혁명이론가들은 '매우 논리적으로' 인민은 제3신분[10]이라고 말할 수 있었다. 현실적으로 무산자들이기 때문에 기생적 존재들인 두 계급, 귀족계급과 성직자 신분에 속하지 않는다고 말이다.

다만 제3신분에서 왕에 충성하고 신의 뜻을 따르고 결코 혁명적이지 않은 농부들을 제외하면, 속임수 같은 논리 때문에 그 신분의 주인공은 부르주아지가 된다. 즉 귀족계급보다 수가 많지 않은 소수의 계급구성원들만 남는 것이다. 판사들, 변호사들, 지식인들, 정체를 알 수 없는 금융가들로 구성된 부르주아지는 모든 권력층처럼 인구의 극소수만을 차지했지만 인민의 이름으로 행세했다. 거기에다 이 계급의 일부는 오래전부터 더 이상 인민에 속하지 않았다. 그들은 완전한 권력을 행사하기 위해 필요한 모든 패와 핵심적인 권한의 일부를 이미 가지고 있었다.

그런데 부르주아지가 신과 귀족계급, 왕을 그토록 쉽게 죽일 수 있었던 건 이 파괴 작업이 내부에서 완성되었고 귀족계급이 이미 자멸했기 때문이다. 우선 폴레트 칙령이 있다. 이 칙령으로 부르주아는 법복귀족[11]의 지위를 얻으며 상위층으로 진입하는 매관매직이 가능해졌다. 그러자 넓은 토지를 소유하고 군사직을 수행하는 것보다 많은 돈을 가지고 서비스직을 수행하는 쪽이 점차 큰 권력을 가지게 되었다.[12] 이로써 귀족계급의 권력이 흔들리기 시작했다.

이어서 루이 14세 때 베르사유(프랑스의 수도는 전통적으로 파리였지만 태양왕 루이 14세는 프롱드의 난 이후 부분적으로는 왕권 강화를 이유로 베르사유에 거처를 정한다―옮긴이)의 정치 논리와 전략으로 어떤 현상이 생겨난다. 대귀족이 중심이 되어 일어난 프롱드의 난(1648~1653. 귀족계급이 왕권에 반발해 일으킨 난. 그러나 이 시도가 실패함으로써 오히려 왕권이 더 강화되었다―옮긴이)에 충격을 받고 귀족계급의 세력을 꺾으려던 왕권은 그 계급을 개혁하거나 그 계급이 기생적 지위만을 갖게끔 만드는 대신, 사업가들인 부르주아지만 신임하는 위험한 상황을 초래한다(콜베르에서 네케르까지).[13] 또한 이렇게 하며 인민의 눈앞에서 귀족의 위상을 떨어트렸다.

　사실상 이중적 자살이다. 여기에 덧붙여 왕을 포함한 교양 있는 모든 대귀족들이 『백과전서』(프랑스혁명이 일어나기 전 구체제 때 과학, 기술, 학술 등 당시의 학문과 기술을 집대성한 책. 프랑스혁명의 사상적 배경이 되었다―옮긴이) 집필에 관심을 보이고 참여한 이데올로기적 자살을 언급할 필요가 있다. 그 책에서 말할 수 없을 만큼 많은 신지식을 접한 프랑스의 구귀족들은 거의 인텔리겐치아(제정 러시아 때 지식인계급을 지칭하던 말―옮긴이)에 가깝게 변모한다. 조르주 소렐Georges Sorel(1847~1922. 프랑스의 사회주의자. 사회주의자의 의회 활동을 부정하고, 계급투쟁에서 프롤레타리아의 폭력을 정당한 것으로 간주했다. 정당이 없고 국가 자체가 없는 무정부주의 사회를 만들 것을 주장했다―옮긴이)은 『진보의 환상Les Illusions du Progrès』에서 이런 지식인층의 모습을 매우 잘 그려냈다. 굳건히 정착한 세습권력층과 달리 지방의 살롱 귀족들은 권력의 중심에서 멀어져 있었다. 시간이 더 지난 뒤 그들은 대부분 귀족계급 출신이었던 혁명 전야의 러시아 인텔리겐치아들처럼 반계몽적인 스콜라철학 대신 정신을 섬세하게 매혹하는 이성론을 선호하게 되었다. 그들은 자신들이 지적이고 미학적인 선택만을 한다고 생각했으나 사실은 그렇지 않았다. 그들도 자신들이 발판으로 삼고 있던 토대를 스스로 붕괴시켰던 것이다.

　가톨릭은 귀족계급에 의해 지배이데올로기이자 세계의 질서가 아닌 철학논쟁의 대상이 되었다. 이런 논쟁은 확실히 열정을 불러일으키기는 했다. 17세기와 18세기에 그리스도교를 믿던 철학자들, 곧 파스칼에서 시작해 볼테르를 거쳐 루소까지 차츰 철학적으로 변모하고 가톨릭에서 멀어진 천재적인 철학자들이 이 논쟁을 아주 서서히 이끌어 갔지만 매우 위험한 논쟁이었다. 질서와 지배의 이데올로기가 진리탐구의 대상이 될 때, 궁극적으로는 그 이데올로기 때문에 그 이데올로기가 지지하고 합리화하던 지배계급이 전체적으로 의문시되기 때문이다. 노동하는 국민들 앞에서 귀족들의 경박한 기생적 성격이 드러나게 되는 것이다.

따라서 혁명적 부르주아지는 신을 죽인 것과 함께, 스스로 의식하지 못했지만 이미 자신을 포기한 귀족계급을 죽일 수 있었다. 이 시점에서 우리는 왕권에서 자유로워진 가톨릭이 또다시 가난한 사람들과 초기 그리스도교 신앙인들의 종교로 되돌아갈 수 있었으리라 생각하게 된다. 하지만 성직자집단은 자신들의 토지 특권을 유지하기 위해, 그리고 로베스피에르가 '궁극의 존재'[14]를 내세우며 근본주의적 성향을 보이자 부르주아지가 한동안은 가톨릭의 처지를 고려하는 게 낫겠다고 판단했기 때문에 서서히 부르주아지의 질서에 굴복하고 협력하게 된다.

이 점진적인 굴복과 협력에 이어 가톨릭은 두 번째 죽임을 당하는데 이번에는 내부적인 죽음이다. 가톨릭은 매우 존경할 만한 '가톨릭 사회교리Catholic social teaching'(가톨릭이 국가, 사회, 경제, 빈부를 주제로 하여 교리를 발전시킨 이론. 자본주의와 사회주의를 모두 비판하고 대신 사회적 분배를 강조하는 내용을 담고 있다―옮긴이)라는 내부의 반대가 있음에도 스스로를 우파 부르주아지의 도덕으로 만든다. 궁극적으로 이 도덕은 민주주의의 연출극인 양당 구도 내에서 프리메이슨 사상이 표현하는 좌파 부르주아지의 도덕을 보충하는 기능을 한다.

시골 사람들이 맹신한 이 가톨릭은 제3공화국 때는 우파의 도덕을 넘어 우파의 이데올로기가 된다. 이런 가톨릭의 모습을 보고 충실한 가톨릭신자 레옹 블루아[Léon Bloy(1846~1917. 작가, 평론가, 언론인. 열렬한 가톨릭 신자이기도 했다. 자연주의 문학과 세기말 풍조에 대해 강하게 비판했다─옮긴이)는 자신의 글들에서 분노에 찬 비판을 하며 가톨릭의 배반에 대항했으며 그런 그의 행동은 정당한 것이었다.

권력을 상실하고 내부적으로 파괴된 가톨릭의 세 번째 죽음은 마침내 제2차 바티칸공의회 때 일어난다. 이번에는 유엔이 채택한 「세계인권선언」을 좇아가며 좌파의 통합주의 윤리에 현실적이고 정치적인 굴복만이 아니라 신학적인 굴복까지 한 것이다. '역사'에서 신학은 항상 현실이 움직이는 대로 움직인다.

잡지 《골리아스Golias》(1985년에 출간된 격주간지로 좌파적 경향의 매체. 주로 현대에 그리스도교가 대면하는 문제들을 다양한 관점에서 고찰하고 있다─옮긴이), 그리고 뤼스티제[Jean-Marie Lustiger 추기경(1926~2007. 유대인으로 프랑스 가톨릭교회의 추기경을 지냈다. 가톨릭과 유대교 간의 일치와 화합을 위해 노력하고 프랑스 내 주요 사회 쟁점에 대해서도 적극적으로 발언했다─옮긴이)이나 가이요[Jacques Gaillot 예하(1935~. 에브뢰Évreux 교구장을 지냈으나 핵무기를 반대하고 사제의 역할을 넘어 정치적 행동을 하는 소수집단을 옹호했다는 이유로 교구장직에서 해임됐다. 이후 알제리의 파르테니아Parténia 지역의 주교로 임명되었고 인터넷을 통해 계속 정치적인 활동을 하고 있다─옮긴이)를 포함한 여러 최고위 성직자들이 그런 식으로 굴복하고 전통적인 사상을 포기한 새로운 가톨릭의 산물이자 예증이다.

유대교의 아류가 된 가톨릭

교황 요한 23세가 솔선하여 시작한 바티칸 II (제2차 바티칸 공의회. 주요 목적은 그리스도교 교회를 현대세계에 맞게 변화시키고 그리스도교의 여러 계열들을 서로 조화시키는 것이었다―옮긴이)는 전통적인 가톨릭이 현대세계로 들어서는 서막임을 자처했지만, 실상 그 현대세계란 차츰 반종교적으로 변해가는 세계다. 이런 이유에서 우리는 바티칸 II―이 II는 동시대의 파를리 2 혹은 벨리지 2에서처럼(파를리Parly, 벨리지Vélizy는 프랑스의 도시이고 파를리 2와 벨리지 2는 새로 만든 상업단지의 이름이다―옮긴이) 현대를 상징하는 숫자다―를 고르바초프의 페레스트로이카와 비교할 수 있다. 이 회합에서 가톨릭은 자신의 존재를 깊이 숙고한 다음, 정치체제에 자신의 지위를 양보했다. 따라서 이는 고귀한 서막이라기보다 붕괴의 신호와 자신의 나약함을 알린 고백으로 해석할 수 있다.

바티칸 II는 미국 신교도가 세계에 전파한 자본주의적 세계주의와 독일 국가사회주의 체제가 탄압한 유대인들에 대한 죄의식에서 생겨났다. 그러니 바티칸 II를 목회적이고 신학적으로만 해석하지 말고 다음과 같이 이해해야 한다. 곧 가톨릭이 제2차 세계대전으로 인해 서구진영 내부에서 생겨난 새로운 질서에 굴복한 것이다.

바티칸 II는 불교도와 이슬람교도들에게 협력의 손길을 뻗었지만 딱히 결실을 얻지는 못했다. 하지만 계속해서 영향력을 전파하려 했다. 지중해 주변 일신교의 세계를 넘어 다른 세계에까지 영향력을 넓히는 것이 교황청의 목표였기 때문이다. 바티칸 II의 핵심 의미는 다음과 같은 선언에서 의심의 여지없이 나타난다.

세례를 받고 그리스도교식 이름을 부여받은 영광을 누리고 있지만 완전한 신앙고백을 하지 않았거나, 베드로의 제자와 한마음으로 공동체적 신앙생활을 하지 않는 이들일지라도 가톨릭은 수많은 관계 속에서 이들과 연결되어 있음을 알고 있노라.

이는 명백히 신학적 측면에서 신교의 개혁에 반대하는 것을 포기하겠다는 의미다.

가톨릭은 자신이 신학적으로 완전히 굴복했다는 걸 박애적 공동체 의식으로 은폐했다. 여기서 더 나쁜 것은 유대인들이 '역사' 속에서 탄압 당했다는 이유로 가톨릭이 구약과 신약의 대립을 스스로 포기했다는 것이다. 하지만 그리스도는 구약이 말하던 것 이상을 말하고 구약이 말하던 바를 무색케 한다는 이유로 수난을 당했다. 신약은 바로 이 수난으로 말미암아 완성될 수 있었다. 그런데 바티칸 II는 정치적 이유 때문에 신학적 토대를 포기했다. 그 정치적 이유란 실상 비밀리에 다른 신학을 받아들임으로써 구약과 신약의 공존을 인정한다는 것이다. 이러한 사실 때문에 어쩌면 우리는 모두 유대인처럼 될지도 모르지만, 유대인들 자신은 신약을 인정하지 않는다. 따라서 프리메이슨의 영향을 받은 것으로 보이는 이 '보편적 박애' 선언은 가톨릭을 순전히 유대교의 아류로 만들고 있는 것이다. 하지만 그렇다고 해서 유대교가 이 아류를 인정하지는 않을 것이다!

따라서 바티칸 II에 의해 가톨릭교도들은 유대인들을 종교상의 '손위형제'로 인정해야 할 의무를 지는 반면, 유대인들은 여전히 그리스도를 기껏해야 십자가에서 하느님을 부정하고 ("Eli, Eli, lama sabachthani" : "신이시여, 신이시여, 왜 당신은 저를 버리시나이까?") 구약의 신앙을 저버린 랍비 정도로 간주한다. 이는 순전히 가톨릭을 부정하는 동시에 그것을 경멸하는 태도다.

그리고 개종했다고 하기엔 뭔가 석연치 않은 1940년에 유대교에서 가톨릭으로 개종한 추기경 뤼스티제가 노트르담 드 파리 성당에 안치됐을 때, 바티칸 II 때문에 사람들은 그 앞에서 가톨릭의 장례의 식 구절이 아니라 카디쉬Kaddish(유대교에서 종교의식 때 암송하는 구절—옮긴이)를 읊었다.

가톨릭을 믿던 부르주아지의 고통과 쇠락

가톨릭계 부르주아지가 겪은 고통과 쇠락은 베르나노스Georges Bernanos(1888~1948. 가톨릭계열의 소설가. 악에 괴로워하는 인간의 내면을 전통적인 가톨릭의 입장에서 그리며 인간의 성스러움을 추구하였다—옮긴 이)의 작품이 증언하고 있다. 그러나 포스트 68년의 자유주의[15] 세대 는 그의 작품을 전혀 이해할 수 없다. 베르나노스는 가톨릭과 부르주 아지 사상의 충돌을 해결할 수 없는 도덕적 갈등으로 그려냈다. 그의 작품에서 나타나는 대로 이 수난과 자기희생의 종교, 곧 책과 글로서 존재하는 종교가 아닌 정신과 구현을 통해 존재하는 이 종교는 부르 주아지의 완전한 유대교·신교적 사상과는 양립할 수 없었다.

부르주아지에 속한 가톨릭교도는 그 자신이 지닌 겸허함과 증여 의 신앙 때문에 '현대적으로' 개종하지 않는 한 항상 정신적 혼란을 겪는 부르주아가 된다. 그는 자신과 싸워야 했다. 이기주의적이고 계 산적인 상업의 세계에 굴복하는 건 신앙을 포기하는 것이 되고 상업 의 세계에 굴복하지 않으면 이 세계의 부적응자가 되기 때문이다.

이런 맥락에서 본다면 오늘날 끈질기게 명맥을 유지하는 공식적 인 가톨릭은 새로운 권력층이 '통합주의자들'이라고 부르는 사람들, 곧 이전의 높은 계급에서 탈락한 사람들이 새로운 질서의 주변부에 서 영위하는 신앙 활동일 뿐이다. 바로 다음과 같은 이유 때문에 이러한 일이 발생한다. 이 세계는 가톨릭을 중심 질서에서 분리시켰지만 그들은 가톨릭교도로서 이 세계에 통합된 인간으로 남아 있고자 노력하는 것이다.

물론 군주제가 종말을 맞은 이후 가톨릭이 자신과 그토록 다른 부르주아지의 세계와 완전하게 단절했다면 그 모습은 지금의 모습과는 다를 것이다. 하지만 왕권과 권력을 나눠 가진 1천 년 동안 필연적으로 변질되고 가치를 상실한 가톨릭은 현실의 압력과 새로운 이데올로기인 '이성'과 '계몽' 앞에서 무력했다. 반면 '이성'과 '계몽'은 사람들에게 무엇이든 약속해줄 수 있었다.

차츰 물질적이고 기계적으로 변하던 세계에서는 보편적 박애와 선거라는 새로운 종교가 이성의 이름을 내세우며 자유와 평등의 민주주의를 통해 지상에 천국을 마련할 수 있다는 매혹적인 약속을 하고 있었다. 반면 신앙을 지킨 대가를 보장해주는 건 하늘밖에 없고 신앙을 실천하기 위한 수단으로 가진 것은 겸허한 태도뿐이던 가톨릭은 현실에서 권력을 상실할 수밖에 없었다.

프리메이슨의 등장과 정교분리

타당한 논리대로라면 종교의 반대는 무교다. 그런데 역사적이고 정치적인 성격을 띠게 마련인 현실에서는 다른 종파가 가톨릭을 대상으로 반종교 투쟁을 이끌었다. '우주의 위대한 건축가' 이념[16]을 믿는 종파와 프리메이슨 종파가 바로 그것이다.

17세기 영국에서 본격적으로 등장해 혁명기에 프랑스에 들어온 프리메이슨은 그 분파가 다양하지만(그랑 오리앙 드 프랑스Grand Orient de France, 그랑 로주 드 프랑스Grande Loge de France, 그랑 로주 나시오날 프랑세즈

Grande Loge nationale française, 페데라시옹 프랑세즈 뒤 드롸 위맹Fédération française du Droit Humain)¹⁷ 일반적으로는 스스로를 근본적으로 철학적이고 박애적인 단체 그리고 입문제도와 현회원이 신입회원을 선발하는 방식을 거치며 도덕을 전파하는 단체로 묘사한다.

그러나 프리메이슨은 가톨릭의 지위를 대체하려는 반가톨릭 단체다. 교황 클레멘스 12세는 1738년에 칙서 「인 에미넨티 아포스톨라투스In eminenti apostolatus」를 통해 프리메이슨을 파문하며 매우 일찍부터 프리메이슨의 위험성을 알렸다. 하지만 이 조처는 효과적이지 못했다. 당시 프랑스왕국에서는 고등법원이 등록하지 않으면 어떤 칙서도 법적 효력을 지닐 수 없었는데, 이미 대부분 프리메이슨 단원들로 채워진 고등법원은 당연히 교황의 칙서를 등록하지 않았던 것이다.

비록 초기인 혁명 전의 프리메이슨에는 많은 귀족들과(혁명 때 왕의 사형집행에 찬성표를 던졌고 영국인임에 틀림없을 필리프 에갈리테Philippe Égalité는 그랑 오리앙의 초기 지도자 가운데 한 사람이었다) 수많은 사제들이 있었지만 「인간과 시민의 권리 선언」을 작성하는 데 영감을 불어넣은 이 사교계 인문주의¹⁸를 추구하는 집단은 군주제도와 가톨릭이 중시하던 질서와 직접 경쟁하기에 이른다. 이렇게 하며 앞날의 「세계인권선언」을 기다리게 된다.

그런데 오늘날 사람들이 프리메이슨에 대해 어떻게 생각하건 루이 15세 시대에 프리메이슨 단원이 된다는 것이 모차르트나 카사노바처럼 당대 가톨릭과 왕의 권력에서 벗어나려는 자유로운 혹은 이상주의적인 정신을 상징했다면, 공화정 시기부턴 그것이 명백히 권력을 지닌다는 것을 의미하게 된다.

이 권력은 제3공화국 때 1905년의 법, 이른바 '정교분리'에 관한 법을 거치며 정점에 이른다. 실제 이 법은 가톨릭의 권한에 속해 있던 정신적이자 정치적인 마지막 보루 곧 아이들에 대한 교권敎權을 빼앗으려는 의도로 만든 것이다. 정신과 영혼을 형성시키는 책임, 지배하기 위해 가장 긴요한 책임이 이제부터는 대부분 프리메이슨 문화를 영유하거나 그 명령 체계를 따르는 세속주의 교사들에게 일임되는 것이다.

우리가 이 신비주의와 현회원에 의한 입문제도로 구성된 프리메이슨의 인문주의에 대해 더욱 정확하게 알기 위해선, 제3인터내셔널이 1922년부터 프리메이슨과 공산당의 이중가입을 금지했다는 사실을 덧붙일 필요가 있다. 당시 공산당원들은 프리메이슨에 입회하는 것을 계급배반과 같은 것으로 간주했다. 이 조처 때문에 그랑 오리앙 드 프랑스의 모든 단원들은 공산주의를 포기하지만 대신 사회주의자가 된다.

끝으로 유럽의 프리메이슨이 이 무렵 국제연맹이 형성될 때 맹아 역할을 했다는 사실을 덧붙여 지적할 필요가 있다. 제2차 세계대전이 끝난 이후 유엔이 창설될 때도 마찬가지다. 심지어 그로 인해 미래에는 세계정부가 생겨날지도 모른다.

공화국의 비밀사제단

왕권이 군사와 경제 분야에서 패권을 지니면서 영성·사상과 관련된 보충 영역을 가톨릭에 일임했듯, 부르주아지의 권력층도 경제적 억압에 인문주의의 색채를 입히는 사제단을 거느리고 있다. 이 사제단은 그런 행동을 통해 다소 행복을 느끼기도 하지만 시민 개개인은 거기에 속지 않는다. 사람들은 그 경제적 억압의 현실이 어떤 것인지 뼈저리게 잘 파악했기 때문이다.

현실적으로 구 가톨릭의 권력이 종말을 맞으면서 떠오른 프리메이슨은 부르주아지 권력층의 새로운 종교가 되고 그 단원들은 사제단이 된다. 그들은 세계적 차원에서 전개되던 공화정들을 교묘하게 지지하는 신질서의 주체였다.

이 비밀스런 종교집단은 차츰 18세기에서 20세기로 이행하는 동안, 러디어드 키플링Rudyard Kipling(1865~1936. 『정글북』으로 유명한 소설가, 시인으로 1907년에 노벨문학상을 수상하였다. 프리메이슨 단원으로 알려져 있다─옮긴이) 같은 인간이 보여준 상징과 위대함을 추구하는 경향에서(그의 시 「만일If」은 그 유명한 "나의 아들아, 너는 어른이 될 것이다!"라는 행으로 끝난다) 철학적 성격은 거의 없어지고 정교분리의 성향은 더욱더 찾아볼 수 없는 경향을 띠게 되었다. 그랑 오리앙의 이전 지도자이자 오늘날 니콜라 사르코지를 보좌하며 안보현안을 맡은 알랭 바우어Alain Bauer(1962~. 범죄학자, 변호사. 국가안보고문으로 일했으며 그랑 오리앙 드 프랑스의 그랜드 마스터를 지냈다. 이후 국제 프리메이슨 연구소의 총장이 되었다─옮긴이)가 그런 경향을 아주 잘 보여준다.

그런데 가톨릭이 왕권 옆에서 공적으로 권력을 인정받았던 것과 달리, 프리메이슨이 프랑스공화국에서 권력을 갖고 있다는 사실은 항상 부정되고 숨겨졌다. 그리고 이런 사실을 입 밖에 내는 건 수치스런 일로 간주됐다. 우리는 왜 이런 현상이 일어났는지 생각해봐야 한다.

아마도 아고라 민주주의와 시민평등을 추구하는 공화국은 명백히 현회원이 신입회원을 선발하는 방식으로 비교秘敎적인 박애철학을 전파하는 집단과 가능한 한 관계를 맺지 말아야 한다는 것이 상식이기 때문이다. 그러나 그 집단의 철학은 국경과 계급을 넘어 전파되고 있다.

그리고 정교분리의 공화정 민주주의를 설립한 이 야만적인 인간들이 상징으로 삼고 있는 것이 우리가 기대할 법한 그리스인들의 판테온 신전이 아니라 더 기이하게도 솔로몬 신전이라는 사실은 우연이 아닐 것이다.

세계주의의 시대인 오늘날, 지방의 중산계급 부르주아지가 사업을 통해 부를 쌓을 목적으로 가입하던 프랑스의 전통적 프리메이슨은 신입회원의 수는 줄지 않았지만 국내시장에 대한 영향력은 감소하는 추세인 듯하다.

대부분의 존경받는 주류 언론들 그리고 비주류 중에는《크라푸이요Crapouillot》(1915년에 제1차 세계대전 참전용사들이 직접 구상하고 편집한 잡지. 정치 현안들을 풍자적으로 다루며 비판했다—옮긴이)가 시간이 갈수록 숨은 권력층이 일으킨 스캔들 정보들의 보도 비중을 점차 줄이고 있다. 그 숨은 권력층이란 프랑스의 민주정체 위에 은밀히 군림하고 있는 프리메이슨이다. 그 이유는 아마도 이제는 싱크탱크 유형의 빌더버그Bilderberg(세계에서 정치, 경제, 군사, 금융, 언론 등 각 분야에서 큰 영향력을 미치는 사람들을 주축으로 1954년에 창립된 그룹. 냉전 시대에 공산주의를 견제하기 위해 생겨난 우익보수그룹으로 알려져 있지만 그 정체에 대해서는 여러 가지 추측들이 있다—옮긴이), CFR(Council on Foreign Relations. 미국의 외교정책을 연구하는 싱크탱크로서 비영리기관이다. 격월로 외교관계에 관한 잡지를 발행하고 있는데 이 분야에서는 신뢰성과 영향력이 큰 편이다—옮긴이), 트라이래터럴 커미션Trilateral Commission(1973년 북미 · 유럽 · 일본의 정부 고위인사들에 의해 창설된 단체로 데이비드 록펠러가 핵심 창립자다. 1년에 한 번 모임을 가져 주로 세계의 정치적·경제적 현안들을 의논한다고 한다—옮긴이) 같은 새로운 프리메이슨 조직들 내에서 우리의 '국가'와 관련된 사항이 결정되기 때문이다. 이들은 초계급을 위한 세계적 차원의 조직들이다. 지금 그 조직들에 돈을 지불하는 권력층은 과거의 권력층과 달리 일반인들의 눈에 띄지 않는 곳에 있다. 하지만 마침내 용감한 언론기관들이 그 권력층을 비판하려 한다.

신 혹은 계급투쟁이 없던 계급사회

신의 죽음과 더불어 문제가 시작됐고 이를 통해 유리한 고지를 점한 건 추상적이고 형식적인 평등을 외치던 부르주아지였다. 실제로 천국과 절대적으로 내재적인 것이었던 하늘[19]을 상실한 이 세계에서 샤를 페기가 '계급투쟁주의'라고 불렀던 것이 갑자기 생겨나는 건 필연이었다. 곧 이 세계의 질서에 신의 뜻이 반영되어 있다는 인민의 믿음은 더 이상 지속되지 않고, 수직적 연대를 한 동업주의자들과 중개집단들 사이에 있던 균형이 깨지게 된다.

이때 진보라고 내놓은 거짓말과 사람들의 우매한 반동성에서 뭔가를 기대하던 부르주아지 권력층은 다음의 전략을 시행한다. 두 진영으로 이루어진 세계, 즉 선과 '진보'의 좌파와 모든 파시즘의 기원인 악과 '반동'의 우파로 구성된 세계를 제시하는 것이다. 권력층이 역사의 승자들을 신비화하고 패배자들을 단죄하는 가운데, 정신적 자유를 지녔던 소수의 사람들만이 진실을 파악했다. 그 둘 중 악한 자로 지목된 쪽이 정말로 악한 존재인 것만은 아니라는 진실을 말이다.

하지만 어떤 이가 새로운 질서에 복종하고 루이 드 보날드Louis de

Bonald(1754~1840. 프랑스의 정치사상가로 프랑스혁명 때 왕당파에 가담했다. 신정론자로 종교를 모든 것의 근본법으로 생각하여 교회의 특권부활을 꾀했다─옮긴이)나 조제프 드 메스트르Joseph de Maistre(1753~1821. 프랑스의 소설가, 철학자, 정치가이자 프랑스 전통주의를 대표하는 사상가. 프랑스혁명에 반대하며 절대왕정과 교황의 지상권을 주장했다─옮긴이)처럼 어떤 이가 그 질서에 격렬히 반대했건 간에, 부르주아지의 지배를 위해서는 모든 사람들이 스포츠처럼 사회에는 두 진영, 두 그룹밖에 없다고 지속적으로 생각하게 해야 했다. 좌파와 우파, 가난한 사람과 권력을 지니지 않은 사람들의 편에 선 진보주의자들과 부자와 권력을 지닌 사람들의 편에 선 반동주의자들.

곧 순진한 면이 있어 정부의 대표직에 잘 어울렸던 아를레트Arlette Laguiller(1940~. 프랑스의 여성 정치인. 프랑스의 노동투쟁당Lutte ouvrière 소속으로 1999년부터 2004년까지 유럽연합의회 의원을 지냈다─옮긴이)가 말한 대로 "고용주들과 노동자들"의 두 진영이 있었던 것이다. 그런데 마르크스의 시각으로 보면 고용주와 노동자의 구분이 존재하지만, 보다 가까이서 바라볼 때는 고용주들도 이따금씩 노동자였고 노동자들도 이따금씩 소액의 금리생활자였다.

진보주의자 대 반동주의자라는 양자대립의 신화가 모든 국가적 로망을 축약했다. 그러면서 실제로는 더 복잡했던 투쟁이 은폐되었고 이 신화는 더 유리해졌다. 하지만 진보주의자들 내에서도 실제적으로 대립하던 두 진영이 있었다.

① 루소의 영향을 받은 민중적이고 사회주의적인 좌파적 진보주의자들.

② 볼테르의 영향을 받은 부르주아적이고 경제 자유주의적인 우파적 진보주의자들.

이 진보주의자들은 현대성을 믿고 그것을 실현하길 희망했지만 완전히 정반대의 시각을 갖기 때문에 구별된다.

전자는 노동과 부를 정확히 분배하면 실제적인 평등과 박애를 실현할 수 있다고 믿었다. 후자는 법률상의 평등과 기업을 만들 수 있는 자유를 요구했다. 구체제 때는 금전과 관련해 도덕적 제약들이 있었지만, 이제는 제약들에서 벗어나 제한 없이 이윤을 추구할 권리를 갖겠다는 것이었다. 이 경제 자유주의 신념에 의하면 한편의 사람들이 이기적이기 때문에 다른 편의 사람들도 번영을 누릴 수 있다. 하지만 이 신념은 그 타당성이 증명된 적이 거의 없다.

마찬가지로 반동주의자들 내에도 두 개의 진영이 있었다.

① 신으로부터 부여받았다는 권력을 내세워 예우받고 기생할 수 있는 생활의 특권을 유지하기를 바라던 사람들.
② 혁명 직후 르 샤플리에법으로 시작된 정치 · 경제 자유주의의 격랑과 이로 인한 사회적 폭력에 대면해 전통적으로 내려오던 선, 절제된 생활, 인간적인 것을 보존하기를 바라던 사람들.

좌파적 보수주의(볼테르의 영향을 받은 우파적 진보주의자들─옮긴이)로 인해 영국에서는 러다이트운동(러다이트Luddite가 1811년과 1816년 사이에 벌인 운동. 산업혁명으로 생겨난 기계들을 대규모 실업사태의 원인으로 간주한 러다이트는 멤버들을 조직해 기계들을 부수었다─옮긴이), 프랑스에서는 리옹폭동(1831년 프랑스 리옹의 비단견직물 직공들이 약속받았던 최소가격제를 지킬 것을 요구하는 과정에서 일어난 대규모의 폭동—옮긴이)이 일어나는데 그 원인은 부분적으로 방데 반란과 비슷하다.

반자유주의적 우파(반동주의자들 내에서 후자—옮긴이)는 진보의 한 국면을 비판하는 데 있어선 근본주의적 좌파와 의견을 같이했다. 이런 경향은 반세기 이후 혁명적 노조운동, 곧 피에르 조제프 프루동Pierre Joseph Proudhon(1809~1865. 프랑스의 대표적인 무정부주의 사회주의자이자 노동이론가. 마르크스와 날카롭게 대립되는 시각을 갖고 있었다. 프루동과 마르크스의 관점에 대해서는 4장에서 자세히 언급된다—옮긴이)과 조르주 소렐의 사상에서도 보게 될 것이다. 이어서 한 세기가 지나기 전에 일어난 독일의 에른스트 니키쉬Ernst Niekisch(1889~1967. 독일의 정치이론가, 학자. 민족볼셰비즘의 주요한 이론가—옮긴이)의 보수주의적 혁명에서도 이런 경향을 발견하게 되지만, 그의 혁명은 너무나 자주 나치즘과 혼동된다.

혁명이라는 신화 뒤에 숨은 '금융'의 교활한 승리

선이 악을 이긴다는 혁명의 신화 뒤에서는 이항대립적이기는커녕 과거나 현재나 비슷한 모습이 반복되는 '혁명'의 메커니즘이 전개되었다.

솔제니친은 두 번째 삶을 얻은 시기에, 즉 망명생활을 끝내고 『두 세기가 함께』를 집필할 때 러시아혁명에 관해 언급하며 그 메커니즘을 매우 잘 그려냈다. 그 메커니즘은 조작, 숙청, 회유로 이뤄져 있다. 우리는 탈식민화의 과정을 겪던 아프리카 국가들에서 그것이 다시 작동하는 걸 보았다.

더 이상 공화정의 신화가 제시하는 대로 보는 게 아닌, 비스듬하게 본 프랑스혁명이 우리 눈앞에 나타난다. 우리 현재 모습의 모태인 실제 프랑스혁명으로 돌아오는 것이다.

당시 세습적 특권에 집착하고 토지를 소유한 우파의 반동주의자들이었던 귀족계급과 왕을 숙청하는 것은 힘들고 악한 일이 될 수 있었다. 그러한 일은 좌파의 진보주의자들(로베스피에르와 생쥐스트)이 맡게 된다. 그런 다음 좌파의 진보주의자들을 내친(로베스피에르와 생쥐스트의 숙청) 우파적 진보주의자들, 실제로는 이미 사업에 손을 대기 시작한 부유한 부르주아지가 세상을 통째로 소유하게 된다. 이들이 귀족계급에게서 모든 것을 빼앗고 옛 농노들인 미래의 프롤레타리아를 일터로 몰아넣는다!

이상주의적인 산악파('산악파'는 당통, 마라, 로베스피에르가 지도자였고 주로 급진적인 사회주의적 이념을 지녔다. 반면 지롱드파는 학식을 지닌 부르주아지를 옹호하는 입장에 있었다. 혁명 당시에 각 파의 명칭은 자연 지명이나 지역 명칭을 따서 붙이곤 했다. 자코뱅파라고도 한다──옮긴이)였던 전자는 혁명 이념들을 믿었지만 시간이 조금 지난 뒤 교수대에 오르면서 혁명 동료였던 지롱드파와 정체를 숨겼던 여타 사업가들이 돈만 믿었다는 걸 알게 된다.

혹은 조금 더 명백하게 말하면 우파의 악과 투쟁하는 좌파의 선이라는 이분법의 신화 뒤에 '금융'의 교활한 승리가 도사리고 있었음을 알게 된다.

2.

천박한 권력, 금융의 탄생

"이 국가의 국민이 금융과 화폐시스템과 관련해
아무것도 이해하지 못하고 있다는 건
참으로 다행스런 일이 아닐 수 없습니다.
만일 반대의 경우라면,
제가 생각할 때 내일 아침이 되기도 전에
우리는 혁명의 상황과 마주할 겁니다."
― 헨리 포드

"나는 신을 대신해서 일을 하는 은행가일 뿐이다."
― 로이드 블랭크페인, 골드만삭스 최고경영자

최초에 증여가 있었다

모든 것은 증여의 사회에서 시작됐다. 증여하고 답례하는 사회, 교환의 사회. 이런 사회에서는 영예를 위해 대출하는 것("나는 증여한다. 그러므로 나는 존재한다")이 아닌 이자가 붙는 대출의 개념은 상상할 수 없었다.

이른바 '원시적'인 사회들의 이러한 기능 방식은 로버트 해리 로이Robert Harry Lowie(1883~1957. 미국의 문화인류학자로 주로 미개민족의 사회와 종교에 관해 연구했다―옮긴이)가 발견했다(포틀래치[1]는 실용적이지는 않지만 상징적인 교환행위다). 마르셀 모스Marcel Mauss(1872~1950. 프랑스의 종교 사회학자이자 인류학자―옮긴이)도 이 원시사회들을 깊이 연구했는데 그의 의견에 따르면 모든 자유주의 논리는 인류가 생각할 수 없는 것들이다.

이런 사회들은 세계 곳곳에서 수천 년간 명맥을 유지해왔다. 피에르 클라스트르Pierre Clastres(1934~1977. 프랑스의 정치인류학자로 오랜기간 인디언들과 함께 생활하며 연구를 했다―옮긴이)는 아메리카 인디언들을 관찰한 내용을 토대로 그 사회를 칭송하고 있다. "마음이 넓고 주는 사람들인" 아메리카 인디언들은 150년 전까지도 여전히 그 포틀래치 원칙에 준거해 살아가고 있었다. 장 클로드 미셰아Jean-Claude Michéa(프랑스의 철학자로 자유주의를 '차악의 제국'으로 규정한다—옮긴이)는 역전된 원칙, 즉 이기적인 개인이 이자를 붙여 대출하는 이른바 '자유주의적' 사회는 아무리 오래되어봤자 두 세기 정도밖에 되지 않았다고 말한다. 그리고 그 사회가 필연적으로 이전의 어떤 사회도 겪지 않은 폭력과 불안정성을 낳은 반면, 앞서 언급한 '원시적인' 사회들은 문제없이 지속적으로 유지되었음을 환기시킨다.

이어서 어떻게 인간사회들이 영예를 위한 증여제도에서 이자를 위한 대출제도로 옮겨갈 수 있었는지 이해할 필요가 있다. 곧 우아함에서 추함으로, 고귀함에서 고리대금업으로.

인류의 생산력은 호모사피엔스와 호모파베르에서 연원한다. 후자는 '인간'에게 고유한 창조적이고 기술적인 능력을 지녔다. 아마도 필연적으로 생산력이 발전한 덕분에 인류는 가혹한 생존환경의 사회(이런 환경의 사회구성원들은 먹을 수 있는 건 모두 먹었다)에서 점차 초과생산의 사회로 이행할 수 있었을 것이다. 더 이상 채집생활을 하지 않는 대신 직접 곡식을 키우고 농기구나 도기 등을 제작했다. 이때부터는 실용적인 목적을 위해 시장에서 곡식이나 물품을 교환하기도 했다. 곧 거래가 시작된 것이다.

이러한 교환활동이 확대되고 보편화되자 첫 단계인 물물거래를 지나 보편적 교환수단인 화폐가 필요하다는 생각을 필연적으로 하게 된다. 화폐는 추상적인 교환수단이면서도 여러 면에서 유용성을 제공했다.

하지만 우리가 화폐에 대해 말할 때는 다름 아닌 자본금에 대해 말하는 것이다. 즉 부유해지기 위해선 돈을 쌓아둘 필요가 있다는 관넘이 생겨났다. 이때부터 돈을 축적하게 되면서 사회는 변화를 겪고 영적인 성격이 사라진다. 그리고 돈을 쌓는 행위가 증여할 때 얻는 영예만큼 중요해지며 종국에는 그 영예보다 훨씬 더 중요한 것으로 간주된다.

예를 들어 위엄 있는 자의 영예보다 돈이 더 큰 힘을 갖는 현상은 인도의 어떤 귀족층의 말로를 매우 뛰어나게 표현한 사티아지트 라이[Satyajit Ray](1922~1992. 인도의 영화감독. 전통문학 속에 나타난 농촌생활을 시적으로 표현한 영화를 주로 제작했다—옮긴이)의 영화 〈음악살롱〉[2]에 너무나도 잘 나타나 있다.

천박한 권력이 영예 위에 서다

상거래를 통해 재산을 축적하면 필연적으로 대출에 대한 생각을 하게 된다. 그리고 돈의 축적을 중요시하는 상업적 사회에서는 영예와 교환의 기쁨을 위한 무상대출보다는(이때 대출자는 배려하는 태도와 넓은 아량 덕분에 상징적인 지배력을 행사할 수 있다. 이러한 배려와 아량의 메커니즘은 내밀하고 사적인 영역에서는 항상 생생하게 기능한다. 예를 들어 식당에서 서로 계산을 하겠다고 나서는 두 사내를 생각해보라) 돈으로 물질적인 지배를 하기 위한 대출이라는 개념이 더 중요해진다. 곧 천박한 권력이 영예 위에 선다.

계속해서 고귀함과 증여의 가치가 있던 전통사회를 생각해보자. 상업적인 면도 있었지만 항상 신성한 것을 가장 중시하던 이런 사회, 가령 중세 때 가톨릭을 믿는 군주제 사회에서 사람들은 신의 가르침대로 사회를 운영하기 위해선 고귀한 태도와 영혼이 사회적 영예의 기준이 되어야 한다는 의식을 계속 갖고 있었다. 이렇게 종교적 이유, 그리고 영적·도덕적 이유 때문에 그 사회에서는 이자가 붙는 대출을 금지했다.

하지만 같은 시기인 13세기부터 상거래와 교환활동이 발달하면서 대출제도는 사회 발전에 필수불가결한 요소가 되었다. 상업과 돈의 사회에서 이자 없는 대출이란 더 이상 불가능한 일이었다. 이자 없이 돈을 대출하는 일은 말 그대로 '아무런 흥미'도 끌지 않았다('이자'를 의미하는 프랑스어 intérêt는 '흥미, 관심'을 뜻하기도 한다—옮긴이). 때문에 영성을 추구했으나 실용성, 즉 사회의 상업적 기능도 고려해야 했던 가톨릭은 대출을 허용하지만 암암리에만 그렇게 한다.

대출은 비천하지만 해야만 하는 일이며, 물질적 측면에서는 사회적이지만 영적 측면에서는 반사회적인 일이었다. 가톨릭은 이 일을 저주받은 계층인 신의 사회 바깥에서 생존해온 계층[3]에게 일임한다. 돈은 이 계급을 거쳐 돌 것이다. 그런데 이윤을 축적할 그 계층이 영예와 소비에 동시에 근거한 사회질서를 위협하지 못하도록 사람들은 그 계층에 어떠한 정치적 권한도 부여하려 하지 않을 것이다.

이런 식의 이중적 사회가 수세기 동안 존재했다. 그 사회의 한편에는 귀족계급의 힘을 빌려 권력을 유지하고 토지들을 소유한, 공적 존재이고 영예롭고 돈을 후하게 쓰던 사회계층이 있었다. 이 계층의 아래에는 이들에게 언제나 충분한 돈을 빌려주며 자금 근원처의 역할을 하지만 눈에 띄지 않는 생활을 하고 순종적이던 저주받은 계층이 있었다. 이 계층은 굴욕을 겪으면서도 고리대금업을 통해 점차 부를 축적한다. 그런데 고리대금업이란 그 일을 하는 사람을 부패시키는 동시에 권력을 쥐게 만드는 강력한 매체 역할을 하게 마련이다.

그리고 이 대출제도가 품고 있던, 독한 산酸 같은 물질주의가 차츰 영적인 사회를 부패시키면서 귀족의 세습특권이 폐기되고 시민평등이 제기되는 순간을 거쳐 궁극적으로는 '왕'이 몰락하는 순간이 찾아온다. 사실상 시민평등이란 돈의 배타적인 권력을 공식적으로 인정하는 제도다. '금융'은 그 평등 덕분에 시간이 지나면서 완전한 권력을 갖게 된다.

로베스피에르가 왕을 죽이고 그다음 '금융'이 로베스피에르를 죽인 프랑스혁명이 정확히 이런 순간이다. 곧 혁명은 평등이라는 형식적인 제도 뒤에서 완전하게 반사회적이고 반민중적인 동기를 숨기고 있었다.

그러나 현실이 앞서 언급한 대로 단선적으로 진행된 것만은 아니다. 신앙을 가장 중시하던 사회에서 금지한 제도가 암암리에 허용되면서, '금융'은 다른 방식으로 발전하며 사회를 지배하기도 했다.

예를 들어 금융가인 교황들(신학적으로 이단적인 모순어법이다)이 모든 교회를 경영하던 이탈리아 르네상스기가 있다. 이 시기에는 특히 보르자 가문[4]이 가세해 가톨릭의 명예가 지속적으로 추락했으며 그 결과 가톨릭의 일부 영역에서 종교개혁이 일어난다.

곧 영성적이고 서민적 형태로 그리스도교 본래의 순수성을 회복하려는 신교가 나타나는 때다. 특히 예수는 자기의 이익을 초월하는 교환행위를 통해 증여의 의미와 사회질서를 서구적으로 구현한 인물이 된다.

이는 가능한 해석이긴 했지만 시간이 지나서는 역전된 해석이 되었다. 종교개혁의 의미가 신학적으로 변화를 겪은 것이다. 곧 그리스도교적 가치들을 상거래와 이윤을 추구하는 사회에 적용시킨 것이 종교개혁으로 이해된다.

신교는 타락하고 허영에 찬 교황제도를 거부한 게 아니었다. 시간이 지난 뒤 신교 역시 타락하고 허영에 차기는 마찬가지였다. 막스 베버가 정의한 대로 신교는 그 당시 막 태동하던 자본주의의 윤리로 받아들여진 것이다. 그런데 이때의 자본주의에서는 부르주아지가 여전히 신앙을 갖고 있었다. 또한 부르주아지가 부를 축적했지만 아직까지는 자신들을 위해서가 아니라 신의 큰 영광을 위해 그렇게 하고 있었다.

신교의 승리와 제국의 탄생

신교는 가톨릭 신학을 신랄하게 조롱하는 대신(그러나 금융가인 교황들은 마구 조롱거리로 삼았다), 그 신학을 실용적으로 적용시키는 해결책을 택함으로써 이성적인 승리를 거둘 수 있었다.

그래서 초기부터 가톨릭과 이탈리아와 관계되어 있던 그리스도교계열의 은행들이 친인척의 비리로 부패에 빠지고 비극적 국면들을 맞이한 반면, 신교도와 부르주아들은 앵글로색슨계 청교도의 영향을 받아 실용적으로 사업을 운영해 성장을 거듭한다. 그들의 산업은 우선 종교개혁이 가장 먼저 일어난 독일에서, 이어서는 전 서구사회에서 주요한 산업 영역이 되었다.

하지만 오늘날의 우리들도 여전히 이런 도정 위에 위치하고 있다. 이 도정에서는 '금융'의 두 가지 원칙이 공존한다. 신교적이지만 오히려 금욕적이고 기업가정신을 중시하는 원칙과 보다 정의하기 어렵지만 투기적인 원칙이 있다. 어떤 때는 서로 결합하고 어떤 때는 서로 배제하는 원칙들이다.

그 두 원칙은 서로 대립하기도 하지만 일단 결합하면 틀림없이 매우 훌륭한 성과를 도출했다. 그 성과 가운데 하나는 영국 왕실의 주관 아래 귀족계급과 은행의 역사적 연대가 이뤄진 일이다(정치와 금융이 손잡고 본격적으로 식민지배 과정을 추진했다—옮긴이). 우리가 이해할 수 있는 대로, 제국 탄생의 협약으로 제시할 수 있는 연대인 동시에 '금융'이 질적인 도약을 이룬 사건이다.

이렇게 '왕실'과 '금융'이 연대함으로써 로마제국이나 게르만제국 때와는 다른, 전례 없이 세계를 지배하는 권력이 태어났다. 동인도회사가 국제시장에서 누렸던 지배력은 개혁 신학과 보르자 가家의 자손들이 가졌던 힘을 훨씬 넘어선다.

우리가 보게 될 것처럼 이 제국의 권력은 '왕실'과 '도시'(금융의 본거지가 뉴욕의 월 가로 옮겨지기 전인 영국의 런던—옮긴이)를 거치며 미국의 월 가를 비롯한 다른 지역으로까지 확대된다. 미국의 민중주의 운동가 린든 라로슈Lyndon Larouche가 애매하고 모순적인 태도를 갖긴 하지만 자주 지적하듯이.

역전되는 권력과 '금융'

가톨릭 군주제 당시 은행은 권력 옆에서 군림할 때는 존중받을 수 있었다. 또한 한편으로는 생 루이의 섭정 때처럼 이따금씩 원래의 천한 지위로 거칠게 밀려나기도 했고 루이 16세의 섭정 때처럼 이따금씩 왕권을 불안정하게 만들기도 했다.

하지만 이와는 달리 영국에서는 청교도 군주제가 시작될 때 은행이 왕실과 권력을 나눠 가졌다. 그래서 선험적으로 인간본성에 반하는 결합인데도 그 어느 시대와 비교할 수 없을 만큼의 안정성과 권력을 갖게 됐다.

'왕'은 몇 배 더 강력해진 권력을 얻었으나 '금융'과의 상하 질서가 역전되는 위험을 경험했다. 초기에는 왕권, 맨 처음에는 '왕'이 직접 화폐를 찍어내는 권한을 지녔다. 그러나 세계가 농업경제에서 차츰 벗어나 자본주의경제로 변화하면서 돈에 대한 통제권이 중앙은행의 정치권력을 이용해 경제적·정치적 지배를 확대할 수 있는 열쇠가 된다.

그렇기 때문에 나누어 가진 권력이지만 일반인들의 눈에 보이지 않는 이러한 권력 내에서 '금융'은 상하 질서를 역전시키기 위해, 특히 돈에 대한 통제권을 장악하기 위해 노력을 기울였다. 역사적으로는 중앙은행이 민영화되면서 '금융'이 권력을 장악했다.

그들과 공모하는 언론은 이를 두고 '중앙은행의 독립'이라고 말하지만 그 의미는 중앙은행이 마침내 '왕'의 권력에서 벗어났다는 뜻이다. 곧 '중앙은행'이 모든 권력과 정치적 통제력에서 벗어나기에 이른다.

'금융'은 점차 모든 정치권력에서 해방되고 있고, 실제로도 중앙은행의 화폐량, 이자율 등을 조정함으로써 영향력을 행사하는 숨은 정치권력이 되고 있다. 이런 이유로 당연히 모든 사회적 제약에서도 벗어나고 있다.

공식적으로는, 그리고 언론이 보도할 때는 금융정책으로 인해 사회와 사람들이 받을 영향 곧 투기, 탈공업화, 공장이전, 실업 같은 결과를 책임져야 하는 건 항상 '왕'과 정치인들이었다.

그런데 부가 증가하면서 역설적으로 사회적 폭력과 불평등은 가중되었다. 그리고 정치인들은 실질적인 권력이 없기 때문에 '위기'를 해결하는 데 갈수록 무력해진다. 이런 현상들은 은행과 은행이 교환의 세계에 대해 갖고 있는 추상적이고 반사회적인 비전이 우리 사회의 지배 논리가 되었다는 사실을 통해서만 설명할 수 있다.

'금융'의 논리 때문에 정치인들은 점차 비밀스런 금융의 권력층, 버락 오바마 뒤에 있지만 그보다 상위에 존재하는 벤 버냉키Ben Bernanke(1953~. 현재 미국 연방준비제도이사회 의장으로서 유대인이다—옮긴이) 같은 인물에게서 돈을 지불받는 대리인들이 되었다. 그들은 금융에 뿌리를 둔 위기의 진정한 원인에 대해선 한마디도 하지 않으며 그 권력층 대신 비판받고 국민에게 거짓을 말한다. 이러한 지적은 프랑스의 대중운동연합(UMP: Union pour un Movement Populaire)[5]과 반자본주의신당(NPA: Nouveau parti anticapitaliste)에도 동일하게 적용할 수 있다.

본질적으로 인간을 제물로 삼고 추상적인 숫자(사변)에 근거해 작동하는 '금융'은 모든 정치적이고 사회적인 제약으로부터 벗어났고(중앙은행의 독립) 나아가 정치나 언론의 무대에서 은폐되고 보호받고 있다. 돈이 정치와 언론보다 우위에 있기 때문이다. 이러한 논리 때문에 '금융'은 점차 완전한 약탈과 폭력의 근원지가 되고 있다.

그 경영진과 고위간부들의 이데올로기가 이러한 폭력을 합리화하는 동시에 더욱 가중시킨다. 그들은 대부분 인간을 폄하하는 구약의 불평등주의를 받아들이며 인격이 형성된 사람들이다.

생산적 대출에서 완전한 강탈로

'제국'의 힘이자 원리인 '금융'은 골목 어귀에 자리한 예금·대출 은행들과는 아무런 관계가 없다. 이런 은행들이 '금융'의 조상이자 기원이지만 그 사실은 전혀 중요하지 않다. '금융'은 본래의 길에서 이탈했고 그 이탈은 연속적이고 점점 확장되는 단계들을 거치며 이뤄졌다.

투자·예금 은행이 고객들에게 대출해주던 돈은 다른 고객들이 예금한 돈이었다. 기업이 대출받은 자본금(이미 유통되는 통화량에 추가적으로 생겨나는 통화량)[6]에 지불해야 할 이자도 은행이 그 기업에 생산적인 투자를 함으로써 실질적으로 얻게 된 부에 상응하는 것이었다.[7]

현실적으로 모든 예금자들이 은행에 예금한 돈을 동시에 찾아가는 경우는 매우 드물기 때문에 은행은 실제로 갖고 있는 돈보다[8] 더 많은 돈을 대출하고픈 커다란 유혹을 경험했다.

이런 맥락에서 '승수'[9]가 생겨났다. 그런데 이때는 증서를 발행하는 대신 그게 항상 생산적인 투자에 쓰인다는 조건이 있었다. 그 증서는 일시적으로는 가상의 돈이지만 은행의 생산적인 투자로 기업이 부(부가가치)를 만들어내면 결국 실질적인 가치를 지니게 된다. 이러한 리스크 전략의 메커니즘은 두 가지 조건이 충족될 때는 별로 위험한 것이 아니다.

① 르네상스기에 이 관행이 처음 만들어졌을 때처럼 경제가 한없이 발전하고 성장하는 국면에 있을 때.

② '금융'보다 상위에 있는 정치기구가 증서의 수효를 늘리고 투기를 장려하기 위해서가 아니라 실질적인 경제발전과 성장을 위해 그런 관행을 규제하고 제한할 때.

그런데 은행이 실제로 갖고 있는 돈을 고려하지 않고 리스크를 감수하며 대출하는 행동은 통제할 필요가 있었다. 그래서 생겨난 것이 '지급준비제도'다. 정치권이 이 제도를 은행들에 강요하지만 현실 그리고 정치와 돈의 상하 질서가 계속 역전되는 현상을 고려할 때, 시간이 지날수록 그 지급준비금 비율이 계속 낮아질 거라는 의심이 든다.

은행은 이런 식으로 천천히 부패하는 동시에 권력을 갖게 된 데 이어(부패하는 것과 권력을 갖는 것은 서로 깊은 연관이 있다) 지금은 일반인을 강탈하고 그들의 재산을 압류하는 완전한 사기업이 되었다.

이것은 은행에 의해 유통되는 통화량이 계속해서 미래의 성장률, 즉 부가가치의 생산보다 높은 정도에서 유지되고 있고[10] 따라서 이자가 차용인이 지불할 수 없는 수준이 되고 있기 때문이다. 허구적 돈의 대출, 그러나 은행만이 독점권을 가진 대출제도 때문에 은행은 개인들의 재산을 차지할 수 있다. 차용인의 생산수단과 재산에 대한 저당권이 법적으로 허용되어 있기 때문이다. 아무것도 생산하지 않고 자본금만을 대출해 가상 화폐를 유통시키며 '금융'은 차츰 모든 것을 소유할 것이다! 우리는 여기서 은행의 천재성이자 진정한 비밀이라고 부를 수 있는 것을 보게 된다.

중앙은행의 화폐발행권과 인플레이션

만일 모든 서구국가에서 중앙은행들이 민영화된다면 초기에는 사기업들을 대상으로 과중한 채무를 지우던 이 과정이 또 다른 질적 도약을 하게 될 것이다.

중앙은행을 민영화한다는 것은 '왕'이나 근본적으로 왕과 같은 권력을 지닌 정치로부터 금융에 대한 권력을 궁극적으로 빼앗아온다는 걸 의미한다. 이전에는 대규모의 공공투자, 즉 국가발전계획을 실천하거나 인프라를 건설하거나 사회적 정치활동 등을 하기 위해 국가의 통제 아래 국영은행이 돈을 발행한 다음, 이 돈을 무이자로 국가에 빌려주게 하던 권력이 정치권에 있었다.

이 돈은 완전히 새로 찍어낸 돈이지만 국가가 채권을 발행하며 그 가치를 보장했다. 그리고 은행이 순수한 예금과 투자를 위해 경영되던 때처럼 그 채권은 만기에 이르면 실제적인 부가 되었다. 국가는 이렇게 공공투자를 통해 실제적인 부를 만들고 여분으로 생겨난 통화량도 흡수할 수 있었다. 곧 인플레이션이 아닌 발전이 생겨난 것이다.

진정한 의미의 인플레이션은 정치권력이 선거를 위해 조폐기를 이용하기 시작할 때 발생한다. 그리고 금융시스템에 아무런 변화도 가하지 않은 채 그 시스템을 민영화하기 위해, 그렇지 않은 경우에는 돈을 만들어내는 권한을 상업은행들에게만 부여하기 위해 '이성'이 동원된다.

그런데 중앙은행이 민영화되면서, 더구나 금융시스템에 대해 전혀 알지 못하는 국민들 몰래 민영화가 시작되면서 이제부터 모든 정부들은 개발정책에 필요한 돈을 자본시장에서 이자를 주고 빌려야 하는 상황이다.

프랑스의 경우에는 다음과 같은 상황이 진행됐다. 정부는 프랑스은행Banque de France(프랑스의 중앙은행—옮긴이)에서 무이자로 돈을 빌릴 권한이 없다. 로스차일드 은행의 전임 사장인 조르주 퐁피두가 대통령으로 있던 1973년 1월 3일에 취한 조처 때문이다. 그리고 이 조처를 취하고 국가의 제왕적 권력이 은행으로 이동하기 전, 먼저 드골 장군을 축출해야 했다.

유럽의 경우에는 다음과 같다. EU의 은행창구인 유럽중앙은행이 창설되면서 유럽연합 회원국의 모든 구舊 국영은행들은 마스트리히트 조약 104항(나중에는 리스본 조약 123항으로 불리게 된다)을 통해 슬며시 동일한 금지조처(각 국가의 중앙은행이 정부에 무이자로 대출하는 것을 금지한 조처—옮긴이)를 받았다. 이때 내세운 명목은 경제원칙을 준수하고 국민이 단합해야 한다는 것이었다!

앞으로 국가는 개발에 필요한 공공투자에 이자를 지불해야 한다. 국가의 채무와 채무의 정치학을 말할 땐 다름 아닌 이 이자에 관해 언급하는 것이다. 정부는 국민을 대상으로 강력한 조세정책을 펼 수밖에 없고, 이에 정치인들도 침묵하며 동조해오고 있다. 혈기왕성한 브장스노Olivier Besancenot(1974~. 프랑스의 정치인. 극좌파인 반자본주의 신당NPA의 대변인을 지냈다. 우편배달부인 동시에 정치활동을 한다—옮긴이)도 침묵할 수밖에 없다. 드뤽케르 집안(프랑스의 텔레비전과 영화 분야에서 여러 중요한 인물을 배출한 유명한 가문—옮긴이)을 계속 드나들려면 이런 문제를 다루어선 안 된다는 걸 잘 알기 때문이다.

1970년대가 끝날 무렵 복지국가가 종결된 첫 번째 원인은 이렇게 은행이 국가와 국민을 대상으로 강탈을 했기 때문이다. 그것이 우리가 '위기'라고 부르는, 개발을 위한 모든 사회적 정치 종결의 가장 중대한 원인이다. 프랑스에서는 국민의 임금에 부여되는 모든 세금이 은행에 대한 이자로 지불된다. 우리 사회에서는 '금융'의 완전한 강탈이 진행되고 있다. 일반적인 경우라면 개발정책과 사회를 위해 써야 할 돈이 은행으로 유입되는 것이다.

좌변과 우변 사이에 완벽한 등식이 성립한다. 우리는 이를 단순한 수학으로만 이해해서는 안 된다. 서구사회에서는 정부가 국채를 내놓아 자본시장에서 이자를 주고 돈을 빌려야 한다. 따라서 기업이 저당 잡히는 것과 같은 일이 국가에도 일어난다. 국가의 채무는 계속 불어나고 구조적으로 완전히 상환할 수 없게끔 되어 있다. 이런 채무로 인해 강탈과 박탈의 절차를 거치며 국가의 모든 부가 특히 민영화라는 방식을 통해 스스로 생산하는 것이 없고 남의 것을 축내는 존재인 '금융'으로 이전되고 있다.

제국의 두 번째 도약, 달러의 사기

이렇게 '금융'은 보르자 가문의 이탈리아에서 시작해 '도시' 런던을 거쳐 미국의 월 가에 이르며 서구국가들을 대상으로 차츰 완전한 권력을 획득했다. 이 과정은 중앙집권화의 과정이자 하나의 세계관이 실현되던 과정으로 이해할 수 있다.

미국은 눈에 보이지 않지만 분명 실재하는 이 권력을 월 가를 통해 행사한다. 이런 사실에 근거할 때에만 여러 서구국가들이 가장 최근의 금융위기에 보인 반응을 설명할 수 있다. 파산한 약탈자이고 기생적 존재들인 은행들을 청산하는 대신, 은행들의 빚을 국민에게 전가하고 가상의 돈을 더 많이 찍어내 은행들을 구제했다. 그럼에도 이 돈은 계속 투기로 쏠리고 있다. '위기'의 원인이 투기로 몰리며 경제를 파탄시킨 그 가상의 돈인데도 같은 일이 다시 일어나고 있다.

이런 식으로 '금융'이 서구사회의 정치와 국민들에 대해 완전한 권력을 갖게 된 건 대출시스템과 달러가 모든 현실적인 경제 현상과 괴리된 채 기능했기 때문이다. 이 과정에는 몇 가지 단계와 수많은 결과들이 있다.

1910년 이미 국가경제를 불안정하게 하던 금융 권력층(1907년의 금융공황)을 청산하려던 미국 의회는 은행들을 통제하기 위해 미국과 유럽의 대 금융가들인 록펠러, J.P. 모건, 밴더리프Frank Vanderlip(당시 뉴욕 내셔널시티은행장—옮긴이), 파울 바르부르크Paul Warburg(유대계 은행가로 독일 함부르크의 바르부르크 가家 출신. 바르부르크 가는 함부르크에서 번영한 상인 집안으로 1798년에 설립된 은행기업인 M.M.바르부르크 사는 그 후 세계적인 은행조직으로 발전하였다—옮긴이)를 거쳐 유럽인 로스차일드로 구성된 비밀 모임을 조직한다. 카를 마르크스가 처음 사용한 유명한 문구대로 닭장 지키는 일을 여우에게 맡긴 것이다! 그 결과는 오래지 않아 나왔다. 1913년 12월 22일, 제1차 세계대전이 발발하기 1년여 전 우드로 윌슨('금융'에서 자금을 지원받던 독창성 없던 인물) 정부 때 미 연방준비제도이사회(연방준비제도의 결정기구로 미국 내 통화정책에 관여하고 은행·금융기관에 대한 감독과 규제, 금융체계의 안정성 유지, 정부·국민·금융기관 등에 대한 금융서비스 등을 제공한다—옮긴이)가 창설됐다.

은행들의 은행인 이 기구는 그 이름이 가리키는 것과 달리(그 이름은 완전히 거짓된 면이 있다) 준비제도도 아니었고 연방으로 구성된 것도 아니었고 심지어 특별한 미국적 성격을 갖는 것도 아니었다(이와는 다르게 유럽을 대표하던 것은 바로 독일과 프랑스까지 대표자들을 파견하고 있던 영국의 '도시'였다). 오히려 10여 개의 큰 상업 은행들인 베어링Barings, 햄브로스Hambros, 라자드Lazard, 에를랑제Erlanger, 슈로더Schroder, 셀리그먼Seligman, 로스차일드, 모건, 록펠러가 세계적으로 형성한 카르텔이었다. 이 은행들은 당시 협력하며 영업하고 있었고 이 때부터는 기축통화 달러에 대한 통제권을 갖게 된다.

1913년에 미 연방준비제도가 창설되면서 폭력적인 통제권과 전문적인 거짓 행태들이 펼쳐진다. 더불어 노동임금에 대한 과세제도가 생겨난다. 이는 우연이 아니다. 국가가 생산적 투자를 위해 무이자로 돈을 빌릴 수 있던 권한을 잃어버렸기 때문에 그때부터는 이자를 지불하기 위해 당연히 노동임금에 과세해야만 했다.

노동임금에 대한 세금, 시간이 지나면서는 이른바 사회를 위한 세금으로 정의되는 이 세금은 순전히 '금융' 이자를 지불하는 데 사용된다. 약탈할 수 있는 건 무엇이든 약탈하는 '금융'이 국고와 국가를 매개로 시민 노동의 결실을 강탈하기에 이른 것이다.

이때부터 달러에 대한 자유재량의 통제권을 가지며 권력을 쥔 '금융'은 제1차 세계대전이 5년 동안 이어진 것에 책임이 있다. 모든 전문가들이 지적하는 대로 그 가상의 화폐, 허구이지만 원리금을 상환해야 하는 화폐가 대량공급되지 않았다면 당시의 금융제도 때문에 무작위로 찍어낸 것이 아닌 진정한 돈을 빌릴 수 없었던 참전국들인 프랑스, 독일, 영국은 원리금을 지불할 수 없어 적어도 2년은 더 빨리 전쟁을 종결했을 것이다.

그리고 '금융'은 1920년대의 조작된 번영과 논리적으로 이 번영에서 기인한 1929년의 금융위기에도 책임이 있다. 은행은 '거품'의 금융전략을 시행하며 대규모 액수의 돈을 대출하고 결과적으로 과다채무 사태를 일으켰다.

이렇게 시민의 부를 부풀린 다음 '위기'를 일으키는 방식으로 그 부를 앗아가는 전략 때문에 대공황이 일어났다. 당시 투기로 몰렸던 수백만의 소지주와 소기업인들은 파산했고 이어서 천만여 명의 임금 노동자들이 실업자가 되어 거리로 내몰렸다. 이런 일은 위기를 계획해 풀린 돈을 다시 회수하며 이윤을 획득하는 '금융'만을 위해 발생했다.

루스벨트 대통령은 전임자와 마찬가지로 '금융'의 통제 아래 있었다. 특히 자금을 대고 금융고문을 맡았던 투기전문가 버나드 바루크Bernard Baruch가 큰 역할을 했다. 루스벨트 대통령은 보잘것없는 권력을 가졌지만 '뉴딜' 정책을 통해, 끔찍한 사회적 비용을 들여 금융의 악마와도 같은 논리가 불러온 참혹한 결과를 완화시키려고 노력했다.

그런데 실제 해결책은 이전의 전쟁보다 훨씬 많은 천문학적 액수를 대출해 전개된 새로운 전쟁인 제2차 세계대전에서 나온다. 우리는 '뉴딜'(이 정책도 재정적자를 상당히 가중시켰는데 역시 '금융'의 이익을 위한 일이었다)에도 불구하고 1938년에 미국 실업자의 수가 1,100만여 명이었다는 사실을 알고 있다.

금본위제에서 오일달러로

1945년 종이에 불과한 달러의 가치를 이론적으로 보장하던 금본위제도가 더 이상 지탱되기 어려운 수준에 이른다. 미 연방준비제도이사회가 법적으로 허용해 통용시킨 가상 화폐량이 수준 이상으로 불어난 것이다. 이에 소수특권층에 속했지만 경제학자로서는 뛰어났던 존 메이너드 케인스는 금융시스템을 조금은 바로잡고, 그것이 외면적으로는 신뢰할 만한 것으로 보이도록 해달라는 요청을 받는다.

이렇게 해서 브레튼우즈협정이 탄생했다. 케인스는 이 협정을 통해 '방코르Bancor' 곧 국제통용화폐 개념을 만들어 조폐기를 무분별하게 이용하는 리스크 전략을 제한하려 했다. 이는 엄격한 금본위제도와 연방준비제도이사회가 만들어낸 가상의 종이화폐도 중간쯤에 위치하는 것이다. 케인스의 시도는 실패하지만 이러한 시도 때문에 브레튼우즈협정은 달러 기준으로 국제통화시스템을 재정비한다는 명목을 내세우고[11] 세계은행과 국제통화기금(IMF)을 만들면서 국제사회에 자국 금융의 패권을 확장할 수 있게 된다.

1971년 미국 내 금 보유고와 전 세계에 유통되는 달러량의 차이가 너무나도 커지자[12] 당시 세계 유일의 군사력(우리는 이를 '위협'이라고도 부를 수 있다)을 자랑하던 미국의 닉슨 대통령은 전 세계를 향해 다음과 같이 선언한다. 지금껏 다른 나라는 미국에서 달러를 금으로 바꿔갈 수 있었지만 이제부턴 그렇게 할 수 없고, 또한 앞으로 금본위제도나 은본위제도 같이 화폐 이외의 것에 돈의 가치를 고정하는 일은 없을 것이다!

그럼에도 1973년에 미국은 다른 국가들이 연방준비제도의 가상화폐를 사용하도록 강제하기 위해 이번에는 석유에 근거한 변동환율제도를 만든다. 실제로 이것이 사우디아라비아를 군사적으로 보호하기로 한 협정[13](또한 이 협정으로 인해 이후 '금융'과 미래의 빈 라덴의 와하비즘wahhabisme[14]이 연계된다)의 대가인 '오일달러'의 시작이다. 이 시스템에 의하면 장차 모든 국가는 석유를 수입할 때 석유수출기구(OPEC)를 거쳐 달러로 대금을 지불해야 한다.

국제사회가 의무적으로 달러를 비축해야 하고 심지어 달러 보유고를 높이도록 만드는 효과적인 방법이었다. 아무런 본위도 없고 어떤 것으로도 대체할 수 없던 달러, 다만 석유로만 대체할 수 있던 달러였다.

세계에서 가장 부유한 사적 기구

독자들에게 어떤 순위를 알릴 필요가 있어 보인다. 《포브스》에 따르면 세계에서 가장 부유한 이는 빌 게이츠로 500억 달러 정도를 소유하고 있다. 정보처리기술 분야의 세계적 기업인 마이크로소프트 덕분이다. 그런데 우리는 연방준비은행이 연간 이자로 벌어들이는 액수만 2조 5천억 달러에 이른다는 사실을 알아야 한다. 그 기구는 매년 빌 게이츠가 버는 돈의 50배가 되는 액수를 벌어들이고 있으며, 가상 화폐 이외에는 아무것도 만들거나 생산하지 않으면서 세금도 물지 않는다.

그 엄청난 액수의 돈은 이 은행 뒤에서 정체를 드러내지 않은 채 영업을 하는 10여 개 국제은행들로 구성된 카르텔이 나눠 가진다. 이 은행들에 비하면 다른 경쟁자들, 예를 들어 바레인 왕이나 영국 여왕 등은 한 수 아래라고 할 수 있다. 하지만 《포브스》는 이런 사실을 언급하지 않으려고 매우 조심스러워 한다!

지금껏 언급한 메커니즘을 잘 이해한 사람을 위해 한 번 더 언급한다. 연방준비은행이 많은 돈을 빌려줄수록 그것이 많은 수익을 거둬들이는 동시에 그 최고 고객인 미 정부를 비롯한 다른 정부기관들의 재정적자는 커진다. 이 때문에 1971년에 1조 달러였던 미 정부의 부채는 2010년에는 15조 달러 이상을 넘었다.

그리고 국채 발행의 주요한 두 원인은 대개 금융위기와 전쟁이었다. 1913년부터 그러한 사태들이 발생할 때마다 연방준비은행도 어떤 역할을 했을 것이다.

그 시기 동안 가상 화폐가 발행되어 돈이 지속적으로 평가절하됐기 때문에 미국 국민을 비롯한 달러 보유자들에게 돈의 가치는

1913년 이래로 90퍼센트 하락했다. 결과적으로 구매력도 같은 수준으로 감소했다. 은행의 대출서비스를 통한 소비 증가율이 급격하게 커졌기 때문에 돈의 가치가 하락한 것이다.

제국 안에서 '금융'에 대한 저항이 일어나다

그런데 '금융'의 이런 점진적이며 은밀한 권력 탈취 행위는 어디에서나 저항에 부딪혔다. 미국 국내도 예외는 아니다. 이곳에서는 초기부터 미국식 민주주의의 두 가지 개념이 대립하며 갈등을 일으켰다.

한편에는 세계를 정복하려는 자유무역의 제국이, 다른 한편에는 소규모 생산자들을 위한 자유를 존중하는 나라가 있었다. 개척자 조상들의 미국은 시대에 따라 그리고 권력의 지위에 있던 대통령에 따라, 그렇게 두 가지 관점에서 파악할 수 있다.

한편에는 1960년대 크리스토퍼 래쉬Christopher Lasch(1932~1994. 미국의 역사학자이자 사회문화비평가—옮긴이)가 좌파진영에서 부활시켰고 최근에는 프랑스에서 장 클로드 미셰아가 높이 평가한 민중주의 개념이 있다. 이 개념을 따를 때 미국 민주주의는 유럽, 특히 영국 '왕실'과 '도시'의 굴레에서 스스로를 해방시킨 소규모 땅의 주인과 소규모 생산자들이 연합하여 만든 제도다.

미국 시민들은 소유한 부동산이나 자본을 갖고 상호공제 활동을 하는 동시에 독일 프티부르주아지의 종교개혁에서 기원한 엄격한 신교 윤리에 따라 생활하는 기업가들이다. 미국사회의 주요 구성원이 이들이다.

현재 반정부인사이자 저널리스트인 알렉스 존스가 이념으로 삼고 있는 것도 이런 미국식 민주주의다. 존 포드John Ford(1894~1973. 미국의 영화감독. 서부극을 통해 미국의 이상을 표현한 것으로 평가받는다—옮긴이)의 영화에 나오는 카우보이와 서부의 사나이들이 만든 이상적인 미국인 것이다. 하지만 존 포드는 할리우드와 또 다른 미국을 숨기려 하는 '금융'으로부터 노골적인 자금 지원을 받았다.

또 다른 미국이란 영국식 제국주의가 영속적으로 한 차원 높게 진행되는 곳을 말한다. 곧 앵글로색슨계 신교의 정복적인 메시아주의를 이념으로 삼은 미국이 그것이다. 이 메시아주의는 구약성서 「신명기」의 인간에 대한 폭력적이고 경멸적인 메시지를 토대로 형성됐다. 이러한 미국이 '금융'의 힘과 자유무역이라는 이데올로기를 빌어 자국을 넘어서 전 세계까지 지배력을 확대하려 한다. 사실상 두 개의 미국이 있는 것이다.

중서부 지방의 서민과 조상 대대로 같은 땅에서 살아온 사람들의 민중주의적이고 보호주의적인 미국. 이 미국이 동부와 서부의 해안가, 곧 월 가의 뉴욕과 할리우드의 로스앤젤레스에 자리 잡은 엘리트들의 미국, 세계화를 지향하는 제국주의적 미국과 깊은 대립관계에 있다.

두 개의 미국은 외면적으로는 동일한 자유주의를 내세우고 동일한 성경에 근거한 것처럼 보이지만 사실 같은 성격은 전혀 찾아볼 수 없다. 한편의 민중주의적 자유주의는 사상이나 현실적 측면에서 다른 편의 제국주의적 자유주의와는 정반대된다.

'금융'과 시민의 미국 사이에 존재한 이 내부대립은 종종 비밀로 남거나 철저하게 은폐되었다. 그러나 미국의 정치사에서는 이 대립이 독립전쟁을 벌일 때부터 지속적인 주요 흐름으로 남아 있었다.

나아가 그 대립으로 인해 사회를 불안정하게 만들려는 시도나 그 대통령들이 '금융'의 힘에 굴복했는가 아니면 저항하려 했는가에 따라 링컨 대통령을 비롯해 현직 대통령을 암살하려는 시도들이 있었다.

예를 들어 미국 민중주의의 흐름을 전형적으로 보여주는 앤드류 잭슨 대통령이 있다. 그는 금전권력에 맞서 정치적 기반을 강화하기 위해 시민유권자의 수를 7배 늘렸다. 그리고 1832년과 1835년 두 번에 걸쳐 중앙은행 갱신 가결안에 거부권을 행사한다. 중앙은행은 잭슨 대통령의 선임자이자 '친금융' 계열이던 알렉산더 해밀턴이 1781년에 설립한 연방준비은행의 전신이다.

잭슨 대통령은 '금융'이 미국 민주주의를 통제하는 현실에 계속해서 저항했다. 분명 이 때문에 1835년 1월 30일 그를 목표로 삼은 암살 시도가 있었다. 이때 잭슨 대통령은 가까스로 몸을 피했다. 그에게는 '금융'과의 싸움이 너무 중요했기 때문에 자신의 묘석에까지 다음의 비명을 새기도록 했다. "나는 '금융'과 싸워 이겼노라."

대개 검소한 가정환경 출신의 대통령들이 이 금전권력에 저항했다. 하지만 연방준비제도이사회가 창설된 1913년 이후부터 그런 저항은 생각할 여지가 없을 뿐 아니라 불가능한 일이 됐다. 더구나 의회까지 '금융'과 공모하고 있다. 그 시기 이후로 우드로 윌슨부터 시작해 매우 과대평가된 루스벨트와 아이젠하워를 거쳐 버락 오바마까지, 미국 대통령들은 대부분 '금융'의 완전한 '순종자'로 간주해야 한다.

이 제도와 관련해 미국의 대통령이 가진 권력이란 금융카르텔이 추천한 여섯 명 가운데 한 명을 연방준비은행의 의장으로 선임하는 것뿐이다! 가장 최근에 당선된 오바마 대통령은 이 권력마저도 정상적으로 행사할 엄두를 못 냈다. 왜냐하면 오바마는 미국 경제가 처참한 지경에 이르렀다는 걸 잘 알았으나, 이전에 앨런 그린스펀의 후임자로 조지 부시가 선임했고 퇴임기에 이른 벤 버냉키 연준 의장을 그대로 재임시킬 수밖에 없었기 때문이다(벤 버냉키의 선임자를 굳이 언급하는 이유는 앨런 그린스펀도 유대인이기 때문이다—옮긴이).

그리고 소규모 땅 지주들의 미국에 승리를 거둔 '금융'은 자체 논리에 따라 더 높은 차원의 다른 전쟁을 수행했다. 완전하게 투기적인 금융 자본주의(이때부터 연방준비은행과 월 가가 이를 구현하게 될 것이다)가 앵글로색슨계 고유의 기업·산업 자본주의(헨리 포드가 이를 구현하고 있었다)와 전쟁을 벌였다.

당대 미국의 가장 위대한 기업가인 헨리 포드에 따르면 제1차 세계대전 직후 자본주의의 패권 전쟁은 정점에 이른다. 막스 베버가 묘사한 앵글로색슨계의 기업 자본주의적 신교 윤리와 카를 마르크스가 묘사한 완전히 투기적이고 추상적이고 국제주의적인 자본주의가 서로 투쟁을 벌인 것이다.

특히 『국제사회의 유대인들』이라는 의미심장한 제목으로 발간된 한 권의 책 때문에, 두 대전 사이 서구사회의 분위기를 전형적으로 보여주던 그 주요한 대립이 더욱 뚜렷이 부각된다. 그 책은 헨리 포드가 발간하던 잡지 《더 디어본 인디펜던트The Dearborn Independent》에 1920년부터 1922년 사이에 실린 논문들을 한데 묶은 것이었다.

금융 자본주의와 헨리 포드식 자본주의라는 두 관념의 전쟁은 후자가 패배하고 그 세가 축소되면서 끝났으며, 후자가 자신의 패배에 대해 대중에게 해명한다. 그 후 이 앵글로색슨계의 위대한 기업가는 1927년부턴 모든 정치적 논평을 삼가고, 이전의 판단착오를 시정하기 위해 심지어 '팔레스티니아Palestinia'라는 온화한 이름에 어울리는 분위기를 지닌 어느 프리메이슨에 가입한다.

윌슨의 뒤늦은 회한과 케네디

어느 대통령보다도 '금융'에 복종한 대가로 당선되었던 우드로 윌슨은 생의 마지막 순간에 '역사'와 미국 국민 앞에서 어떤 기관에 대해 다음과 같이 명확하게 언급한다. 그는 그 기관이 창설된 것에 책임이 있다고 생각하며 짓눌릴 만큼 큰 고통을 느끼고 있었다.

연방준비은행에 관해 공개선언을 한 것이다.

저는 이 세상에서 가장 불행한 사람 가운데 하나입니다. 저는 제 자신도 모르게 조국을 황폐화시켰습니다. 이제부터 우리의 훌륭한 산업국가는 그들의 대출시스템에 따라 통제될 겁니다. 우리의 대출시스템은 민영화되고 있고, 이런 이유로 국가의 성장은 물론 우리의 모든 활동이 어떤 소수계층의 손에 놓여 있습니다. 그들은 필요하다면 자신들에게 걸림돌이 된다고 생각하는 진정한 경제적 자유도 침해하고 파괴할 수 있는 사람들입니다. 이렇게 우리는 문명화된 세계의 정부 가운데 가장 악한 세력의 지배를 받게 된 정부, 가장 많은 통제를 받게 된 정부, 가장 크게 굴복한 정부 중 하나가 됐습니다. 더 이상 자유로운 여론의 정부, 다수에 의해 선출된 신념의 정부가 아니라 나라를 지배하려는 인간들로 구성된 어떤 작은 그룹의 냉정한 의지에 굴복한 정부가 된 것입니다.

윌슨이 삶의 마지막 순간 자신의 창작품에 대해 내린 판단은 어떤 글보다도 그 의미가 명확하다.

미국 대통령 가운데 유일한 가톨릭신자였던 존 F. 케네디도 '금융'의 반민주적·반사회적 권력을 인식했기 때문에(그런데 케네디는 선임자들과 달리 매우 부유한 집안 출신이었기 때문에 선거 때 은행에 손을 벌릴 필요가 없었다) 링컨과 잭슨처럼 상식적으로 이해하기 어려운 그 특권을 없애려 했다.

이렇게 그는 1963년 6월 시행령인 「대통령 명령Executive Order 11110」에 서명한다. 연방준비은행의 권력을 박탈하기 위해 은본위제에 근거한 새로운 금융시스템을 적용한다는 내용이었다. 곧이어 40억 달러가 넘는 액수의 2달러와 5달러 지폐들이 유통되고, 그와 비슷한 액수의 10달러와 20달러 지폐들도 발행된다. 같은 해 11월 22일 케네디는 암살되고 「대통령 명령」은 그 후임자에 의해 무효화된다. 2달러와 5달러 지폐들도 회수된다.

그의 죽음은 '금융'으로부터 권력을 다시 빼앗으려 한 시도와 명백한 연관이 있다. 그러나 이는 미국 내 엘리트들도 언급하기를 매우 두려워하는 사실이기 때문에 올리버 스톤조차도 영화 〈제이에프케이 JFK〉에서 이 문제를 드러내지 않으려 아주 조심스러워한다!

케네디의 경우와 동일한 '금융'과의 대립 때문에 드골 장군도 1969년 권력에서 축출된다. 그는 1971년 사태(1971년 닉슨 대통령이 금본위제를 철폐하고 오일달러를 만들던 상황—옮긴이)와 같은 일이 생길 것을 예측해, 비동맹국 연합(냉전시대에 미국이나 소련과 동맹의 지위에 있지 않던 국가들의 연합—옮긴이)의 의장을 맡아 당시 여전히 준수되던 국제협약대로 달러를 금으로 바꿔 상환해줄 것을 미국에 요구한 바 있었다.

제국 바깥에서 일어난 '금융'에 대한 저항

우리는 '금융'이 '제국'의 심장부에서 민주주의에 반하며 행한 싸움과 살인을 파노라마처럼 빠르게 살펴보았다. 지금부터는 그 바깥에서 '금융'을 대체할 경영·사회 모델을 만들려 한 시도들을 다뤄야 한다.

카를 마르크스는 '자본'에 대한 비판적 연구를 제시했고 그 비판의 대상 가운데 가장 주요한 것이 금융지배였다. 그의 연구는 세계가 20세기로 전환될 무렵, '금융통치'에서 벗어나기 위한 시도들에 매우 중요한 이론적이자 정치적인 토대 역할을 한다.

이론적으로 소련의 공산주의는 국가의 공적인 통제 아래 생산수단을 완전하게 사회화하고, 이를 통해서 사회에 대한 금전의 특권적이고 사적인 지배를 무력화하려는 시도였다. 그래서 이 공산주의는 반종교성을 내세웠음에도, 자유주의 논리의 핵심에 있던 이기주의적 이익보다 공동체와 상업적이지 않은 교환을 우위에 두기 때문에 그리스도교 정신으로 되돌아가는 이념이었다. 공산주의와 그리스도의 메시지 사이엔 명백한 유사성이 있다. 이런 사실로 공산주의가 그리스정교를 믿는 러시아 국민(특히 톨스토이)을 포함한 유럽 전 국가의 국민들에게 매우 매혹적인 사상이 됐다는 걸 설명할 수 있다. 하지만 마르크스의 유물론이라는 표현에 대한 잘못된 이해 때문에, 그리고 마르크스의 유물론이 부르주아지의 물질주의와는 아무런 상관이 없는데도 영성주의자들은 종종 공산주의와 그리스도교의 유사성을 잘 인식하지 못한다.

분명 유럽의 국민들은 자본주의가 생겨난 이후 한 세기가 지나기도 전인 19세기에 산업혁명에서 기인한 물질주의적이고 상업적인 개인주의에 굴복했다. 하지만 그들은 본래 1,500년이 넘는 신정군주제의 통치 아래 그리스도교의 가치들을 가장 중요시하며 살아온 사람들이다.

공산주의가 이해관계를 떠난 교환과 분배의 사회를 만들어 이룩하고자 했던 것은 궁극적으로는 그리스도교적 세계였다. 투사처럼 공산주의를 지지했던 일부 대중이 특히 그렇게 생각했다. 부르주아지의 이기주의와 대면해 있던 그들에게 공산주의 이상이 새로운 종교가 된 것이다. 이중적 영감이라 할 수 있다. 그런데 이 이중적 영감은 서로 구분할 필요가 있다. 사실 이 영감과 모순되지만 함께 존재했던 다른 두 가지 요소 때문이다. 특히 솔제니친이 『두 세기가 함께』에서 그 두 요소를 언급한다.

하나. 러시아혁명은 실제적인 사회주의가 진행되는 모든 과정에서 추진체 역할을 했다. 그러나 혁명에 자금을 지원한 이들은 대개 동유럽 유대공동체 출신이던 뉴욕 금융가들이었다. 때문에 소련의 공산주의 실현 과정에서 현실적으로 그리스도교적 성격은 거의 없었다고 할 수 있다.

둘. 그리스도교적 유럽에서 일고 있던 모든 공산주의혁명의 배후에 존재한 '당' 집행부를 통해 대다수 유대인 엘리트들이 교육되었다. 그런데 이들은 종종 토라Torah(유대교에서 율법을 가리키는 말―옮긴이)와 탈무드의 도덕을 전형적으로 보여주는 일종의 복수적 메시아주의―레온 트로츠키는 『그들의 도덕과 우리의 도덕』에서 이 사상을 완벽하게 표현했다―로 고무되어 있었지만, 이런 메시아주의는 그리스도교의 도덕과는 정반대되는 것이다.

아무튼 시간이 흘러 소련이 붕괴되고 소련의 고문서들을 열람할 수 있게 되면서 이제는 실재했던 사회주의 사회의 종교적 측면에 대해 말할 수 있다. 우리는 20세기 유럽 공산주의의 모험을 '유대교·그리스도교적' 이라는 표현을 이용해 객관적으로 수식할 수 있는데, 지배하기 위해 높은 곳에 군림하려 한 측면에서는 유대교적이고, 분배의 희망을 위해 낮은 곳에 머물려 한 측면에서는 그리스도교적이었다.

유일한 인간적 해결책인 이슬람금융

1990년대로 접어든 서구사회는 소련이 붕괴되고 공산주의가 몰락한 이후 다시금 '금융' 과 '시장' 의 완전한 지배하에 놓였다. 이제부터 이 포스트 지중해 시대의 일신교 세계에 남아 있는 유일한 인간적 해결책은 이슬람금융이다.

세계 시장에서 7천억 달러의 비중을 차지하고 있으며 그 세계의 전통적인 법을 따르는 이슬람 금융은 두 가지 원칙에 토대하고 있다.

① 고리대금(생산적인 투자 이외의 대출)의 금지.
② 사회가 투자(개발)에 책임을 지는 것.

투자를 통해 수익을 올리는 것보다 그 투자와 연계된 구체적인 프로젝트가 창출하는 도덕적이고 사회적인 가치를 더 우위에 둔 윤리적 금융이다.

이런 방식으로 이슬람교는 순전한 투기(가라르gharar)에 근거한 거래를 금지하고 있다. 곧 연방준비제도가 설립된 때부터 월 가에서 시행해온 금융과는 정반대의 원칙을 갖고 있는 것이다.

대출과 수익창출 활동을 제약하는 이슬람금융은 우리에게 수세기 전, 유럽에 존재했던 도덕적 터부를 상기시킨다. 성 토마스 아퀴나스의 원칙과 아리스토텔레스의 가르침을 지침으로 삼았던 그리스도교적 군주제의 유럽이 분명 그러했다.

그래서 이슬람금융은 돈의 전능에 대한 영성적 저항을 상징한다. 또한 이슬람금융만 보아도 '금융'이 이슬람 세계를 자신의 절대적인 권력에 굴복시켜 지배하고자 진행하는 총성 없는 전쟁이 현실이라는 것을 알 수 있다. 이전에 가톨릭 세계와 소련에 그렇게 했던 것처럼 말이다.

'금융'에 대한 반항은 죽음을 의미한다

링컨, 잭슨, 케네디처럼 제국 내에서 일어난 일이건 아니면 드골, 사담 후세인처럼 제국 바깥에서 일어난 일이건, '역사'는 우리에게 '금융'에 도전하는 자는 누구든 비싼 대가를 치러야 한다는 것을 알려준다. 그리고 누가 알겠는가, 내일은 아흐마디네자드Mahmoud Ahmadinejad(1956~. 이란의 제9, 10대 대통령이었으며 현재 이란 석유부 장관─옮긴이)나 차베스가? 만일 그가 미국인이라면 목숨을 대가로 치러야 하고, 만일 그가 동맹국 소속이 아니라면 자신의 삶을 잃는 것과 함께 조국이 악의 축에 포함되는 걸 봐야 한다!

1942년 히틀러에 맞설 공동작전을 마련코자 비밀리에 모인 미국, 영국, 소련의 참모들은 뉴욕의 연방준비은행 내 사무실에서 회의를 했다. 20세기 정치는 '금융'에 반대하는 자들을 악인으로 만드는 과정이었다고 요약해도 과장이 아니다. 또한 '금융'은 그 자신의 시스템을 지켜주는 최고 심급으로 미국 군사력을 두고 있다.

그래서 사담 후세인이 2003년에 석유를 유로화로 거래하겠다는 안건(이는 오일달러를 거부하며 달러의 위상을 문제시하겠다는 의미였다)을 내놓자 미 군대는 '대량살상무기'라는 그 유명한 위조 증거를 내세우며 이라크에 폭탄을 퍼붓는다. 즉각 이 메시지를 이해한 OPEC는 의제에서 '오일유로' 사항을 삭제한다. 사담 후세인은 나치의 고위간부들처럼 교수대에서 생을 마감했다.

달러의 위상을 보호하고 이로써 연방준비은행의 특권을 보호하는 일, 최종적으로는 이런 일들이 미 제국 군대의 궁극적 임무다.

이러한 '금융'은 새로운 과두정치로 이해할 수 있다. 그 소수지배층이 이자가 붙는 대출제도의 권한을 손에 쥐고 있고 이 제도 자체는 거짓말과 폭력을 통해 유지되기 때문이다.

이 소수지배층은 르네상스 때의 지배층과 달리 결코 경제발전을 이룩한 적이 없다. 오히려 연방준비은행과 골드만삭스의 능력을 이용해 부를 창출하려는 모든 시도를 막아왔다.

이 계층은 순전히 기생하는 존재이자 고립되었어도 완전한 특권을 소유한 존재다. 이들은 과거의 지배층과는 다르게 더 이상 신의 존재도 내세우지 않는다. 대신 타당성이 의심스러운 경제합리성을 내세우고 통계수치의 효과를 아주 적절히 잘 이용한다. 특권을 가진 이 소수의 금융가들은 이런 방법으로 세계 도처에서 사람들의 보편적 노동으로부터 이자를 거두어 살아간다. 또 자금과 배타적인 대출권을 가졌으므로 과거 신으로부터 부여받은 특권을 내세우며 토지를 소유하고 농노들의 노동으로 살아간 귀족계급과 정확히 같은 성격의 존재라 할 수 있다.

우리는 지금 하나의 세계관과 이 세계관이 현실화되는 과정에 대면하고 있다. 이 글에서는 그 세계관과 과정을 모두 '제국'이라 부르려 한다. '제국'의 거점은 뉴욕이고, '제국'의 이데올로기를 구성하는 것은 권력에 대한 의지, 파괴적 폭력 그리고 구약성경의 영향을 받아 형성된, 사회적인 것에 대한 멸시감이다.

과거에는 이탈리아, 이어서 영국, 오늘날에는 미국. 그럼 미래에는 예루살렘이나 베이징? 이 소수지배층은 금융이 무엇보다 우월한 원칙이 되면서 역동성과 힘을 얻었고, 그 원칙과 마찬가지로 영토도 일정한 거처도 두지 않는다. 고결한 감정 없이 유랑하는 이 귀족집단은 소라게, 뻐꾸기, 치즈 속의 구더기처럼 부와 이윤을 거둘 수 있는 곳이면 어디든 정착한다.

오늘날 '금융'이 대면한 문제

처음에 반가톨릭을 지향한 '금융'은 유럽 신정군주제에 승리를 거두기 위해 '이성'에 의지했다. 이어서 자신의 파괴적인 공격 전략 때문에 발전을 성취하는 동안 차츰 반인문주의적 본성을 드러낼 수밖에 없게 된다. 시민평등은 그리스도교적 박애와 마찬가지로 '금융'의 본질적 원칙과 대립하는 것이다.

'금융'은 점차 '이성'과 '계몽'에서 등을 돌렸다. 그 '이성'과 '계몽'은 실제로는 '금융'이 지배자가 되기 위해 임시방편으로 이용한 것일 뿐이다. 그리고 오늘날 '금융'은 자유로운 부르주아지의 민주적 제도들, 이전에 왕과 그리스도교적 신의 사회에 승리를 거두는 데 이용한 제도들을 명백히 청산할 수 있는 단계에까지 이르렀다.

자신들의 불균형한 논리 때문에 약탈할 공간을 새로 찾아야 하는 '금융'은 앞으로 인도와 중국 같이 일신교·그리스도교를 믿지 않는 세계를 정복해야 할 것이다. 이미 서구사회에서 성장할 대로 성장했지만 그 성장을 지속시켜야 하는 이 지배시스템은 이제부터 유라시아 지역과도 맞닥뜨릴 것이다. 이 결과 1945년 이후 미국이 일본에 그렇게 한 것처럼 그곳을 지배하거나 아니면 굴복할 것이다. 아마도 중국과 대면할 경우에는 굴복하게 될 것이다.

다른 한편 그 한정되고 포화된 현재의 공간 내에서 '금융'이 택할 수 있는 일은 파산하든가 그렇지 않으면 지금의 금융시스템을 할 수 없이 포기하는 것이다. 서구사회의 국민들이 차츰 '금융'을 기생적 존재로, 불합리한 존재로 인식하고 있기 때문이다.

만일 전자의 상황이 발생한다면 그 지배시스템이 붕괴하면서 소수지배층은 사라질 것이다. 만일 후자의 상황이 발생한다면 '금융'은 일단 살아남는다. 하지만 그 소수지배층은 오늘날과 같은 민족적이거나 문화적인 정체성을 그대로 유지하기가 불가능하다. 이 같은 두 가지 해결책은 모두 구체제 귀족계급의 최후를 상기시킨다.

혹은 다음과 같은 일이 일어날지 누가 알겠는가? 신비주의자의 통찰을 얻어 지금이 암흑시대와 칼리 유가Kali Yuga[15]임을 인식하고 궁극적으로 자본주의를 떠나는 것 말이다.

3.
사상, 위인, 네트워크

"이 세계는 정체를 숨기는 일 없이 살아가는 사람들이
상상할 수 있는 것과는 매우 다른 부류의
사람들에 의해 움직이고 있다."
— 벤저민 디즈레일리

"맹세는 이것을 진지하게 듣는 자들만 유혹할 뿐이다."
— 앙리 퀘이유

인간은 사상으로 사회를 구축했다

본능에 따라 살아가는 동물과 달리 인간은 사상을 갖고 있다. 무언가를 상징화하며 상상하는 능력을 가진 인간은 어떤 질서에 따라 세계를 그려내고 싶은 충동을 느낀다. 나아가 로빈슨 크루소 같은 예외적인 경우를 제외하면 인간은 자신과 동류인 다른 인간들과 함께 살아가야만 한다. 이 사실 역시 어떤 사회적 질서가 존재해야 한다는 것을 내포한다.

세계관과 사회질서 때문에 처음에 인간은 신에 의지했다. 먼저 신격화된 자연에 대해 신앙을 가졌고 다음에는 자연을 다스린다고 믿었던 신에 대해 신앙을 가졌다. 곧 어떤 우주적 질서를 믿은 것이다. 초기에는 샤먼이라는 존재가 인간에게 그 질서의 의미와 모습을 전달했다. 세계의 질서와 '법'을 구술하는 신들린 사람을 매개로 우주의 질서가 전달되고 이 질서에는 신이 언명한 것으로 간주된 사회질서가 포함되어 있었다. 그렇기 때문에 인간이 기원하던 시기에는 신, 계시, '법'이 하나의 존재였다.

그렇게 샤먼의 입을 통해 신성한 법이 명한 질서와 선이 전달되었다. 질서와 선. 왜냐하면 법 안에서는 권력과 선이 항상 연관이 있었기 때문이다. 이는 하늘에서도 땅에서도 마찬가지였다. 옳은 자, 법을 따르는 자에게는 천국이 기다리고 있고 법을 따르지 않는 자, 저주받은 자, 타락한 자, 이단자에게는 지옥이 기다리고 있었다.

이렇게 질서는 항상 정당한 것이다. 누구도 악을 명분 삼아 군림하지는 않는다. 적어도 공적으로는 그렇다.

하지만 인간은 불완전하기 때문에 악을 행했다. 인간은 신에게 저지른 과오를 속죄하기 위해 무언가를 희생시키고 봉헌해야 했다. 아마도 처음에는 자신에게 직접 벌을 가했을 것이다. 이어서는 동물을 대상으로 간접적으로 벌을 가했을 것이고 다음에는 봉헌을 하면서 속죄했을 것이다.

기술이 진보함으로써 잉여 생산, 즉 인간이 자신의 노동력으로 계속 생산해오던 것 이상을 생산하는 일이 가능해지면서 증여의 경제가 자리하게 된다. 이 증여의 경제는 상징적 의미를 부여받는 동시에 실제적인 경제의 한 요소가 되었다.

증여의 경제로 인해 증여받는 양식이나 물품들로 생활하는 사제집단이 생겨나는데, 이 사제집단이 사실상 '역사'에서 최초의 세금징수자다. 그 증여는 신을 위한 것이었지만 사제집단이 거둬들이는 세금이기도 했다. 그리고 증여물을 보관하기 위해 신전이라는 최초의 공공건물이 필요했다. 신전은 예식의 장소인 동시에 '공공의 보물고'였다.

고고학자 비어 고든 차일드Vere Gordon Childe(1892~1957. 영국의 고고학자. 신석기시대의 촌락구조를 밝혔다—옮긴이)가 우리에게 가르쳐주듯이 인류가 신석기시대를 벗어나 최초로 도시를 만들던 혁명기와 같은 때, 종교적이자 실용적인 건축물인 신전은 사회를 조직할 때 구심점이 됐다.

사제와 전사와 노동자, 사회를 구성하는 세 계층

사제들은 신과 선의 이름으로 노동자들에게서 보물을 강탈해 신전에 보관했다. 이 때문에 신전의 안전 문제가 제기되었다.

최초에는 무장한 사제들이 보물고의 관리인 역할을 하며 안전을 유지했다. 이어서는 무서운 기술을 보유한 사람들, 곧 돈을 받고 전투를 대행하는 사람들인 전사들이 그 일을 했다.

이런 식으로 상징적인 일과 기능적인 일이 혼용되는 가운데 노동자가 생산활동을 하고, 사제가 세금을 거둬 신전을 운영하고, 전사가 사람들의 안전을 보장하는 사회구조가 정착된다.

매우 종교적인 동시에 실용적인 측면을 지닌 이 구조에는 위계질서와 함께 상호관계가 존재했다. 전사는 사제와 노동자를 보호했다. 노동자는 신변을 보호받는 대가로 사제와 전사에게 양식을 제공했다. 사제는 전사 집단(장차 '왕실'과 '교회'의 영원한 경쟁자가 된다)과 보물을 공유했지만, 영적으로 귀중한 일을 다룬다는 점에서 특별한 존재였다. 이런 사실은 신의 계시를 받아들이는 방법을 체계화한 의식儀式과 신학을 만드는 일 이외에도 지식을 보전하고 병든 사람을 치료하고 노약자와 매우 가난한 사람들을 돕는 일, 곧 교육과 의학과 자선이 사회적으로 중요한 일이었다는 것을 암시한다. 그리고 여기서 증여제도가 다시 생겨난다.

조르주 뒤메질Georges Dumézil(1898~1986. 프랑스의 인도유럽어족학자, 비교신화학자. 인도유럽어족에 속한 여러 민족의 고대에서 중세에 이르는 문학, 신화, 전설 등을 폭넓게 비교 검토하여 인도유럽어족의 사회구성,

신앙, 종교 등의 복원에 힘썼다─옮긴이)이 묘사한 바 있는 이 세 계층은 모든 인도유럽어족의 사회에서 역사가 시작되기 전부터 존재했고, 1789년 혁명이 바로 이 사제·귀족계급·제3신분으로 구성되어 있던 구체제를 끝낼 때까지 존속한다.

따라서 모든 지배시스템은 질서와 선을 명하고 이로부터 강탈과 처벌을 허용한 계시의 상징적인 질서에서 초월적인 정당성을, 지배시스템의 실용적인 도덕이 되는 생산활동의 질서에서 기능적인 정당성을 이끌어낸다. 이때 생산활동은 사회구성원의 응집과 상호관계, 곧 결집으로 가능해진다.

그렇기 때문에 그 바탕이자 기원이 되는 해명되지 않은 것(계시)이 무엇이건 간에, 지속적으로 유지되는 모든 질서는 실용의 측면에서는 합리적이다. 역으로 합리적이지 않은 질서는 어떤 것이든 지속될 수 없다. 그런데 사회질서의 관점에서 합리적이지 않다는 것은 사실 다음을 가리킨다. 순전하게 기생적인 계층, 상호관계를 맺지 않는 계층이 존재함.

이런 이유로 이전에는 전쟁을 수행하던 귀족계급이 궁정의 귀족이 되며 세 가지 기능 가운데 어떤 기능도 맡지 않게 됐을 때, 즉 생산하는 일도, 지식을 전달하는 일도, 사회를 보호하는 일도 하지 않게 됐을 때 완전히 기생적인 계급으로 낙인찍힌다. 얼마 지나지 않아 이 계급을 몰아낸 건 법복귀족이었지만, 이들은 시간이 지나 매관매직을 일삼으며 사업을 운영하는 부르주아지가 된다.

지속적으로 유지되던 질서도 기능이 문제가 될 때는 변할 수밖에 없다. 콘스탄티누스가 로마를 통치하며 그리스도교를 국교로 받아들인 것은 방금 언급한 예들과는 대칭되지만 그 맥락은 동일하다.

다수의 민족이 섞이며 쇠퇴하던 제국에서 그리스도교가 지녔던 평화적 보편성은 기능적인 해답이 되었다. 군대보다는 오히려 교회를 통해 제국의 응집과 평화를 보장할 필요가 있었던 것이다.

이렇게 카타리파Cathares(11세기에 프랑스에서 생겨난 그리스도교의 한 종파. 선과 악의 이원론을 주장하며 물질이 바로 악이라고 간주했다. 신과의 합일을 위해서는 물질적 생활에서 벗어나야 한다고 생각해 매우 금욕적인 생활을 했다──옮긴이)의 병적인 이단성이건, 스탈린 치하의 관료체제이건, 월 가의 완전히 기생적인 금융자본주의이건 간에 상징적이고 사회적인 성격을 지녔음에도 불합리하다면 가차 없이 사라질 운명에 처한다. 이것이 바로 오늘날의 문제다.

초월적인 것에서 내재적인 것[1]으로 향하다

인간들은 사상을 갖고 있고 함께 살아가야만 한다. 상징작용을 통해 상상하는 능력과 언어를 통해 표현하는 능력을 부여받은 인간들은 그러한 본성 때문에 '법'을 놓고 토론을 벌인다.

그리고 만일 만물에 대해 말하는 지금의 종교가 이 세계를 이끌어가는 위대한 사상이라면, 사람들 사이에서 생겨나는 이론異論을 반박하기 위해서라도 샤먼의 계시나 예언가의 진술을 신학이 뒷받침할 필요가 있다. 이런 이유 때문에 담론 너머에 있는 것으로 간주된 것에 대해 담론을 전개하는 일이 생겨난다.

그 계시가 가진 지배력이 얼마나 크건 간에 초월적인 동시에 정치적인 모든 종교는 반론에 부딪히면 언어라는 다른 힘을 빌려 '법'을 정당화할 수밖에 없다. 그런데 그 다른 힘이란 논리다. 그리고 이것은 종교와는 반대되는 본성을 가졌다. 논리로 종교를 정당화하는 것은 벌레가 과일을 파먹는 것처럼 이성으로 하여금 신앙의 토대를 파괴시키는 행위가 된다.

실제로 기원전 5세기경 아테네에서 그리스식 민주주의가 탄생하고 언어를 토대로 한 이성이 중시되면서 신앙과 이성의 위계가 전복되는 역사적 순간이 일어났다.

그런데 그리스식 민주주의는 국민이 권력을 갖는 민주주의는 아니었다. 도시국가 아테네는 군인이자 토지소유자인 4만 명의 소수특권층, 그리고 이들에게 종속되어 시민권 없이 생활하던 20만 명의 노예들로 구성되어 있었다. 오늘날과 비교하면 차라리 백인의 미국이나 남아프리카공화국과 비슷하다. 또한 당시의 그리스인들이 현대에 살았다면 파시스트로 취급받았을 것이다! 하지만 그 민주주의는 로고스가 신앙보다 우위에 있던 민주주의였다.

로고스(신학, 정확히 말하면 사변신학)를 두었던 신의 시대에서 신 없는 '로고스'('이성,' 정확히 말하면 수사학적인 '이성'의 군림)가 가능한 시대로 이행하는 일이 역사적으로 현실화된 것이다.

사변신학이 철학에 패배하는 현상은 중세시대가 끝날 때 유럽에서 다시 나타난다. 이성이 스스로를 활용하려는 시대가 오자 이성의 도움을 받았던 신앙은 이성에 취약할 수밖에 없었던 것이다. 성 토마스 아퀴나스가 아리스토텔레스의 철학을 다시 해석하며 그리스도교 신앙을 정당화하려 시도하지만 효과는 없었다. 오히려 신앙은 이성에 침식당하며 조금씩 패배하고 라 보에시La Boétie(1530~1563. 모든 계급을 부정하고 형제애로 결속된 아나키즘을 지향한 사상으로 근대의 계몽주의자와 혁명가들에게 많은 영향을 미쳤다—옮긴이) 때인 1546년부터는 군주제를 정당화하던 근본 토대도 이성에 의해 차츰 파괴되었다.

하지만 신성에 근거한 왕의 권력을 문제 삼았다고 해서 고대 그리스로 회귀한 것은 아니다. 오히려 그 권력을 문제 삼은 것이 가톨릭 사제들이었기 때문에 '인문주의'라 불리는 새로운 종합체, 회의와 박애의 정신에 토대한 헬레니즘·그리스도교적 사상이 태어난다.

이 사상은 유럽에 고유한 것으로 특히 인간의 평등을 중요시하고 몽테뉴에서 시작해 파스칼에게로, 다시 파스칼에서 루소에게로 이어지며 궁극적으로는 새로운 사회질서를 주창하는 사상을 낳는다. 그 사회질서에 대한 열망은 당연히 프랑스혁명으로까지 이어진다. 이 유럽 고유의 사상에서 프랑스의 정신은 가장 큰 역할을 담당했다.

이런 식으로 프랑스혁명의 한가운데 있던 내재적 이성으로 인해 초월성의 시대가 막을 내리고 사상의 정치시대가 열린다. 종교전쟁에 이어 이데올로기 경쟁의 시대가 막을 올린 것이다.

그런데 사회적으로 '이성'이 승리했다는 것은 '이성'을 구현하던 사회집단이 세 계급으로 이루어진 신성한 구질서를 전복했다는 것을 의미한다. 제3신분이 그 사회집단이다. 즉 특권이 없던 계급이 었는데 '평등'을 위해, 다시 말하면 자신을 위해 '사제집단'과 '귀족계급'의 신성한 특권을 쓸어버린 계급이다.

평등이라는 새로운 천국을 향해

앞서 언급한 것처럼 누구도 악을 명분으로 삼아 군림할 수 없다. 이런 이유로 현실에 수많은 장애가 있음에도 옳은 질서는 항상 국민을 궁극의 선으로 데려가겠다고 단언한다.

내재성의 세계에서 궁극의 선은 더 이상 가톨릭이 말하는 하늘이 아니다. 지금부터 도달해야 할 새로운 천국은 지상의 평등한 세상이다.

'평등'은 인문주의에 토대를 둔 모든 정치의 궁극적이자 상징적인 목표가 되고 과거의 '구원'과 같은 역할을 하게 되었다. 이때의 정치는 세속적이고(내재적이고) 현대적인 성격을 지녔다. 이론적으로 보자면 세습적 '귀족계급'과 '사제집단'의 특권을 폐기하고 제3신분이 권력을 획득함으로써 최초로 평등이 실현됐다.

그리고 이 제3신분은 '역사' 앞에서 형식적 평등에서 실제적 평등으로 이행할 프로젝트를 이끌 의무를 부여받았다. 이후에는 마르크스주의의 프롤레타리아가 이 의무를 부여받았다. 부르주아지가 '평등'의 사상을 배반했기 때문에 그들 대신 프롤레타리아가 그 사상을 이념으로 삼게 된다.

이 무렵부터 정치는 신학적 논쟁이 차지하던 자리를 점하며 자유로운 논쟁의 장이 된다. 논쟁을 만든 건 제3신분의 지성인들, 곧 철학자, 지식인, 학자, 웅변가들이었다. 그들이 인정하는 논리적(수사적) 정합성이라는 기준을 충족시키기만 하면 어떤 논쟁이든 받아들여졌다.

사회에서 어떤 일을 하거나 사업을 할 수 있는 자유가 세습적 특권과 장자에게 우선권을 부여하던 가계제도에 토대한 구사회의 위계질서를 대체했다. 그런데 조금 시각을 달리해서 보면 그 자유는 다름 아닌 금전권력을 소유할 수 있는 자유다.

우리는 여기서 부르주아지가 진행한 인문주의적 프로젝트의 도식을 추상적으로나마 그려볼 수 있다. 외형적으로 보편적 박애에 이르기 위해 '이성'에 근거해 자유와 평등을 정립하는 것. 그러나 실제로 이는 부르주아지에 의한 이중 지배를 의미한다. 정치사상의 자유주의(볼테르)가 경제적 자유주의(르 샤플리에법)를 뒷받침하기 때문이다.

이런 식으로 조르주 뒤메질이 우리에게 알려준 바 있는 기도하는 사람(오라토레스oratores), 전투하는 사람(벨라토레스bellatores), 노동하는 사람(라보라토레스laboratores),[2] 곧 사제집단·귀족계급·제3신분의 세 계층으로 구성되어 있던 구세계가 파괴된다. 이로 인해 제3신분이 모두 평등해진 건 아니다. 즉 노동자에게도 권력이 주어진 건 아니다. 오히려 제3신분 출신이면서 제4기능의 보유자인 중개인들이 새로운 권력을 획득한다. 이 상업인들의 권력은 종교에서도, 전쟁 수행 능력에서도, 생산 능력에서도 파생한 것이 아니지만 이때부터 금전 권력을 통해 모든 것을 지배한다.

그렇기 때문에 제3신분 내에서는 노동계층과 돈을 가진 새로운 집단 사이에 실제적인 불평등이 있었다. 이 때문에 혁명이 완결되고 형식적 평등(법률상의 평등을 말하는데 주로 법적으로 언명되는 신분과 권리상의 평등을 의미한다—옮긴이)에 대한 찬사가 쏟아지던 초기 무렵이 지나면 귀족계급·성직자계급·제3신분으로 구성된 구세계는 부르주아지와 프롤레타리아가 대립하는 세계로 변한다. '자본'의 부르주아지 즉 임금노동을 할 새 노예들인 프롤레타리아를 착취하는, '시장'의 주인인 부르주아지가 태어나는 것이다.

그렇기 때문에 제3신분에서 생겨난 진보 진영 내에서 새로운 계급투쟁이 진행된다. 로고스(수사학)의 관점에서 볼 때 그 결과는 미래에 마르크스가 말한 대로의 경쟁으로 나타나는 것처럼 보인다. 그리고 마르크스가 말한 내용은 부르주아지 인문주의의 모순과 거짓말을 토대로 널리 전파된다.

현대세계에서 대립하는 사상들

이 내재성을 지닌 현대세계에서는 다음과 같이 대립하는 사상들이 있다.

우파의 자유주의. 이 사상은 형식적 평등과 사업을 할 수 있는 자유를 내세운다. 구체제에서는 좌파의 이데올로기였지만(영국 학자들인 로크와 흄에게서 영향을 받은 볼테르) 1830년[3]부터는 새로운 지배 이데올로기가 된다.

좌파의 사회주의. 좌파는 자유주의 우파와 동일하게 내재성의 진보 진영에 속하지만, 형식적 평등에서 실제적 평등 곧 볼테르의 평등 개념에 대립하는 루소의 평등 개념으로 이행할 것을 주장했다. 그리고 제3신분 내의 새로운 제3신분인 프롤레타리아가 권력을 장악하게 하여 프랑스혁명으로 시작된 혁명의 과정을 계속 이끌어가는 걸 목표로 삼았다.

이 현대사상들이 서로 투쟁을 벌이는 공간의 주변에 반동이 존재했다. 그런데 부당하게도 이 반동을 우파 중의 우파의 사상 곧 극우파의 사상, 혹은 그 사상을 폄하하기 위해 공화정과는 전적으로 무관한 사상으로 분류한다.

그러나 이 반동은 구질서를 회복하려는 사상이다. 구질서를 회복하는 것이 형식적 평등을 내세우는 부르주아지의 거짓말에 대응하는 방법이기 때문이다. 부르주아지의 사상은 보다 심화된 사회적 폭력을 낳았을 뿐이다. 프랑스혁명 때 루이 드 보날드와 조제프 드 메스트르가 처음 제시했고 후에 샤를 모라스Charles Maurass(1868~1952. 프랑스의 시인, 비평가, 정치인, 정치이론가. 왕정주의와 국가주의를 주장했고 신교도, 프리메이슨, 유대인들이 민족을 해체하는 요인이라고 간주했다 ─ 옮긴이)가 이 사상을 현대적인 것으로 만든다.

그리고 자유주의 부르주아지의 내부에 있던 파시즘. 20세기가 시작될 무렵 부르주아지는 한편으로는 스스로 노동하고 다른 한편으로는 다른 노동계층을 착취하면서 사업 활동을 국가 차원으로까지 확대한다. 그렇지만 완전한 기생적 존재이자 전대미문의 방식으로 연합하고 있던 국제 금융 부르주아지가 지배력을 넓히려 할 때 파시즘의 형태로 저항하려 했다.

하지만 과거로 돌아가려는 시도는 공상으로 간주되고 파시스트 사상은 독일 국가사회주의 곧 종족의 고유성을 근거로 정당화됐던 인종주의때문에 비판을 받았다. 그래서 현대에 특히 1945년부터 허용된 사상 전쟁은 사실상 진보와 관련된 두 이데올로기, 곧 자유주의와 사회주의 사이의 경쟁, 우파와 좌파 사이의 투쟁으로 요약된다.

자유 경쟁을 거치면 위인이 되는 시대

구세계에서 그리고 프랑스혁명 전까지 위인은 선지자와 왕들이었다. 르네상스 이후의 두 위인을 예로 든다면 루터와 루이 14세가 있다. 한쪽은 신학자이고 다른 쪽은 전사인데 둘 다 신의 뜻을 전달하는 사람들이자 신에게 선택된 사람들로 간주됐다. 이런 사실 때문에 어떤 이들이 신의 부름을 받았다고 자처하거나 사상 때문에 서로 경쟁하는 일은 제한되어 있었다.

그러나 내재성이 군림하는 시대가 도래하자 위인이 되는 방법도 민주화되긴 했지만 치명적인 양상을 띠게 됐다. 역사적으로 가장 훌륭한 예가 나폴레옹 1세다. 자유 경쟁을 거치기만 하면 위인이 될 수 있는 시대가 온 것이다.

권력을 획득하는 방법이 민주화되면서 나타난 첫 번째 결과는 특별한 사명의식을 지녔다고 자처하는 사람들이 매우 많아졌다는 것이다. 두 번째 결과는 그 특별한 인간들이 찰나에 등장했다 사라지기를 빠르게 반복하면서 '역사'의 속도가 주목할 만큼 가속화되었다는 것이다. 그리고 제도상의 권력을 얻으려는 사람들의 수가 늘어나면서 동시에 새로운 유형의 이력들이 생겨났다.

상징의 권력층(오라토레스) 면에서는 신의 사자使者가 신학 대신에 수사학에 의존하고 사상을 지닌 인간인 신지식인 곧 철학자, 지성인, 학자 등으로 변모한다. 이들은 두 가지 측면에서, 곧 사고방식과 사회적 위상의 측면에서 부르주아지 출신이다.

실행의 권력층(벨라토레스) 면에서는 정치권력의 세습제(세습귀족)가 끝나며 대중을 사로잡는 논리를 펴거나 전투적인 웅변가와 같은 정치전문가들이 등장한다. 이들도 부르주아지 출신이지만 불가피하게 사람들의 경제 활동과 관련한 문제를 다루어야 했다.

새 시대의 정치세계에서는 구체제의 커플인 사제집단과 귀족계급(가톨릭이 영구적인 것으로 간주됐기 때문에 귀족계급의 가문도 항구적으로 유지될 수 있었다)이 차지하던 자리가 주먹과 욕설과 공허한 말들이 오가는 난장판으로 바뀌게 된다.

민주주의 체제에서는 우파와 좌파의 싸움터라는 매우 한정된 공간 내에서 지식인과 정치인이 커플이 되어 다른 세력들은 배제한 채 권력을 나눠 갖는다. 예를 들어 졸라와 클레망소, 케인스와 루스벨트, 말로와 드골 그리고 이런 타락의 그림을 마무리하기 위해 언급한다면 막스 갈로와 니콜라 사르코지.

인문주의의 테두리 즉 내재성과 평등을 명분으로 내세우며 그것이 지배적인 영역 안에서만 진행해야 하는 싸움인데다 경제현실(돈의 권력, 사회적 불평등) 때문에 다음과 같은 좌파와 우파가 만들어졌다.

좌파: 미래에는 평등한 세상이 이룩될 것이라고 약속하는 주체들이다.

우파: 주요한 거짓 행위의 주체들이다. 실제적 불평등을 노골적으로 은폐하기 위해 형식적 평등(법률상의 평등)을 이용한다. 아나톨 프랑스를 인용한다면 "그 법이 평등을 너무 중시한 나머지 부자들이나 가난한 사람들에게 모두 다리 밑에서 잠자거나, 거리에서 구걸하거나, 빵을 훔치는 일을 금지하고 있다!"

그리고 수많은 논쟁가들은 자유로운 사상 논쟁에서 공식적으로 토론을 벌일 수 있는 능력이 있던 정치전문가들이었고 다음의 각 진영이 이들을 지지했다.

① 자유주의적 보수주의자를 위한 '자본가 집단', 곧 돈을 소유한 부르주아지.

② 진보주의자를 위한 '노동자 집단', 이 집단은 '당'이나 노동조합을 통해 결성됐다.

금전권력의 측면에서 두 진영 사이에는 격차가 있었다. 이는 특히 유혹과 부패의 문제에 영향을 끼쳤다.

오늘날 위인은 은행 직원이다

우리의 민주적인 현대세계에서 정치적 리더는 사상의 투사이거나(로베스피에르) 군인이거나(나폴레옹 1세) 돈의 세계에서 경력을 쌓은 사람이다(티에르Thiers).

그런데 앞의 두 경우에는 역사적으로 위엄이 있고 다른 사람들의 경우에도 훌륭하거나(조레스Jaurès, 클레망소) 악한(스탈린, 히틀러) 인물로 간주된다. 그런데 상업적 사회에서는 필연적으로 다음과 같은 법칙이 나타난다. 정치 영역에서 오라토레스와 벨라토레스의 계승자인 투사의 세계가 새로운 권력을 쥔 중개인들의 세계에 서서히 굴복하고 있다. 다른 식으로 말하자면 위대한 인간, 위대한 사상가, 위대한 군인이 서서히 사라지는 대신 은행 직원이 그 자리를 차지한다. 가장 가까운 예는 1969년 레지스탕스의 영웅 드골 장군이 공화국 대통령에서 물러나고 로스차일드 은행의 전임 사장 조르주 퐁피두가 대통령직을 이어받은 일이다.

그리고 투사와도 같은 위대한 개인이 금전권력을 제압하며 자신의 정치관을 강제할 수 있다 하더라도 그에게는 여전히 다음의 문제가 남는다. 정치무대에서 지속적으로 활동할 수 있을까? 얼마나 오랜 기간 활동할 수 있을까? 내재성의 세계는 적어도 외면적으로는 평등과 개인주의에 토대해 있기 때문에 구체제처럼 권력세습을 용납하지 않으며, 그로 인해 권력을 항구적으로 유지할 수 없다.

정치는 이런 식으로 고독하고 수명이 짧은 일이다. 그렇기에 위인이 천재적 능력을 지녔건 생존력이 뛰어나건, 그가 권력자의 지위에 오르거나 권력을 유지하고 정책의 결과물을 지속시키기 위해선 자신을 능가하는 집단의 힘에 의지해야 한다. 오늘날 가문이나 교회는 더 이상 그런 집단이 될 수 없기 때문에 불가피하게 '네트워크'가 필요하다.

대중들이 흥미를 가지는 건 강인한 성격을 지녔거나 출세에 목을 맨 위인들이지만, 오늘날에는 위인들이라 해도 혼자선 아무것도 할 수 없다. 그들이 얼마나 천재적인 능력을 지녔건 간에 그들은 항상 불가피하게 지지집단을 통해야, 네트워크를 구성해야 성공할 수 있다.

네트워크는 위인을 지지하지만 위인도 동시에 네트워크에 충성하고 의무를 다하며 상호관계를 맺고 있음을 증명해야 한다. 개인과 기회의 평등을 가장 중시하는 민주주의 세계에서 이러한 네트워크는 정치의 숨은 얼굴이다. 그리고 지식인과 관념론자들은 이런 주제를 다루려 하지 않는다. 그만큼 네트워크는 권력을 획득하는 데 필수불가결한 존재다.

최초의 네트워크

민주주의 사회에서는 평등에 토대한 개인주의가 공식 원칙이기 때문에 네트워크는 부정되거나 은폐되어야 한다. 그런데 구체제에서는, 보다 보편적으로 말해 옛 시대에 네트워크는 일반적인 현상이었다.

혈연관계에 토대를 두고 연대와 상호부조가 이뤄지던 시대에는 가족이 최초의 네트워크였다. 혈연관계, 아버지와 아들의 연대를 통해 권력을 유지할 수 있었다. 이런 사실은 "아무개와 그 아들의 기업"이라는 글이 이따금씩 경제지 일면을 장식하는 오늘날에도 여전히 찾아볼 수 있다. 특히 미슐랭 사(세계에서 가장 유명한 타이어 제조업체 가운데 하나. 에두아르 미슐랭과 앙드레 미슐랭 형제가 1888년에 설립했다—옮긴이)가 그런 가족 관계를 바탕으로 하고 있다. 달톤Dalton 가, 제무르Zemmour 가, 호르넥Hornec 가처럼 형제자매의 관계가 권력과 능력을 낳는 경우도 있다. 외부의 개개인들에 비해 형제자매들은 집단을 이루기가 수월하기 때문에 상대적으로 우월성을 지닌다.

연대하고 상호부조하는 최초의 네트워크가 확대되어 씨족과 부족이 생겨났다. 같은 조상을 가진 가족들의 가족이 생겨나는 것이다. 그리고 시간이 지나면 심지어 조상이 허구적이고 완전히 상징적인 (신화적인) 인물이 되어 씨족이나 부족 전체에 토템신앙의 대상이 된다. 특히 귀족가문에서 볼 수 있는 문장紋章은 원래 이런 신앙에서 유래했다.

한 구성원이 씨족이나 부족에 속한다는 것은 서로 연대하고 상호부조하는 것 이외에도 집단에 대한 책임감을 지녀야 한다는 걸 의미했으며 이 책임감은 후손에게도 전달됐다. 예를 들어 씨족사회에 고유한 현상인 벤데타vendetta(지중해 일부 지역에서 볼 수 있었던 것으로 두 가문이 오랫동안 적으로 지내며 서로에게 폭력이나 살인 등의 방식으로 복수를 했던 관습—옮긴이)와 라치아razzia(한 부족이 다른 부족의 영토에 침입해 가축이나 곡식 등을 빼앗던 행위—옮긴이)는 한 집단의 구성원으로서 적대 집단에 복수해야 하는 의무로 인해 생겨났다.

가족, 씨족, 부족의 존재는 개인이 자신을 보호해주면서 자신에게 의무를 지우는 유기체 같은 집단, 그 안에서 다른 구성원과 살을 맞대고 살아야 할 공동체에 종속되어 있다는 걸 의미했다. 반면 이런 단계를 지나 국민·국가라는 보다 월등한 집단의 단계에 이르자 개인은 계약이라는 냉정한 추상의 산물을 통해서만 다른 사람들과 관계를 맺게 된다.

즉 혈통으로 강요된 관계에서는 해방됐지만 홀로 남게 되었고, 집단의 구성원이 아닌 개인으로 되돌아가게 되었다.

비밀스런 네트워크들의 번성

국민과 추상적 시민인 개인들로 이루어진 국가라는 이 새로운 세계에서 사람들은 고독을 느낄 수밖에 없고 이 고독은 무기력으로 귀결되곤 한다. 그래서 이러한 고독을 보상해줄 만한 프리메이슨이라는 상호부조하고 서로 의무를 지는 새로운 네트워크가 번성하기에 이른다. 이 권력을 지닌 네트워크는 시민과 국가 사이의 중간 단계에 위치하지만 민주적 투명성, 개인주의, 시민평등을 주창하는 공적인 시대에는 비밀스런 존재가 될 수밖에 없다.

프랑스혁명 이후 구성원끼리 상호부조하고 사회를 지배하려 하는 새로운 네트워크들이 많이 생겨났다. 이 네트워크들은 좋은 지위와 권력을 차지하기 위해 자신들보다 앞서 구체제부터 존재해온 네트워크들을 분쇄해야 했다. 구체제의 네트워크들로는 다음과 같은 것들이 있었다.

씨족에서 기원한 귀족계급의 네트워크. 혈연을 토대로 형성된 이 네트워크의 권력은 원래 무기를 다룰 줄 아는 능숙한 기술에서 파생했다(벨라토레스).

신앙을 토대로 형성된 사제집단의 네트워크. 이것은 어떤 질서와 신비주의적 입문절차를 따르고 의식들을 거행했다(오라토레스). 가장 훌륭한 예가 예수회다.

제3신분 내에서 동업조합과 연대한 네트워크. 동업조합은 전문기술가(라보라토레스) 집단을 기반으로 생겨났는데 그 지도부는 진정한 권위를 지닌 노동계층의 엘리트들이었다.

구질서 내에서는 이 많은 네트워크들로 인해 미묘한 힘의 균형과 역학 관계가 형성됐다. 이는 궁극적으로는 현대인들(로크, 몽테스키외 등)이 민주주의의 모델로 제시했던 '권력분립'과 거의 비슷하다. 여하튼 공화정의 역사가들이 구체제를 실추시키기 위해 그렇게나 '절대왕정'을 비판했으나 그 권력에 반反하는 세력으로 존재했던 집단들은 사실 매우 많았다.

상업인들을 위해 구체제의 네트워크들을 분쇄하다

부르주아지의 민주체제에서 탄생한 새 네트워크들이 구체제 때의 네트워크에 즉각적으로 완전히 승리를 거둔 건 아니다.

1789년 8월 4일 밤에 봉건체제와 구질서 권력층을 무너뜨린 최초의 결정적 법안이 발표되었다. 이후 적대세력을 제압하기 위해 네트워크끼리 투쟁을 벌였고 이는 폭력적 방식으로 진행되었다. 하지만 이 사건들은 쥘 미슐레의 제자들이 정립한 공식적 역사에서는 항상 당통, 졸라, 페리 등의 위인들이 수행한 순수한 사상투쟁의 관점에서 제시됐다. 이로 말미암아 그 사건들에서 기인한 이해관계의 득실, 그 사건들이 시민인 개인들에게 미친 실제 영향은 은폐되었다.

새 지배 권력의 네트워크들이 구체제를 지지한 권력형 네트워크들(이것들은 저항하는 네트워크들이 된다)을 청산하는 작업은 점진적으로 완성된다. 1789년 8월 4일 밤 이후로 그 과정의 결정적인 두 순간은 드레퓌스 사건과 1905년 법의 발효다.

드레퓌스 사건[4]에서 문제가 된 것은 드레퓌스 자신의 개인적 비극이 아니었다. 당시 장 조레스Jean Jaurés(1859~1914. 프랑스의 정치인. 현 사회당PS의 전신인 국제노동자연맹프랑스지부SFIO의 지도자를 지냈고 프랑스에서 사회주의 이념이 성장하는 데 중요한 역할을 했다―옮긴이)가 자신이 드레퓌스파派임에도 짜증내며 지적했던 것처럼 만일 피고인이

유대인이 아니었다면 '역사'에 전혀 기록되지 않았을 흔한 스파이 사건이었던 것이다. 하지만 이 '사건'은 아무 일이 아닌데도 크게 부풀려진 사건의 첫 번째 예가 되었다.

그 커다란 상징적 의미 때문에 언론의 대대적인 지지를 받으며 (졸라는 클레망소가 펴내는 《여명L'Aurore》에 「나는 고발한다Je l'accuse!」를 싣는다) 커다란 사회적 이슈로 부상한 드레퓌스 사건은 금전권력의 통제 아래 있었고 '지성인'과 '정치인'이라는 새로운 유형의 인물들, 즉 새로운 오라토레스인 지식인층에 의존하면서도 강력한 힘을 갖고 있던 언론 네트워크가 장교 집단과 군대 네트워크로부터 권력을 빼앗은 사건이었다.

당시 프랑스군대는 귀족계급과 귀족정신(벨라토레스)의 마지막 피난처이자 그 계급이 권력을 행사할 수 있는 유일한 영역이었다. 하지만 이 사건으로 '일반 대중'의 눈에는 신뢰할 수 없는 존재로 비치게 되었다. 이 일반 대중도 언론, 지성인, 정치전문가와 커플을 이루는 새로운 존재가 된다.

군대는 완전히 순종하게 되었지만 오늘날에도 옛 시대를 떠올리게 하는 '왕다운 사람들la Royale'이라는 이름으로 불리는 해군에서 그런 귀족층을 여전히 찾아볼 수 있다.

정교분리, 가톨릭이 빼앗긴 교육권

1688년 12월 13일 루이 14세가 발효한 왕령은 프랑스에서 오랜 시간 진행된 문맹퇴치 정책의 하나다. 이 왕령에 따라 부모는 자식을 교구의 '소학교'에 보내야 할 의무를 지게 되었다. 가톨릭은 무상교육의 책임(오라토레스 계급에 고유했던 기능)을 지고, 사제들은 아이들에게 실질적 지식과 그리스도교적 도덕을 반복 교육했다.

　교회가 사람들의 정신과 관련하여 맡았던 역할은 프랑스혁명이 발발하면서 일부 타격을 받는다. 그러나 그 역할은 나폴레옹에 의한 타협의 산물인 1801년 강제협정Concordat de 1801(나폴레옹과 교황 사이에 맺어진 협정으로 주교 임명권을 국가원수에게 일임했다―옮긴이)에 의해서도, 기조Guizot의 법(1833)과 팔루Falloux의 법(1850)에 의해서도 근본적으로는 문제의 대상이 되지 않았다(기조와 팔루는 교육부 장관으로 있는 동안 교육개혁을 위한 법을 제정했다―옮긴이). 국가는 건물을 증축하고 교사를 양성하는 데 드는 비용 문제와 교육 방법과 관련한 이유 때문에 프랑스교회의 교육권을 침해하려 하지 않았다. 또한 프랑스교회는 '국가'에 충실하고 프랑스적 가톨릭의 전통을 지켜왔으므로 국가는 교육을 계획하고 도덕과 지식을 널리 전달할 역할을 프랑스교회에 계속해서 일임했다.

　그런데 1879년부터 쥘 페리[5]에 의해 세속주의(가톨릭 성직자가 가지고 있었던 여러 제도의 운영권을 가톨릭에서 분리시키고자 하는 사상. 교육권과 관련된 문제가 대표적이다―옮긴이)가 명백히 뿌리내리게 된다. 우선 오랫동안 프랑스 국가와 연대했던 가톨릭교회에 오랜 시간 투쟁함으로써 특히 1848년[6]과 1871년[7]의 사건들이 일어난다. 제3신분의 부르주아지가 제3신분의 프롤레타리아를 결정적으로 배반한 이후(베르사유의 티에르가 파리코뮌을 피로 물들인다) 세속주의는 좌파적 부르주아지의 새로운 투쟁 이념이 된다. 이미 노동계층 민중을 배반했기 때문에 과거 이념을 대체할 새로운 진보적 투쟁 이념이 필요했기 때문이다. 또한 그 이념은 금전권력층을 불안정하게 하지 않아야 했다.

이때부터 제3공화국의 근본적 사회주의자들의 지도자 역할을 했던 쥘 페리에게 '좌파적'이라는 표현은 의미 없는 것이 되었다. 노동자들에게는 의미 있던 그 표현은 반가톨릭의 이념을 내포하게 된다. 그러나 그 노동자들은 원래 사회주의 가톨릭교도들이었다.

이 거짓 투쟁 혹은 오늘날 보보 좌파라 불리는 사교계 좌파의 선조인 이 가짜 좌파의 투쟁은 '세속주의'를 위해 교회의 교육적 역할을 박탈하려 한 프리메이슨 단원 쥘 페리(그는 그랑 오리앙 드 프랑스의 유명한 멤버였다)에게 좋은 구실이 되었다.

실제로 이른바 '정교분리에 관한 법'이라 불리는 1905년의 법은 인권이라는 또 다른 교회를 위해서 가톨릭교회의 전통적이고 서민적인 교육자로서의 기능을 완전히 중단시키려는 의도로 만든 것이다. 페리는 "무상교육의, 정교분리의, 의무교육의" 학교를 그토록 많이 선전했지만, 실상 그 학교는 "의무적으로 세속적인", 즉 프리메이슨적인 학교다. 무상교육과 관련해서라면 이미 루이 14세 때부터 교구의 소학교들이 무상교육을 실시하고 있었다.

세속주의는 하나의 종교가 되었다

"의식과 문화의 자유"라는 아름다운 사상은 공표된 법령 뒤에서 이렇게 교회 대 교회의 정치투쟁을 숨기고 있었다. 또한 사람들이 '정교분리에 관한 법'과 관련하여 우리에게 순수한 철학 논쟁인 것처럼 제시하는 것이 있다. 곧 신앙을 갖지 않을 권리가 여러 종교의 탄압적인 권력에 승리를 거뒀다는 것이다. 하지만 진실은 이 과정에서 구 가톨릭의 권력만 문제됐다는 것이다. 신교는 투쟁의 대상이 아니었고 유대교는 더더욱 아니었다.

이런 이유로 공화주의 의식儀式의 법령과 그 말에 따르면 무신론이 주제가 되는 일은 결코 없다. 항상 '세속주의'의 투쟁이 주제가 된다. 무신론은 프리메이슨과 하등 관계가 없기 때문이다. 세속주의가 어느 정도로 하나의 종교가 되었는지 알고 싶다면 사회주의 이념을 지닌 상원의원인 장 뤽 멜랑숑, 이보다 더 안 좋은 일이지만 히스테리컬한 극우파인 카롤린 푸레스트Caroline Fourest(프랑스의 페미니스트 작가이자 언론인으로 동성애자 단체인 동성애센터CGL: Centre gay et lesbien의 회장이다―옮긴이)가 우리에게 구체제나 이슬람교에 대해 말하는 것을 들으면 된다. 오늘날이 고통에 가득 차 영성에 관한 물음이 쏟아지는 시기이긴 하지만, 그들의 말은 어느 광신도의 말보다도 더 광신적이다!

부분적으로 강요된 계급투쟁

위계질서가 있던 구연대조직인 동업조합은 '중개집단'이라는 이유로 공화국정부에 단체결성권을 박탈당한다. 이론적으로는 '국가'와 시민 사이에 어떤 조직도 있어선 안 되기 때문이다. 따라서 19세기의 새로운 부르주아지 세계에서는 외형적으로 계급연대가 그 동업조합을 대체한다.

좌파 편에서는 사회주의 전문가들이 정치투쟁의 실권을 쥐게 된다. 그들은 종종 국제적으로 활동하던 사람들이었지만 프롤레타리아 출신인 경우는 드물었다. 그들은 노동자계급 스스로가 구연대조직이건 새 연대조직이건 다른 연대조직과 연계하려던 모든 시도들과도 투쟁을 벌였다. 그 시도들 가운데 몇 가지를 언급하면 러다이트 노동자들의 투쟁, 리옹 견직물 직공들의 저항, 크론시타트 반란(1921년 2월

코틀린Kotline에 위치한 러시아 해군기지에서 수병들이 볼셰비키 정부에 대항해 일으킨 반란—옮긴이) 등이 있다. 이러한 시도들은 즉각 프티부르주아적 일탈, 민중주의로 취급받았다.

계급투쟁은 부분적으로는 강요된 측면이 있고, 이 계급투쟁의 실재적 결과는 다음과 같다. 하나는 노동세계가 부르주아지 내 임금노동자의 세계로 한정되었다는 것이다. 다음은 사회적 환경뿐 아니라 프락시스praxis(인간이 하는 일 혹은 직업을 가리키는 말이다. 이 일이나 직업에 따라 인간은 다른 사고방식이나 세계관을 갖게 된다)를 근거로, 그 노동계층을 바로 마르크스가 프롤레타리아라고 부르던 존재로 만들었다는 것이다. 하지만 잉여가치를 강탈당하며 착취당하는 노동계층만 있었던 것은 아니다. 자신들의 노동 자체로부터 소외당하던 사람들도 있었다. 가령 일관작업, 테일러리즘, 포디즘 같은 형태로 노동하던 사람들이 그러했다.

그리고 부르주아지의 거짓말과 노동계층 지도자들의 교조주의 때문에 민주정체에서 개인들 간의 갈등 이외에 유일하게 인정되는 투쟁은 계급투쟁이다. 곧 좌파 · 우파의 투쟁이다.

그렇기 때문에 다음과 같은 연대만이 유일하게 받아들여진다.

한편에는 지식인들을 개입시키면서 사업 활동의 자유를 옹호하는 자유주의 부르주아지의 계급연대가 있다. 그 지식인들은 오늘날 철학 대신 학문으로 체계화된 경제학을 공부하고 있다.

다른 한편에는 사회주의 이념을 지닌 지도자들(이들은 지식인들이자 조합주의자들이다)의 조력을 받으며 평등을 위해 투쟁하는 노동계층의 프롤레타리아가 있다. 하지만 점차 19세기 후반기 동안 국제적으로 활동하던 마르크스주의 혁명좌파(프랑스공산당의 모태다)와 프리메이슨의 개혁주의 좌파(사회당의 모태다)의 배타적인 지배권 아래 놓인다.

순진하거나 비겁하거나 복종하게 된 지식인들이 이 좌파·우파의 대립구조를 효과적인 분석으로 생각하기 때문에 새로운 '중개집단들'이 은폐되어왔다. 원칙적으로는 '국가'와 시민 사이에 어떤 조직도 있어선 안 되고 공화국이 그러한 집단을 금지시켰는데도 중개집단은 계속 존재한다. 그랑 오리앙의 프리메이슨, 코르들리에 클럽 Club des Cordeliers,[8] 르 시에클Le Siècle[9] 등 그 새로운 집단은 광범위한 네트워크를 갖고 있다. 그리고 또 다른 여러 비밀 연대집단들이 있다. 이 집단들의 고용주들, 좌파의 대표자들, 조합주의자들은 부드러운 태도로 서로를 존중하지만 청중을 위해 스튜디오에 설 때는 서로 논쟁하는 척할 준비가 된 사람들이다.

침묵하는 다수, 지배하는 소수

프랑스 헌법은 로비단체를 인정하지 않는다. 의회는 로비단체와 교섭할 수 없다. 그러나 프랑스사회에서는 앵글로색슨계 미국인들이 지배력을 갖고 있어, 드레퓌스 사건 이후로 언성을 높이는 책무를 떠맡은 언론은 지금 돈 문제가 관련되어 있는 로비단체의 존재를 순순히 인정한다. 의약 산업계의 로비단체, 농식품 산업계의 로비단체, 사냥용 무기 산업계의 로비단체.

이와 같은 일은 다른 영역에서도 일어나고 있다. 지금까지는 성적 소수자를 탄압하면 안 된다는 주장이 정당성을 지녔다. 우리 사회는 경제 자유주의에 의해 인간적 성격을 지녔던 것들이 차츰 파괴되면서 그 결과 풍속도 급변했다. 그런데 '게이 로비단체'를 기반으로 한 진보주의의 주창이 이제는 매우 공격적인 반이성애주의와 반가족주의 성향을 띠어 가고 있다. 초기에 좌파에 의해 반가톨릭적 이념이 사회로 스며들던 과정과 동일한 양상을 관찰할 수 있는 것이다. 프랑스에서 성과 관련된 로비단체는 자크 랑Jack Lang(프랑스의 정치인으로 이전에 교육부장관을 지냈고 현재는 하원의원이다―옮긴이)에 의해 처음 결성되었는데, 사회당이 좌파 노동계층과 거리를 두던 시기에 프랑수아 미테랑이 적극 추진한 일이다. 이후로 카롤린 푸레스트가 레즈비언 로비단체를 만들고 프랑스기업운동Mouvement des entreprises de France(프랑스의 기업주들을 대표하여 활동하는 기관―옮긴이)에 이어 대중운동연합의 필립 발Philippe Val(1952~. 프랑스의 작가, 가수, 방송인 겸 언론인. 반인종주의를 지지하고 반유대주의를 비판했으며 이슬람주의를 일종의 전체주의로 간주하며 비판한다―옮긴이)도 성과 관련된 로비단체를 창립했다.

프랑스 정부가 시민인 개인과 보편적 이익 사이에 사적 조직이 개입하는 것을 인정하지 않기 때문에 경제나 성과 관련된 로비단체들의 존재를 인정하는 것은 더욱 큰 문제를 낳을 수 있다. 민족적 · 종교적 성향의 로비단체까지 생길 수 있기 때문이다. 최근의 이슬람교도 문제는 예외다.

네트워크, 로비단체, 압력단체. 우리 공화국에서는 모범생처럼 순진하고 예속적 태도를 지닌 지식인들이 이 지배세력들 밑에서 봉사하고 있다. 이 세력들의 거짓 행태에서 벗어나기 위해선 공동체들이 필요하다. 그것도 유일하게 공식적으로 인정된 공동체가 존재해야 한다. 그러나 국가라는 공동체는 너무나 추상적이기 때문에 존재하지 않는 공동체라고까지 말할 수 있다.

실제로 우리는 많은 분야에서 무언가를 얻으려 할수록 이해의 차원에서는 더 많은 것을 잃게 된다. 속담을 인용해 달리 표현하면 "너무 많은 것을 끌어안는 자는 잘 끌어안지 못한다."

그렇기 때문에 널리 알려진 생각과는 반대로, 정치 영역에서 불이익을 겪는 대다수는 평범한 일반인들이다. 모든 권력자들은 국민을 위해 일한다고 말하지만 그들 스스로는 국민들이 그걸 기억할 리 없다고 굳게 믿기 때문에 권력이 국민에게로 되돌아오는 일은 절대로 일어나지 않는다.

가혹하지만 엄연한 사실이다. 이로부터 다음과 같은 결론이 나온다. 곧 추상적 존재인 다수—실제로는 무기력하고 존재하지 않는 존재다—의 탄압에 맞서 스스로 소수를 보호한다고 주장하는 조직은 그 자체의 지배력을 확대하는 데 전념하고 특권을 소유한 소수계층이 만들어냈거나 그들이 지지하는 기구일 뿐이다. 그리고 이 기구들은 자신들의 권력 의지에 굴복하지 않는 몇몇 개인들을 미디어·사법·금융 기관들을 이용해 탄압하며 침묵하는 다수를 지배한다.

오늘날 이런 현실을 가장 잘 보여주는 두 가지 예가 LICRA(인종주의와 반유대주의를 반대하는 국제 연맹Ligue internationale contre le racisme et l'antisémitisme—옮긴이)와 프랑스 유대인기관대표위원회다. 프랑스 유대인기관대표위원회는 1퍼센트도 되지 않는 인구를 대표하고, 모든 인권을 침해하는 어떤 국가의 이해관계를 노골적으로 보호하는 집단이다. 이들은 매년 만찬회 석상에서 공화국 대통령을 필두로 프랑스 정부 전체에 지침을 하달한다.

인종주의에 맞서 싸운다고 주장하지만 프랑스인에 대한 인종차별과는 싸우지 않는 LICRA는 안느 클링Anne Kling의 훌륭한 에세이 『리크라화된 프랑스ɪa France licratisé』가 보여주듯, 초기의 설립 목적은 국내 민족주의 지도자를 정치적으로 제거하는 것이었다. 이 조직의 노선은 창립 이후로 사실상 거의 변하지 않았다.

가족이라는 아주 작은 공동체와 국가라는 추상적 공동체 사이에는 많은 집단이 있다. 실제적 권력이 없다는 점에서 동일한 그 두 공동체는 스스로에게 다음과 같은 질문을 던져볼 수도 있다. 한 네트워크가 실제로 막강한 권력 집단이 되기 위해선 어느 정도로 큰 조직을 가져야 하고 어느 정도까지 큰 조직을 가질 수 있을까? 이 질문은 현실을 관찰하면서 대답할 수밖에 없다.

다음의 사실은 이 질문에 대한 부분적인 대답이 될 수 있어서 흥미롭다. 모든 시대, 모든 체제에 걸쳐 곧 파라오의 이집트, 민주주의의 그리스, 힌두교의 브라만계급, 가톨릭군주제는 인구의 1퍼센트 정도에 지나지 않는 소수특권층이 나머지 99퍼센트의 대중을 지배했다. 마치 한두 마리의 늑대가 양떼를 꼼짝 못하게 만들듯이 말이다. 프랑스에서 최후의 소수특권층으로 인식되는 귀족계급도 1천여 년 이상 그와 동일한 인구비율을 구성하며 프랑스의 운명을 좌지우지했다.

그리고 오늘날 어떤 새로운 귀족층, 소수특권층 혹은 소수의 지배층이 그와 동일한 인구비율을 유지하며 국가의 나머지 구성원에 명령을 내리는지를 탐색하는 건 흥미로운 일이다. 이는 인간이 사회를 형성한 이래로 세상이 바뀐 적이 결코 없었다는 가정에서 해보는 질문이다. 물론 공식적으로는 민주주의 체제에 사는 우리를 매우 놀라게 만드는 질문이다.

마피아는 애송이에 불과하다

그 이름만 들어도 몸이 떨리는 마피아조직은 영화를 통해서 대중에게 널리 알려졌다. 훌륭한 서사시 같은 영화 〈대부〉(뉴욕의 콜레오네 가문을 그렸다) 때문에 특히 이탈리아·미국계 마피아가 많이 알려졌다.

하지만 혈연관계(시칠리아 출신의 가문)와 입문의식(프리메이슨과 비슷한 의식)이 결합된 조직이고 권력을 지녔으며 연대집단을 이룬 네트워크라는 점에서 마피아는 모방물에 지나지 않는다. 그 구성원들이 사회의 가장 아래층에 속하는 사람들이기 때문이다. 마찬가지로 권력을 지녔으며 연대를 이루는 다른 네트워크들, 특히 WASP(White Anglo-Saxon Protestant. 앵글로색슨계 백인 신교도. 미국사회의 지배계급으로 간주되고 있다—옮긴이)는 민주정체 내에서 집단적으로 권력을 잡기 위한 가장 확실하고 신속한 수단을 갖고 있다.

실제로 스탈린의 소련, 히틀러의 독일, 파시스트들의 이탈리아, 인민을 위한다는 중국, 사담 후세인의 이라크에서는 마피아가 없거나 극소수만 존재했다. 그들이 성장하는 데 전체주의 체제는 별로 적합한 환경이 아니었던 것이다.

더 강력한 권력을 쥔 다른 네트워크들인 스컬 앤 본즈Skull & Bones(예일대생의 비밀모임. 19세기 중반에 생겨난 모임으로 전직 미국 대통령을 비롯해 유명 인사들이 가입해 활동했다—옮긴이), 보헤미안 클럽Bohemian Club(1872년에 생겨났고 샌프란시스코에 근거지를 두고 있다. 주로 신보수주의 이념을 따르는 미국 정·재계의 유력 인사들이 가입하며 세계에서 가장 폐쇄적인 모임 가운데 하나다. 회원은 2천여 명 정도다—옮긴이), CFR 등과 비교할 때 마피아 네트워크가 갖는 특수성은 유독 폭력적이고 원시적인 지배수단을 이용한다는 것이다. 처음 네트워크를 구성할 때 자금이 부족하고 사회적 위상이 낮아 할 수 없이 쓰는 방법이다. 도둑질(강도짓, 무장습격), 인신매매와 불법 거래(매춘, 술, 마약)가 그들이 부를 획득하는 빠르고 고전적인 수단이다. 시작 단계에서는 용기와 물리적 난폭함 이외에 다른 것은 필요없다.

이러한 신속하고도 거친 방법과 수단 때문에 마피아는 스펙터클한, 따라서 영화 같은 광경을 연출하지만 이것도 알고 보면 합법적인 사회적 지위, 더 높은 사회적 지위를 얻기 위한 초기 과정에서나 그러는 것이다. 바로 부동산사업·금융·정치와 관련된 영역에 들어가기 위해서다. 그리고 이 영역에는 합법적인 폭력과 강탈을 시행하는 보다 강력한 마피아들이 존재한다.

이 마피아들은 더 순화된 이름으로 불린다. '대기업 회장 연합회', '무기산업단지', '금융'. 이런 곳에서는 자릿세를 뜯거나 칼로 찌르고 유유히 사라지는 사람들 대신 변호사와 공식 대리인들이 활동하고 있다. 하지만 이들은 모두 권력을 쥔 네트워크를 형성해놓고 자신들의 상거래에 방해된다 싶으면 그 사람이 미국의 대통령이라 할지라도 누구든 주저 없이 제거한다. 1963년 11월 22일이던가, 케네디는 댈러스에서 이런 사실을 발견했다. 비록 자신이 희생되기는 했지만 말이다.

이런 이유에서 영화에 등장하는 마피아들은 실제로는 원시적이고 겉만 화려해 보이는 조직이다. 누구나 위협을 느끼지 않고 그들을 비판할 수 있다. P2 본부(P2 loge. 여기서 '본부loge'는 프리메이슨의 본부를 의미하기 때문에 P2 본부는 어떤 프리메이슨의 본부를 지칭하는 것으로 보인다—옮긴이) 앞에서 칼라브리아Calabria(이탈리아 서남부의 가장자리에 위치한 주. 시칠리아 섬과 마주보는 지대—옮긴이)의 마피아는 작아 보인다. 그 이유는 그들이 권력과 지배의 네트워크 위계질서에서 아래층에 있기 때문이다. 혹은 일본에서나 유명한 야쿠자처럼 프랑스 국내에서는 활발하게 활동하지 않아서일 수도 있다. 혹은 제3공화국이 조직한 바 있던 지방의 어떤 프리메이슨(그랑 로주 드 프랑스)처럼 쇠퇴의 길을 걷고 있기 때문일 수도 있다.

정의하자면 진정한 권력이란 현실적으로 공격하기 위험한 존재다. 따라서 진정한 마피아는 우리가 그 이름을 말할 때 실로 두려움을 느끼는 마피아일 것이다.

우리가 그 조직들을 마피아, 프리메이슨, 네트워크라고 부르건 아니건 간에, 끝으로 연대활동을 하고 지배력을 넓히고 있는 몇 개의 조직들을 비교할 필요가 있다.

① 예수회. 이 조직은 엘리트들을 양성하며 가톨릭 내에서 수세기간 군림한 것으로 알려져 있다. 현재 예수회는 19,200명의 멤버를 두었다고 주장한다.

② 홍콩 삼합회들 가운데 가장 큰 규모인 선이온Sun Yee On은 약 4만 명의 멤버를 두고 있으며 주로 미 영토에서 활개 치며 다니고 있다.

③ 유대인이 조직한 프리메이슨 가운데 가장 오래된 브네이 브리스B'naï Brith는 전 세계에 50만 명 이상의 멤버가 있다고 주장한다. 그런데 그 멤버 중에는 건달 같은 피자요리사나 문신한 유도선수나 내세울 것이 지식밖에 없는 지식인들은 없다. 대신 정치 · 예술 · 현대서양학문 분야에서 가장 뛰어난 엘리트층에 속했던 인물들이 있다. 지그문트 프로이트, 마틴 쉰, 헨리 키신저가 그 예다.

이 엄청난 권력을 쥔 마지막 네트워크와 비교한다면 우리가 괜히 겁을 먹는 칼라브리아의 마피아는 애송이에 불과할 뿐이다.

모든 민주주의 시기에 군림해온 거대한 지배조직

공적으로는 누구도 악한 목적으로 무언가를 행하지 않는다. 악한 일은 항상 숨겨진 채 실행된다. 그리고 종종 실제 목적과 공개적으로 알리는 목적은 매우 다르다. 이런 법칙은 프리메이슨에서도 발견할 수 있다. 후견인을 두는 것 이외에도 단계적으로 33개 과정의 입문 절차를 밟으며 진정한 목적에 도달하는 것이 모든 프리메이슨 네트워크의 운영 규칙이다.

프리메이슨은 신비주의 의식을 통해 신입회원을 입문시키지만 알고 보면 그 신비주의라는 것이 유치하기 짝이 없다. 계시를 받는 절차를 단계적으로 거칠 때마다 매번 비밀스럽게 밀폐된 방을 지난다. 이 절차는 겉으로는 신비하게 보일지 모르지만 실은 갓 입회한 형제를 위한 단순한 규칙일 뿐이다. 그 형제는 이런 절차를 거치며 동료의 지위, 이어서 마스터의 지위로 상승한다. 이 과정은 다음을 의미한다. "네가 높은 단계로 오를수록 더 많은 사실을 알고 더 많은 존재와 접촉할 것이다!"

원래의 이상은 관심 밖으로 밀려난다. 우리가 나이가 들며 냉소적이 되면서 인권, 세계평화, 반인종주의 같은 이상들에 환멸을 느끼는 것과 달리 프리메이슨단원들은 이런 것들을 주창한다. 하지만 이는 권력과 이에 동반하는 특권을 보다 많이 획득하며 보상을 받기 때문이다. 언제나 같은 현상이 일어난다. 곧 너희들에게 여자와 자식들을 안겨줄 돈과 명예는 너희들이 어떻게 행동하느냐에 따라 달라진다는 것이다.

우리가 잘 이해할 수 있듯이 이해관계를 위한 이 연대조직은—여기서 신념은 더 이상 아무 역할도 하지 않고 두 가지 구지배질서의 혈연관계에 의한 연대, 곧 오라토레스와 벨라토레스에서 볼 수 있는 연대도 없다—위법행위로 이해해야 할 공모를 통해 조직을 더 강화시킨다. 다음과 같은 관계가 생겨나는 것이다. "만일 이 네트워크가 무너진다면 자네는 이미 발을 깊이 담근 상태이기 때문에 자네도 함께 무너진다네."

그렇기 때문에 혈연관계에도, 신념에도, 계급에도 기초하지 않은 프리메이슨은 계몽주의에 기원을 둔 현대성의 시대에 전형적으로 나타나는 권력형 네트워크다.

이 연대집단은 공모에 토대한 수평적 질서를 가진 동시에 거짓 행위를 통해 수직적 종속을 강요한다. 실제 이런 수직적 종속으로 말미암아 시민과 국가 사이에서 '중개집단'이 다시 만들어졌다. 동업조합들은 공화국 내에서 그들의 자리를 빼앗은 바로 이 집단 때문에 해체의 수순을 밟아야 했는데 말이다!

정치권 도처에 존재하는 그랑 오리앙(약 5만 명의 형제를 두었다), 경영계 도처에 존재하는 그랑 로주 나시오날 프랑세즈(4만 3천 명의 형제를 두었다고 공개한 바 있다)를 생각해보라. 그러면 좌파와 우파가 권력을 나눠 가진 현실을 알 수 있다. 한쪽은 사회를 관리하는 일을, 다른 한쪽은 자본을 관리하는 일을 하고 있다. 더 현대적인 집단 '르시에클'에 대해서 말해보자. 630명의 멤버를 두었고 그중 150명이 준멤버에 속하는 이 집단이 프랑스를 이끈다. 이런 집단들은 무엇보다 민주주의가 거짓으로 기능한다는 걸 보여준다.

프랑스공화국은 민주주의 실현을 위해 최선을 다한다고 주장하지만 그와 반대되는 수단을 이용하며 거짓 행태를 실천하는 것이다. 평등 대신에 지배, 투명성 대신에 폐쇄성을 말이다. 그랑 오리앙의 전임 그랜드 마스터이자 니콜라 사르코지의 정치고문인 알랭 바우어(그의 라이벌이고 그랑 로주 나시오날 프랑세즈의 그랜드 마스터인 프랑수아 스티파니François Stifani는 바우어가 대통령의 고문 역할을 할 자격이 없다고 여러 차례 비판하였다)는 프랑스의 정치시스템, 곧 프랑스의 민주주의 시스템에서 법을 제정하는 주체는 4천만 명의 시민이 아니라 15만 명의 형제들이라고 그 자신이 인정하고 있다. 아마도 이 말을 할 때 이 입회자의 머리에는 프랑스 땅에 존재하는 프리메이슨 단원의 수가 개략적으로만 떠올랐을 것이다. 모든 네트워크가 복잡하게 얽혀 있기 때문이다.

정치 · 금융과 관련된 거의 대부분의 큰 부패사건에 프리메이슨 네트워크가 항상 개입되어 있었다는 사실이 드러난 바 있다. 그 네트워크는 사법기관에도 영향력을 행사하고 마피아와도 연계하고 있다.

이는 서구사회의 모든 민주주의 시기에 군림해온 거대한 지배조직이다. 또한 이 조직은 아프리카 같은 자치령에도 지배력을 뻗쳤다. 이곳에서 최고 우두머리는 암살당한 마르크스주의자들(루뭄바Lumumba, 상카라Sankara 등)을 제외하고는 모두 프리메이슨단원들(봉고Bongo, 사수 응게소Sassou-Nguesso, 비야Biya 등)이다. 우리는 이 사실에 주목할 필요가 있다.

또한 『백과전서』가 출간되기 전에 구체제의 가톨릭이 대학에 했던 것처럼 정치권력은 인식론적 공포도 광범위하게 조장한다. 프리메이슨 네트워크와 그 권력에 대해 사회학적으로 연구하려 한 모든 시도는 그 증거들이 있음에도 즉각 음모론이고 극우파적 분석이라고 비난받는다.

연구자는 비난을 피하기 위해 자신의 연구 성과를 부인하지만 곧 그의 명예와 위상은 추락한다. 1945년 이후 국가가 지명하는 이 공무원들 가운데 누구도 그런 작업을 감행하지 않는 이유를 이런 맥락에서 설명할 수 있다. 심지어 지금은 고인이 된 피에르 부르디외— 그는 말 그대로 인용한다면 "CNRS(학문연구를 위한 국가센터Centre national de la recherche scientifique. 학문 간의 경계 없이 모든 학문의 발전을 장려하고 서로 보완이 되도록 도움을 주기 위해 설립된 공공기관—옮긴이)의 금메달감"이다—는 '지배'라는 주제와 관련된 학문의 문을 활짝 연 동시에 그 문제를 깊이 다룬 수천 페이지의 글을 썼지만 프리메이슨에 대해선 단 한 줄도 쓰지 않았다. 그의 저서들의 내용이 불충분함에도 그가 콜레주 드 프랑스Collège de France(일반 대중을 상대로 한 공공교육기관. 학위를 수여하지 않고 누구나 강의를 들을 수 있지만 강사는 국가원수의 허가를 받아 결정될 정도로 실력이 높고 능력이 검증된 사람들이다. 클로드 레비스트로스, 미셸 푸코, 질 들뢰즈 등이 이곳에서 강의를 했다—옮긴이)의 사회학 정교수라는 직함을 갖고 삶을 마감할 수 있었던 건 아마도 그런 이유 때문일 것이다.

전능을 갖게 된 네트워크들의 네트워크

이젠 국가 공동체와 국가의 주인인 대다수의 시민이 속고 있다는 사실이 드러나고 있다. 개인과 계급들을 초월해서 실제 특권을 소유한 소수계층 그리고 수평적인 동시에 수직적인 지배 네트워크의 세계가 있다는 사실도 드러나고 있다. 그런데 사회적 연대가 쇠퇴하고 다른 사람들을 상대로 방송과 통신매체를 이용해 스스로를 내세우고 선전하는 일이 흔한 이 시대에, 혈연과 신앙에 토대한 고전적 집단이 다시 출현하며 권력을 쥐고 있는 것은 가장 주목할 만한 일이다.

그런데 역설적이게도 이런 상황은 "아랍인·이슬람교도의 집단주의"가 미디어를 타고 정치권의 도마에 오른 다음에 발생했다. 사제단이 없는 대신 정부로부터 수없이 간섭을 받은 이슬람 공동체 '움마 Oumma'는 프랑스에서 현실적으로 잘 적응하고 활동하던 집단이었다. 바로 이런 이유 때문에 수많은 비판을 받았다. 원래 사람들이 만만하게 비판할 수 있는 집단은 권력이 없는 집단이기 때문이다.

그러나 결과적으로는 이런 일이 일어났다. '움마' 같이 힘없는 민족적·종교적 집단의 부상을 비판하는 일이 정당화되면서, 역으로 어떤 민족적·종교적 집단이 사상논쟁의 측면에서 우월한 권력을 갖게 되었다. 인권과 공화국이 가장 우월하다고 명시하는 프랑스 법을 아주 잘 이용한 것이다. 그 다른 집단은 원래부터 '움마' 같은 작은 집단을 희생양 삼으며 커간 존재였다. 결국 '움마'는 분열되고, 조작되고, 자존심에 상처입고, 궁극적으로 이름만 남은 존재가 되었다. 대신 그 다른 집단 곧 프랑스 유대인기관대표위원회가 전능을 갖게 된다.

이 프랑스 유대인기관대표위원회는 다음의 요소들에 모두 토대해 조직됐기 때문에 오늘날 권력을 가질 수 있었다. 다음의 조건들이 결합되어 생겨날 시너지 효과를 생각해보라.

① 혈연관계. 유대인의 특성은 유전적으로 어머니 쪽을 통해 전달

된다.

②지배를 목표로 명백하게 정립된 프로젝트에 근거해 수천 년간 내려온 신앙. 선민選民은 신으로부터 역사적 목표의 실현을 약속받았다.

③세계주의. 대부분의 국가들, 특히 선진국들의 중앙권력에 세계주의 이념을 가지고 조직화된 이 집단이 있다. 이런 사실 때문에 이 집단은 무엇보다도 '국제적 집단'이다.

④현대성 곧 금융, 미디어, 학문에 대한 완전한 통제권.

이 집단은 민족적·종교적·계급적 연대관계가 모두 결합되어 생겨났기 때문에 논리적으로 네트워크들의 네트워크가 될 수 있었다.

이 네트워크는 막강한 권력을 갖고 있어 어떤 영화감독도 이들을 주제로 작품을 만들지 못할 것이다. 반면 시칠리아의 마피아를 소재로 한 영화는 계속 상영되고 있다. 또한 이 네트워크가 금융, 정치, 미디어, 학문과 같은 모든 주요 영역에 존재하면서 권력을 행사하고 있는데도, 그리고 각 개인들이 자유와 평등을 추구한다는 프랑스 민주주의가 사실은 허구라는 걸 아는데도 사람들은 이 네트워크의 이름을 공개적으로 언급하면 사회에 '커다란 두려움과 동요'가 생겨날 거라고 생각한다. 마치 그 존재는 구일본제국에서 갑자기 등장한 부라쿠민burakumin(일본에서 전통적으로 차별을 받아온 소수 공동체. 일본 사회에 항상 존재했으나 사람들이 공식적으로 인정하기를 꺼린 공동체—옮긴이)과도 비슷하다.

네트워크들이 개인에게 우월한 권력을 갖는 이런 현실 앞에서 헐리우드의 대중영화 제작자들은 고독한 영웅이 악의 네트워크들과 싸워 승리하는 모순적인 내용의 영화를 계속 만들어내고 있다.

에드몽 로스탕Edmond Rostand (1868~1918. 프랑스의 시인이자 희곡 작가. 당대에 희극과 영웅적인 주인공이 등장하는 희곡들로 유명했다─옮긴이)이 시라노가 어떤 조직들에 패배하여 쓰러지는 장면으로 솔직하게 작품을 마무리 지은 반면, 같은 주인공을 소재로 한 영화에서는 시라노가 항상 최종적으로 승리를 거둔다. 악의 무리에 항상 승리하는 고독한 영웅에 관한 거짓말. 이런 거짓말이 서구 사회의 얌전한 관객들에게 현실을 은폐시키는 역할을 했으리라 의심할 수 있다.

개인에게 악의 존재일 수 있는 네트워크

네트워크의 권력을 이해한다는 것은 개인이 그 꾸준한 입문절차와 의식儀式을 거치며 진정한 '집단의 존재'가 되는 과정을 심리적 측면에서 이해한다는 것을 의미하기도 한다.

집단의 존재는 다른 사람의 성공을 자신의 성공으로 간주하기 때문에 '모방 경쟁'을 극복한다. 르네 지라르의 모든 저서가 말해주듯, 개인들 간에 존재하는 경쟁은 '자아'가 다른 사람과 관계를 맺는 동기들 가운데 하나고, 집단이 연대할 때 계급 간 경쟁이 문제가 되지 않으면 개인 간의 경쟁이 중대한 심리적 장애가 되기 마련인데도 말이다.[10]

네트워크의 논리를 이해한다는 건 결국 집단을 구성하는 개인의 이중적 현실을 이해하는 것이다. 곧 개인은 그 자신 나름대로 사고하는 동시에 집단에도 유용한 존재가 되어야 한다.

궁극적으로 중요한 질문은 다음과 같다. 어떻게 해야 나의 행위가 행위 자체의 가치뿐 아니라, 내 개인적 신념을 넘어 나를 지지한 네트워크에 이익을 가져다주는 완전한 것이 될 수 있을까?

이렇게 그 개인의 실존이 두 층위에 걸쳐 있기 때문에 두 가지 윤리가 생겨난다. 그 개인은 당신의 친구가 될 수 있지만 집단이 명령한다면 그는 당신을 배반할 것이다. 이것이 집단적 사고방식의 전형을 보여주는 이중성이다. 하지만 네트워크와 관련없는 단순한 개인인 우리에게는 매우 충격적이고 받아들이기 어려운 사고방식이다.

도덕적 관점에서 볼 때도 네트워크들은 이미 악의 존재다. 그들은 스스로를 '빛의 아들들'이라고 부르는데 그들을 탄생시킨 계몽주의 사상을 암시하는 것으로 보인다(계몽, 지식, 앎 을 뜻하는 프랑스어 lumières는 '빛'을 뜻하기도 한다—옮긴이). 그런 그들이 그 표현에서 다른 의미, 즉 덜 계몽적이고 보다 충동적이고 보다 신비주의적인 의미를 추구할 때 그 악은 훨씬 더 충격적인 것이 된다.

구약성경의 「이사야」도 루시퍼의 이름이 '빛을 띤 자'를 의미한다고 언급한다. 그 바빌론의 왕은 인간의 조건을 넘어서고 신을 이기기 위해 하늘로 상승하려다 비웃음을 산다. 그는 오만한 프로메테우스 같은 인물이었는데 그리스도교의 전승에 따르면 차츰 악의 상징이 되고 그 이름은 '악마'의 이름들 가운데 하나가 되었다. 「요한묵시록」에서는 이 인물을 유혹하는 사탄, 거짓말하는 사탄, 이간질하는 사탄과 동일한 존재로 묘사하고 「요한복음」에서도 예수가 '살인자'와 '지상의 주인'으로 지목하고 있다.

결론을 말하면 오늘날 입문의식의 최고 단계에서 악마숭배주의 성향을 보이는 프리메이슨들이 존재한다. 일루미나티,[11] 스컬 앤 본즈, 그리고 몰록Moloch(고대 팔레스타인 지방에서 이스라엘을 제외한 이민족들이 섬긴 신. 황소 또는 부엉이 형태로 만들어진 석상 앞에서 유아를 제물로 바쳐 신과 대화하는 의식을 치렀다고 한다—옮긴이) 같은 바빌론이나 이집트의 반그리스도교적 신들에 예배하는 집단들이 그 예다. 이 집단들은 보헤미안 클럽의 '케어의 다비식The Cremation of Care' [12]에서처럼 유아 살해 장면을 연출한 의식을 거행하기도 하는데, 그 멤버들에게는 그 장면이 그렇게 충격적이지 않다.

왜냐하면 이 비밀스런 지배 네트워크들의 최고지도층이 실업, 기아, 전쟁과 같이 인류를 대상으로 취하는 잔혹한 결정들의 결과를 감내하기 위해선 겸허와 박애의 그리스도교 계명을 포기해야 하는 동시에 말 그대로 악마에게 영혼을 바칠 필요가 있기 때문이다!

더구나 이는 헐리웃의 영화제작자 아론 루소도 인정한 끔찍한 진실이다. 네트워크의 고위급 멤버 닉 록펠러가 그에게 한 이야기는 세계주의를 지향하는 소수특권층의 사악한 의도를 파악할 수 있는 이야기였다. 아론 루소는 죽기 몇 달 전 용기를 내어 자신의 고백을 담은 유명한 비디오에서 그 이야기를 폭로했다. [13] 그가 그렇게 할 수 있었던 건 자신이 이미 네트워크로부터 단죄된 존재라는 걸 알고 있었기 때문이다.

프리메이슨들과 새로운 세계질서

제2차 세계대전 이후, 유엔의 핵심 기구는 1918년 장 모네Jean Monnet가 앵글로색슨계 금융권력을 위해 발의한 국제연맹의 세계주의 원칙을 다시 받아들였다. 이를 중심으로 CFR, 트라이래터럴 커미션, 빌더버그 그룹이 연계하고 있고, 이에 더해 장차 프랑스의 대통령이 될 스트로스 칸Dominique Staruss-Kahn(1949~. 프랑스 사회당의 유력한 대선 후보였으나 2011년 미국에서 호텔 여종업원을 성폭행하려 한 혐의로 체포되면서 모든 정치 영역에서 물러났다—옮긴이)이 이끄는 IMF, 앵글로색

슨계의 이익을 위해 봉사하는 프랑스인 대리자 파스칼 라미Pascal Lamy
가 이끄는 WTO와 OECD, WTO가 배후에서 지원하는 무기산업, 에
너지산업, 농산물가공업, 의학업계의 로비단체 그리고 스컬 앤 본즈
와 보헤미안 클럽 같은 더 폐쇄적인 클럽들이 국제무대에서 거대한
지배력을 행사하고 있다. 같은 활동을 하는 프랑스의 르 시에클과 코
르들리에 클럽 같은 조직들도 덧붙여야 한다.

이상에서 언급한 권력형 네트워크들은 모두 금융의 이해관계와
계급연대를 위해 손을 맞잡아 활동하면서 네트워크들의 네트워크를
이루고 있다. 이들이 '제국'의 전투조직이다.

'제국'은 '신新' 세계질서를 위해, 곧 민주주의의 폐기와 '자본'
이 궁극적으로 지향하는 은행의 완전한 권력을 위해 모든 노력을 기
울이고 있다. 이에 대한 대가로 희생되는 것은 국가와 국민과 노동계
층이다.

4.

계급을 혼란시켜 현실을 은폐하다

"국가는 조국이 아니다. 그것은 조국을 추상화한 것이며
조국을 형이상학적으로, 신비주의적으로, 정치적으로, 사법적으로 구성한 픽션이다.
어느 나라의 대중이든 자신들의 조국을 깊이 사랑한다.
그런데 그 사랑은 실재하는 자연스런 사랑이다.
사고가 개입할 여지가 없다. 사실인 것이다. 바로 이런 이유 때문에
나는 명백히, 그리고 항상, 나 자신을 모든 탄압받는 조국들의 동포라고 느낀다."
— 미하일 바쿠닌

저는 일주일 내내 개처럼 일하지요.
제가 여러분들에게 장담하지만 고용주는 분명히 만족해할 거예요.
제 친구들은 화를 내며 말한 적 있지요.
"네가 거기서 일하는 건 그리 영리한 처사가 못돼.
해야 할 일은 해야 하지만 너는 너무 심해.
언젠가는 후회하게 될 거야."
저는 그리 관심 없어요.
제게 무슨 일이 일어나든,
저는 그리 관심 없어요.
제게는 일요일이 있지요.
아마도 평범한 일요일일 테지요,
그리고 사람들이 여러분들에 대해 어떤 생각을 하든,
제게는 마찬가지랍니다! 저는 관심 없어요!
— 에디트 피아프

사회계급은 항상 존재했다

사회계급은 생산력의 발전 곧 기술진보의 역사와 이 발전에서 파생하는 생산관계에 의해 결정된다. 산업혁명의 견인차였던 증기기관이 발명되지 않았다면 부르주아지와 프롤레타리아의 관계도 없었을 것이다. 그런데 이러한 사회계급은 역사적으로 항상 존재했다.

언제나 존재했다. 보다 정확하게 말하면 신화에 등장하는 '원시 공산주의' 때 출현한 호모파베르가 처음으로 노동분업을 통해 사회의 각 영역을 나누고자 필연적이고 운명적으로 작업 전문화의 길로 들어선 이후부터 언제나 존재했다. 따라서 계급들로 분화된 사회의 기원은 역사의 여명이 시작되기 전까지 거슬러 올라간다.

사회계급은 그 구성원들의 프락시스에 의해 정의된다. 세 계급으로 구성된 옛 시대에 라보라토레스는 농업, 수공업 그리고 상업에 의해서, 벨라토레스는 군인 역할에 의해서, 오라토레스는 지식을 배우고 전달하는 일에 의해서 정의됐다.

그런데 프락시스는 계급적 문화와 사고방식도 만들어낸다. 오늘날 지배적인 건 상업적 사고방식이다. 대중적 사고방식은 대다수의 사람들이 갖고 있지만 항상 경멸되며 귀족적 사고방식은 필연적으로 사라져가는 추세다.

그러나 계급적 문화 및 사고방식과 관련된 논리로 민족·문화적 집단과 관련된 질문에 모두 답할 수 있는 건 아니다. 민족·문화적 집단은 계급과는 또 다른 의식과 연대 질서를 갖기 때문이다. 또한 계급 논리로는 인간 안에 동물과 같은 본능이 영구히 자리하고 있으며 이와 더불어 자연반사적 행위가 존재한다는 진실을 부정할 수 없다. 생존을 위한 본능, 자식에 대한 근심 같은 것 말이다.

군주제 때에는, 특히 프리메이슨 단원과 상인들의 민주주의에 바로 앞서 존재한 신정군주제 때에는 우리가 좋게 판단하건 나쁘게 판단하건 간에 대부분의 사람들이 신성한 질서를 믿고 따랐기 때문에 계급대립은 허용되지 않거나 전혀 중요한 문제로 여겨지지 않았다. 연대조직들이나 계급들 간의 긴장은 존재했지만 민족·문화적 연대, 예를 들어 프랑스왕국 내에서 모든 신하들이 결성했던 것과 같은 연대가 계급연대나 계급대립보다 중요했다.

이렇게 사람들이 신의 그리고 운명의 법을 수용하던 때에는 '계급투쟁'이 정상적으로 기능하지 않았다. 하지만 마침내 샤를 페기가 '계급투쟁'을 현대의 병病인 양 비판하기에 이르는 시대가 온다. 신정군주제에 뒤이은 내재성의 세계를 특징짓는 것은 필연적으로 '계급투쟁'이 되었다.

내재성과 이윤을 추구하는 우리의 부르주아지 사회에서 진행되는 '계급투쟁'은 과거의 신성한 질서를 대체할 수 있는 국가 차원의 연대를 통해서만 해결할 수 있다. 혹은 이 반대의 방향으로, 모든 계급적 연대를 파괴하는 악화된 개인주의를 조장함으로써 해결할 수 있을 것이다.

거짓말과 부르주아지의 배반이 만든 노동계급

프랑스혁명을 계승한 내재성의 세계에선 실제로 계급투쟁이 '역사'의 새로운 동력이 되었다. 우선 이 투쟁은 이전에 신성한 권한을 지닌 군주제에 존재하던 초계급적 연대가 종말을 맞으며 생겨난 산물이다. 그리고 특히 '계몽'이 약속한 내용들이 실현되지 않아 생겨난 산물이다.

'귀족계급'과 '사제집단'으로부터 배제되어 있던 제3신분이 권력을 획득했지만 모든 시민이 사회적 평등을 얻고 국가적 차원의 박애가 실현되는 대신, 제3신분 내에서 자본을 소유한 기업가들인 새 부르주아지가 산업 프롤레타리아를 착취하게 된 것이다. 이 부르주아지는 과거의 귀족계급이 농노들에게 했던 것보다 더 가혹하게 피고용인들을 대했다. 말 그대로 부르주아지와 이 계급이 내세우던 이른바 '계몽'이라는 거짓말이 프롤레타리아를 만들었고 이들의 비참한 생활을 야기했다.

프랑스혁명 이후 진보진영 내에서 새로운 폭력과 거짓 행위가 펼쳐진 것이다. 이 때문에 1830년부터 사회주의 사상이 대두하고 그 실천적 국면들이 처음으로 조금씩 나타났다.

'역사'의 의미가 빗나갔기 때문에 과학성을 내세우던 마르크스주의가 퇴색하긴 했지만 아무튼 사회주의의 주요 사상은 다음과 같이 요약할 수 있다.

부르주아지 자신에 의해, 그리고 부르주아지의 모순적 행위로 인해 생겨난 골렘golem(유대문화에서 볼 수 있는 인간 모양의 인형으로 랍비가 조종할 수 있는 것으로 간주된다―옮긴이) 같은 존재인 프롤레타리아는 프롤레타리아로서 겪는 고통으로 인해 끊임없이 자기를 의식하게 된다. 또한 이 의식에서 생겨난 것으로 간주할 수 있는 도덕적 자질, 곧 모든 노동자들에게 느끼는 존경심과 연대감으로 인해 계급을 형성하게 된다. 이 계급은 부르주아지 계급에게서 권력을 박탈한다. 부르주아지 계급이 거짓된 민주주의 곧 경제 자유주의적 민주주의를 통해서 권력을 유지하기 때문이다. 프롤레타리아는 권력을 획득하여 착취하는 거짓말쟁이인 부르주아지 계급을 타도할 임무를 '역사'로부터 부여받는다.

따라서 프롤레타리아의 권력 획득은 프랑스혁명으로 시작된 진보적 정치작업, 즉 부르주아지가 배반한 작업을 완성하는 일이 된다. 마침내 '계몽'이 시민평등이라는 것을 통해 약속한 바 있지만 부르주아지에 의해 형식적인 것이 되었던 계급 없는 박애적 사회가 실제로 실현될 것이다.

마르크스의 본심이 그렇지 않다 하더라도 이러한 논리는 마르크스주의를 하나의 도덕과 이상주의로 만드는 희망이자 세계관이다. 상인들의 내재론에 의해 생겨난 물질주의 세계에서 예언적 메시아주의에 근거해 분배와 사랑의 문제를 그리스도교적 종말론과 연계하려는 프로젝트가 출현한 것이다. 그리고 그 메시아주의는 유대교에서 영감을 받았다.

이 사회주의 프로젝트는 메시아주의적 유대교와 그리스도교적 전도의 사명이 결합된 프로젝트를 실현하기 위해 그리스의 로고스에 의지하려 했다. 아마도 이것은 철학자 카를 마르크스가 이른바 '과학적' 사회주의의 주요 이론가였지만 유대교, 그리스도교, 그리스 문화가 결합된 환경에서 성장하고 공부했기 때문일 것이다.

프롤레타리아의 메시아주의 곧 지식인들의 프로젝트

노동자들에 의한, 노동자들을 위한 사회주의혁명 프로젝트는 노동자들이 아니라(이들은 자신들의 프락시스 때문에 혁명에 필수불가결한 지식 같은 것을 거의 지니고 있지 않았다) 부르주아지 주변부의 두 계층에 속했던 지식인들이 생각해낸 것이자 그들이 희망했던 것이다. 그 두 계층은 다음과 같다.

정치 자유주의적 사회주의와 과거의 그것과는 다른 혁명적 조합주의는 프랑스 프티부르주아지 출신의 지식인들이 주축이 된다. 피에르 조제프 프루동과 조르주 소렐을 예로 들 수 있다. 종종 독학을 했고 노동계층과 깊은 관계를 맺었던 사상가들이다.

국제주의적 사회주의는 동유럽 유대공동체 출신의 중산층·상류층 부르주아지에 속했던 지식인들이 주축이 된다. 카를 마르크스와 페르디난트 라살레Ferdinand Lassalle(1825~1864. 독일의 사회주의자 및 혁명 사상가로 독일 사회민주당의 전신인 독일 노동자협회의 창시자─옮긴이)를 예로 들 수 있다. 이들은 노동계급과는 매우 거리가 먼 이론가들이며 앞서 언급한 프티부르주아지 지식인들의 경험주의적 태도를 배척했다. 대신 지속적으로 그리스·유럽 철학의 방법론을 따르며 오만하게도 구체적인 현실을 추상화하고 개념화했다. 이 계열의 지식인들은 막 탈무드 사상의 테두리와 게토를 벗어나면서 그리스·유럽 철학을 열렬히 받아들인 사람들이다.

후자의 경우, 사고하는 주체와 사고의 대상 사이에는 절대적 거리가 존재했다. 가장 좋은 예가 아마도 게오르그 루카치의 『역사와 계급의식』일 것이다. 헝가리의 상류층인 유대 부르주아지 은행가의 아들은 이 아주 두꺼운 역사철학 책을 통해 매우 능숙하지만 공허한 개념조작을 한다. 그는 자신이 한 번도 접촉해본 적이 없는 프롤레타리아를 이상화하고, 이 프롤레타리아가 부르주아지에 대항해 메시아적 운명을 맞게 될 것임을 보여주려 시도한다. 그는 섬세한 감수성을 지닌 학자였지만 정치참여에 뜻이 있어 모험가 벨라 쿤Bela Kun(1886~1939. 헝가리의 공산주의 정치가로 공산당을 창당했다. 짧은 기간 헝가리 소비에트 사회주의 공화국을 이끌었으나 정책 실패로 인해 모스크바로 망명한다─옮긴이)의 폭력적인 정부에서 일하고 이후에는 죽는 순간까지 스탈린의 정책을 지지한다.

이런 루카치의 형태는 자신들과 같은 편이던 계급이 '계몽'을 배반했다는 것에 매우 큰 죄책감을 느끼던 소수의 부르주아지가 지식인들의 머리에서 나온 그 이상적 프롤레타리아를 자신들의 계급과 싸우는 도구로 만든 역사적 사례라고 할 수 있다.

또한 부르주아지에서 더 낮은 계급으로 전락한 이들과 여러 나라를 떠돌며 생활하던 이들은 이른바 '혁명적'이라고 가정된 그 프롤레타리아를 부유한 엘리트층에 보복하고 그들을 정복하기 위한 무기로 이용했다. 그들은 국적이 있는 그리스도교 부르주아지가 차지하던 자리를 프롤레타리아를 내세워 빼앗고 싶었던 것이다.

민중의 정체성

고대의 극장, 기사도 정신, 부르주아지의 소설 등 한 사회계층이 갖고 있는 의식과 자주성은 다른 무엇보다 문화적 산물을 통해 구현된다. 그 계층은 특정한 문화를 통해 자신들이 무엇이 될 수 있고 무엇을 원하는지 '역사' 앞에서 표현한다.

훌륭한 가수이지만 다른 사람이 쓴 글만 노래하는 에디트 피아프Édit Piaf(1915~1963. 노래를 통해 프랑스의 정서를 가장 잘 표현했다는 평가를 받는 프랑스의 대표적 샹송 가수──옮긴이)처럼 혁명적 프롤레타리아는 노동자 출신이 아닌 사람들을 따를 수밖에 없었고 '역사' 앞에서 자신들의 손으로 짓지 않은 악보를 연주해야 했다.

프티부르주아지 출신 작가이자 민중의 고통과 정신을 가장 훌륭하게 그려낸 루이 페르디낭 셀린Louis-Ferdinand Céline(1894~1961. 프랑스의 소설가. 그의 소설은 민중적인 삶을 잘 표현하기도 했으나 강한 허무주의적 색채를 띠고 있다. 반체제·반유대 입장을 취했다는 이유로 한때 덴마크로 망명하기도 했다──옮긴이)은 이 점을 명석하게 파악했다. 하지만 몰락한 부르주아지 출신이고 냉소적이던 스탈린이 『밤의 끝으로의 여행Le Voyage au bout de la nuit』을 그때까지 쓰인 소설 가운데 유일한 프롤레타리아 소설이라고 칭찬하자 아이러니하게도 셀린은 그 칭찬에서 자부심을 느꼈다. 더구나 그 작품도 노동계층과는 전혀 관계가 없는 엘자 트리올레Elsa Triolet라는 어떤 여자가 러시아어로 번역한 것이다.

지식인들이 주축이 된 19세기였다면 노동자도 '역사'의 주인공이 됐을 테지만 이제 현실에서는 침묵하게 됐음을 보여주는 아이러니다. 그 두 인물이 가혹한 리얼리즘적 세계관을 지녔음에도 그러한 아이러니를 공통적으로 보여준다(결국에는 노동자가 작가 셀린이나 프롤레타리아의 지도자 스탈린 둘 모두에게서 외면당하게 된 현실을 암시한다──옮긴이). 그 유명한 메시아적 계급은 프롤레타리아 문화와 민중문화를 착각했을 뿐 자신들의 의식과 프로젝트를 표현할 특정 문화를 전혀 갖고 있지 않았다. '당'으로부터 강요된 '사회주의적 리얼리즘'이 이러한 의식과 프로젝트를 구체화했을 뿐이다.

프랑수아 비용François Villon(1431~1463. 프랑스 중세 말기의 시인. 철저한 리얼리스트로 근대 서정시의 길을 터놓은 보들레르와 비견되는 시인으로 평가받는다──옮긴이)에서 시작해 루이 페르디낭 셀린, 미셸 오디아르Michel Audiard(1920~1985. 프랑스의 영화와 드라마 대본작가, 영화감독, 작가. 민중 특유의 풍자적이고 해학적인 언어를 잘 표현한 것으로 평가받는다──옮긴이), 콜뤼쉬[1]를 거쳐 디외도네Dieudonné(프랑스의 코미디언. 이 인물과 관련된 내용은 6장에서 자세하게 언급된다──옮긴이)에 이르기까지 수세기 동안 민중 문화는 재능 있는 자들이 줄줄이 나타나며 풍성해졌다. 따라서 명령을 통해 프롤레타리아 예술을 만들게 한 '사회주의적 리얼리즘'과는 그 성격이 완전히 다르다.

민중의, 민중을 위한 문화를 이해하려는 우리는 그 문화가 표현하는 집단인 민중을 이해하기 위해 우선 민중이 어떤 집단에 속해 있지 않은가를 명확히 할 필요가 있다.

우선 구체제 때의 민중은 귀족계급도 사제계급도 아니었다. 그들은 비특권자들로 구성된 '배제되어 있던 제3자들'이었다. 이론적으로는 제3신분으로서 프랑스혁명을 통해 온전한 권력을 쥔 사람들로 간주된다.

하지만 이 민중을 다시 한 번 정의할 필요가 있다. 기생 생활을 하고 착취를 하던 상위계급들, 즉 귀족계급과 이어서는 제3신분 내의 부르주아지에 대조되는 노동·생산 계층으로 말이다. 이 라보라토레스 계급은 프로이트의 용어를 빌어 표현할 때 '현실 원칙'을 떠맡아 책임지던 이들이었다. 농부, 수공업자, 상인, 노동자, 영세기업인 그리고 낮은 지위지만 성실한 공무원과 이 계층의 감수성을 표현하던 예술가들도 덧붙여야 한다.

'프롤레타리아와 중산계급의 결합체' 같이 계급적 용어로 정의할 수도 있다. 이 민중은 프티부르주아지와 프롤레타리아로 구성되어 있었는데, 실제로 작은 식당의 주인(이 사람은 스스로가 생산수단을 소유하고 있다)과 그의 고객(임금을 받는 노동자)의 경우처럼 현실에서 그 두 계급은 서로 밀착된 관계를 맺고 있었다.

과학적 사회주의는 개념적이고 추상적인 작업을 통해 사회에서 중간계층에 속하고 서로 혼합되어 있던 이 두 사회그룹을 어떻게 해서든 떼어놓고 대립시키려고 항상 고군분투했다. 그러나 거리와 작은 식당들이 모여 있는 도시를 비롯해 여러 현실을 볼 때 그러한 작업은 부정될 수밖에 없다.

민중은 항상 애국적이다

국경을 넘어 소요를 일으키려던 이들은 추상적인 작업을 통해 프롤레타리아를 신비화하고 조작함으로써 그들을 국제적 존재들로 제시했다. 그러나 역사적으로 드러난 실재 사건들을 보면 민중은 항상 애국적이었다는 것을 알 수 있다.

예를 들어 파리코뮌의 민중은 프랑스의 자긍심을 지키기 위해 세당의 패배[2]를 인정하지 않고 파리를 독일 점령군의 손에 넘기려 하지 않았다. 그와 다르게 베르사유의 부르주아지는 파리의 항복을 받아들였다.

민중은 항상 국가대표팀에 열렬한 박수를 보낸다. 그러나 부유한 엘리트들은 이 순수한 집단적 열광을 경멸하여 선수들을 멸시한다. 그러나 스포츠가 하나의 시장이 될 때는 경기와 관련된 모든 절차에 개입한다.

루이 15세가 사촌인 독일 왕의 이해관계를 위해 프랑스의 이해관계를 희생시키고 사르코지가 프랑스의 자주적 태도를 청산시키려는 미국인들에 협조한 것처럼, 세계주의 엘리트들이 국가를 배반하는 순간에도 민중은 항상 애국심을 지니고 있었다. 국가의 이익보다 유럽에서의 친족관계를 더 우선한 왕족들에서부터 역시 국경을 두지 않는 자본의 이익에 굴복한 부르주아지가 지녔던 국제주의적, 실제로는 세계주의적 사고는 민중에게는 전적으로 낯선 것이다.

반대로 국제주의는 민중이 상상하기 어려운 방식으로 사업을 하고 여행을 즐기는 엘리트들과 이곳저곳을 넘보며 시세를 조작하는 자들에게 고유한 사고다. 민중은 자신들의 프락시스 때문에 유랑하는 경우가 매우 드물며 대체로 한 장소에 정착해 있기 때문에 이러한 사고방식을 갖지 않는다.

따라서 1914년 전쟁 전야에 조르주 소렐이 선언한 반국가주의 anti-nationalisme(반국가주의는 세계화된 공동체를 지향하는 측면이 있지만 반드시 국가를 부정하는 것은 아니다. 대신 국가가 주도하는 전쟁 같은 커다란 사건을 반대하고 평화를 옹호하는 입장이다―옮긴이)는 국가적 차원의 연대를 멸시하는 엘리트의 태도로 이해해서는 안 되고 '자본'의 이익을 극대화하기 위해 프랑스와 독일의 국민을 살육장으로 내모는 부르주아지의 전략을 거부한 것으로 이해해야 한다.

이미 나폴레옹 1세 때부터 금전권력층은 호전적인 국가주의를 도구화했고 민중은 항상 고통 받았다. 그러므로 본능적인 반애국적 태도가 노동자를 국제주의자로 만들었다고 여겨서는 안 된다. 오히려 이것은 정치적 효율성 때문에 고향을 두지 않는 '자본'의 조작 능력에 맞서 노동 민중들이 연대한 것으로 이해할 필요가 있다.

조르주 마르셰Georges Marchais의 반이민주의적 프랑스공산당이 내세운 것처럼, 국가에서 출발해 국가로 되돌아오는 국제주의다. 이 이념은 마르셰의 유명한 몽티니 레 코르메유Montigny-lès-Cormeilles(프랑스 북부에 위치한 도시. 마르셰의 연설은 이 책의 6장 서두에서 일부 내용이 인용되고 있다—옮긴이) 연설에 표현되어 있다.

민중적이고 애국적인 연설이었다. 거기서 언급된 내용은 '국가'를 거의 광신적으로 증오하는 트로츠키의 국제주의와는 정반대된다. 그 국제주의를 주창한 것은 대부분 선동전문가들로 노동하는 서민과는 거리가 멀었다. 이들은 국경과 한곳에 정착한 민중들에 대한 경멸감을 노골적으로 표현했는데 이러한 국제주의는 부유한 상류층 부르주아지의 이념이기도 하다. 그렇기 때문에 대大자본은 애국적이며 연대하는 노동 민중의 합법적인 대표자들 대신 반국가적인 선동가들을 은밀히 지원한다.

우파의 세계주의자들과 좌파의 국제주의자들—실제로는 모두가 세계주의자들이다—이 그토록 쉽게 공모할 수 있는 건 '역사'가 증명하는 대로 종종 그들이 동일한 그룹 출신이기 때문이다.

'빈곤의 철학'과 '철학의 빈곤'

19세기 후반기 내내 사회주의 진영 바로 한가운데서 진행된 반자본주의 이론의 투쟁으로 되돌아오자. 우선 두 진영이 대립한다. 두 진영은 모두 다음의 핵심적인 질문에 적절한 해답을 내놓으려 했다. "모든 것이 프락시스에 의해 결정되는 내재성의 세계에서 인간을 해방하기 위해 필요한 물질적, 사회적, 정치적 조건은 무엇일까?"

질문은 하나지만 반反부르주아지 투쟁을 성공적으로 이행하기 위해 제시된 주요 해답과 집단은 두 개다.

한편에는 바쿠닌과 프루동의 정치 자유주의적 사회주의가 있다. 다른 한편에는 친구 사이인 마르크스와 엥겔스의 이른바 '과학적' 사회주의가 있다.

전자는 그 질문에 대해 양식과 경험을 존중하는 태도로 대답하려 노력할 것이다. 이런 이유에서 전자는 시행착오를 겪고 근사치로 나아가면서 해답을 찾는 성향이다. 후자는 전자의 이러한 신중한 방식과 총체적인 철학체계를 대립시킨다. 마르크스는 헤겔에게서 '역사의 의미'라는 개념을 빌려온 다음 현실의 거의 모든 측면을 포괄하는 철학을 만들려고 했다. 이렇게 하며 과학성이라 자칭하던 것의 정상에 서서 전자, 곧 '철학의 빈곤'〔『빈곤의 철학La philosophie de la misère』(1846)과 『철학의 빈곤La misère de la philosophie』(1847)은 각각 프루동과 마르크스가 저술한 책이다. 마르크스는 한때 프루동과 교류했으나 프루동이 책을 출간한 이후 그의 방법론이 비과학적이고 프티부르주아적이라고 강하게 비판한다─옮긴이〕으로 생겨난 빈곤에 대해 실제적인 치료법을 고안하려 했다.

후자는 이른바 "역사적이고 변증법적인 유물론적" 개념을 매우 능숙하게 다룬다. 하지만 그들 자신과 프롤레타리아에게는 불행하게도, 시간이 흘러 '역사'의 진정한 의미를 알게 되자 과학적이라고 주장한 그 개념은 신흥부자 같은 오만한 부르주아들(앞에서 '프롤레타리아의 메시아주의 곧 지식인들의 프로젝트' 단락을 보면 이 사회주의 사상을 만들어낸 사람들이 동유럽 유대공동체 출신의 중산층·상류층 부르주아지에 속했던 지식인들이라고 소개되어 있다─옮긴이)의 거짓말이었다는 게 드러났다. 곧 그 철학은 매우 복잡하면서도 공허한 이론이었다. 그 부르주아들은 자신들이 물려받은 예언가·메시아주의 문화와는 매우 거리가 먼 철학을 주체할 능력도 없이 이용했다. 그렇게 함으로써 독학한 사상가들을 비웃을 수 있다고 생각했겠지만, 그 사상가들은 노동계층 출신이었고 그들의 反마르크스 · 레닌주의적 직관은 모두 옳은 것으로 밝혀졌다.

그리고 "'역사'의 의미"를 이유로 마르크스는 프루동에 이어 소렐의 양식 있는 직관과 지적들에 반대하며 '진보'를 주창했지만, 오늘날 노동자는 사람을 바보로 만드는 미분화된 노동과 테일러리즘, 포디즘을 통해 궁극적인 소외를 경험하고 있다. 반면 과거에 프루동과 소렐은 영국의 러다이트 노동자들과 프랑스 리옹 견직물공장 직공들, 보다 폭넓게는 노동계층의 전문 인력들을 대표하는 동업조합들이 기계 사용을 반대한 현상을 겸허한 자세로 기록해두었다.

노동자를 소외시키고 나아가 자본이 관련되는 경우라면 매우 냉혹해지는 오늘날의 기계주의적 진보는 필연적으로 중앙집권화와 대량생산의 단계를 거친다. 곧 프루동과 이후 소렐이 생각한 대로, 노동자를 복종적이고, 수동적이고, 성숙하지 못한 인간으로 만드는 임금노동직이 보편화된다. 이와는 달리 마르크스와 엥겔스는 시간이 지나면 프롤레타리아가 해방될 것이라고 판단했다.

프롤레타리아 독재란 당의 독재다

프롤레타리아 독재는 마르크스에 의해 이론화되고 볼셰비키에 의해 현실적으로 완성된다. 레닌은 노동계층의 대중이 신 같은 초월적이거나 선험적인 권위의 대상을 상실하면서 스스로만을 믿게 되었으므로 정체성을 상실할 수밖에 없다고 생각했다. 따라서 권력을 획득하기 위해선 "'역사'의 의미"를 완성할 민중의 '자발성'에 기대를 걸기보다 '혁명의 전위부대', 곧 노동계층이 아닌 혁명 활동을 위해 교육받은 전문가들에게 기대를 거는 것이 낫다고 판단하기에 이른다. 레닌과 달리 민중의 '자발성'에 기대를 걸었던, 학문 영역에서는 대가였지만 정치 영역에서는 순진했던 로자 룩셈부르크는 실패하고 결국 죽음을 맞는다.

간단히 말해 어떤 구체적 사안을 필요로 한 것도 계획한 것도 아닌 이른바 '프롤레타리아 독재'는 사실상 불가피한 '당이 곧 국가'인 독재로 귀결됐다. 즉 레닌 때부터 관료화로 귀결됐고 스탈린 때는 노멘클라투라nomenklatura(구소련이나 동구권 공산국가에서 특권적인 권력과 혜택을 누렸던 계층―옮긴이)로 귀결됐다.

'당이 곧 국가' 이념의 배타적 권위 아래서 분업과 보편화된 임금직에 토대해 기능하는 체제(오만한 인간들의 철학에 불과한 과학이 종교처럼 선전되고 신앙의 대상 같은 것이 되면서 '현실 사회주의' 이념이 정당화되고 그 정체가 은폐됐다. 그 이념에 따라 기계주의적 경찰국가의 독재가 시작됐다)와 대조하면 유물론자라기보다는 현실주의자이고, 개념적인 사고보다는 직관적인 사고를 가졌던 바쿠닌, 프루동, 소렐은 처음부터 노동계층을 구하기 위한 다른 길을 모색했다.

그들은 인간이 자신과 세계를 의식하고 자유를 체험할 수 있는 세계를 만들기 위해 전문노동자 출신으로 인간적 위계를 중시하며 다른 사람들과 함께 일하는 소기업주·소지주의 사회를 모범으로 제시했다.

의식이란 '당'이 순종적인 임금노동자들에게 교리를 교육하면서 갖게 하는 것이 아니라 각 개인이 스스로의 생산수단을 소유해서 경제적이고 사회적인, 따라서 정치적 책임을 경험할 때 갖게 된다고 보았기 때문이다.

마찬가지로 자유란 군대 같이 중앙집권화된 국가가 줄 수 있는 것이 아니다. 각 개인은 스스로 삶의 수단과 생산수단을 소유해 경제적이고 사회적인, 따라서 정치적 독립성을 가져야만 구체적인 자유를 얻을 수 있다.

소생산가인 시민들로 구성된 상호부조 사회에서는 소수그룹이 권력을 휘두르고 지배욕을 보이는 일은 나타날 수 없다. 곧 삶의 목표가 없이 착취를 당하는 프롤레타리아를 국가기구가 이용하는 일이 없다. 이런 사회야말로 자유·평등·박애가 구체적으로 실현된 사회로, 소련의 사회주의보다는 그리스 민주주의에 가깝다. 그리스 민주주의와 하나 다른 점이 있다면 노예제가 없다는 것이다!

그 사회는 마르크스·레닌주의의 사회주의, 부르주아지의 자본주의와는 대척점에 있다. 이 두 이데올로기는 기술 진보에 대한 과신과 노동의 극단적 미분화에 토대해 기능한다. 이 두 이데올로기 아래에서는 고용주인 국가를 위한(사회주의) 혹은 국가나 마찬가지인 고용주를 위한(자본주의) 임금노동직이 보편화된다. 여기서 국가가 고용주인 것이나 고용주가 국가인 것이나 결국 같은 의미다.

미하일 고르바초프의 소련에서 보리스 옐친의 러시아연방으로 마찰 없이 곧장 이행할 수 있었던 건 물질적 진보에만 토대해 기능한다는 점에서 두 사회 체계가 매우 유사했기 때문이다. 70년간의 사회주의가 만들었다는 이른바 '새로운 인간'은 매우 빠른 속도로 어리석은 서구형 소비자로 변했다. 아주 높다란 건축물 꼭대기들에 걸린 붉은 별의 상징들을 코카콜라 상표들로 교체하는 것으로 충분했다.

'과학적 사회주의'는 실제로는 하나의 독백에 불과하고 궁극적으로는 미완의 사상이자(이런 사실이 아주 희화화되어 나온 결과가 루이 알튀세르의 난해한 저서들일 것이다) 과잉된 개념으로 가득하고 오만한 사상이었다. 무엇보다 '과학적 사회주의'는 독재 관료체제 배후의 기생적 존재인 노멘클라투라가 무책임한 방식으로 임금제와 포디즘을 시행하던 현실을 은폐했다.

현실 사회주의는 궁극적으로는 노동계층을 해방하기 위한 의지가 아니라 국제주의자와 계급탈락자들이 그리스도교의 부덕한 부르주아지와 대립하기 위해 노동자들의 정상적인 고통을 조작하며 지배의지를 발휘하려 했던 시도로 드러날 것이다.

자본도 프롤레타리아 독재도 아닌, 조지 오웰의 고독

영국인 조지 오웰은 1940년대에 프랑스와 스페인을 오랫동안 여행한 후, 둘이 같은 전체주의 양상을 띤다는 면에서 그것들의 정치 행위가 모두 거대한 거짓이라는 걸 깨달았다.

러시아인 알렉산더 솔제니친도 1950년대에 '현실 사회주의'가 가면을 쓰고 있음을 고발했는데, 이때 솔제니친은 예전 제정 러시아로 돌아가려는 복고적 시각을 갖고 있었다.

오늘날 자본주의와 사회주의를 모두 거부하는 민중주의를 복귀시키자는 주장이 있다. 미국인 크리스토퍼 래쉬가 그 이념을 위한 작업을 했고 현재 프랑스에서는 섬세한 정신의 소유자 장 클로드 미셰아가 그것을 옹호하고 있다.

오웰과 미셰아는 프롤레타리아와 부르주아지를 대립시켜도 구원의 길은 열리지 않는다고 생각했다. 그러한 대립은 추상적일 뿐이다. 대신 그들은 프롤레타리아와 중산계급이 결합해서 보편적인 중산계급이 생기는 것이 구원의 길이라고 생각했다. 이전에 존재한 민중의 결합을 말하는 것이다. 파리코뮌 당시 노동자와 수공업자들은 '베르사유'의 '자본'에 대항해 반항했다. 그 '자본'의 이해관계가 민중에게는 거의 의미가 없었기 때문이다.

민중주의는 그들의 적인 부르주아지와 세계주의 혁명가들에게서 '프티부르주아적'이라고 비난받았다. 또한 실제로 민중주의는 요란하고 선전하는 언어로 가득한, 혁명의 산물인 프랑스의 의회민주주의와도 상당히 이질적인 성질의 것이다. 반정부적이고 정치 자유주의적인 민중주의는 소련의 사회주의와도 별로 관련이 없다. 소련의 사회주의는 솔제니친이 어떻게 생각하건 여러 면에서 제정 러시아의 독재정치를 계승한 것이다.

궁극적으로 이 민중주의는 당시 영국의 '도시'와 군주제가 상징하던 '금융'과 '국가' 모두에 대항해 투쟁을 벌인 미국 개척정신의 이상과 비슷하다. 이는 두 정신이 공통적으로 소생산·소지주들의 상호부조적 민주주의를 목표로 삼기 때문이다. 미국의 최상류층에도 공화주의 정신을 갖고 있으면서 이런 민주주의를 여전히 몸소 실천하는 사람들이 있다.

제국의 비밀스런 전략

그렇기 때문에 사회주의 투쟁은 바쿠닌, 프루동과 마르크스, 엥겔스의 대립부터 시작해 노동계층의 사회주의와 자본의 부르주아지의 대립으로 이해하기보다는 전문혁명가들을 조종하고 자금을 지원한 세계적 대자본들이 일으킨 싸움으로 이해해야 한다. 이분법적 대립이 아닌 오히려 더 타락한 삼각투쟁이다. 전문혁명가들은 대개 국제주의 경향이 있던 부르주아지 출신이었다. 부르주아지에 대항해서 노동자들이 단결해 이른바 투쟁을 벌인다고 선전하고 모호한 변증법 이론을 펼치던 그들은 돈을 받고 활동했다. 그들은 국경을 아랑곳하지 않고 투기를 벌이던 상류층 부르주아지와 한곳에 정착해 활동하던 기업가들인 프티부르주아지를 전면적으로 혼동시켰다. 이렇게 함으로써 '자본'의 권력에 대항할 진정한 혁명적 힘을 지닌, 국내 프티부르주아지와 프롤레타리아의 민중주의적 결합을 막을 수 있다고 생각했다.

신비화된 프롤레타리아와 삶의 터전에 뿌리를 내렸지만 부당하게 비판 받은 중산계급. 세계주의 이념을 지닌 사회주의가 프롤레타리아로 하여금 중산계급에 대항해 투쟁하도록 조종한 역사. 이 조종과 공모의 역사가 노동운동의 숨겨진 역사다.

그러나 1970년대부터 혁명적이라고 자처하던 국제주의자들이 세계화된 자유주의와 궁극적으로 결탁하면서 그 거짓과 조작행위가 역사적 진실로 드러나게 된다. 트로츠키주의자들이 통제 하는 가운데 유럽에서는 '정치적 자유를 위한 자유주의'라는 이름 아래서, 미국에서는 '신보수주의자들'이라 불린 사람들의 지배 아래서 그 결탁이 이뤄졌다. 이 구름같이 많은 사회의 배반자들의 이름을 열거한다면 우리는 곧바로 쉰들러 리스트[3]를 떠올릴 것이다.

다른 한편 19세기 후반기 내내 불평등한 투쟁이 진행된 이후('불평등'했다는 건 투쟁의 스폰서들이 가진 부가 불평등했다는 의미다) '과학적' 사회주의자들이 자유주의적 사회주의자들에게 승리를 거둘 수 있다는 것이 일단 확실해지자, 이번에는 임금을 받는 프롤레타리아 내부에서 혁명적 민중을 제거하는 작업이 완성되었다.

20세기로 전환될 무렵부터 제1차 세계대전이 발발할 때까지, 총파업을 실시하고 정부의 중개를 거부하는 정책을 고수한 혁명적 조합주의가 프리메이슨의 영향권 아래 놓인 의회의 사회주의와 투쟁을 벌였다. 그러나 조르주 소렐이 장 조레스와 맞서다가 패배하면서 민중주의는 두 번째로 패배했다. 이렇게 1830년부터 1970년까지 좌파 내부에서 전개된 모든 투쟁은 민중의 힘이 사회주의 전문가들과 대면한 다음 서서히 패배한 역사로 이해해야 한다.

반부르주아지 투쟁이 점진적이고 미묘하게 변화한 것이다. 이는 좌파 세력들이 '자본'에 매수되고 프리메이슨 '본부'의 영향력 아래에 있었기 때문이다. 그리고 반부르주아지 투쟁이 변화하면서 삶은 구매력을 획득하기 위한 투쟁으로 바뀌었다. 곧 궁극적으로 민주주의는 자유주의적이건 사회주의적이건 간에 '시장'으로 소급된다.

어리숙한 좌파와 우파로 인해 사회민주주의가 태어나다

노동하는 사람들의 연대, 곧 프롤레타리아·중산계급의 연대가 패배하면서 공식적으로 우리는 제1차 세계대전 말부터 대략 1960년대까지 공산주의자와 자유주의자라는 두 진영에 의한 좌우 대립의 역사를 갖게 된다. 하지만 그 기간 동안 '고용주'와 '노동자'의 대립 뒤로 우파 진영에서는 상류층 부르주아지와 프티부르주아지가 대립하던 현실이, 좌파 진영에서는 프티부르주아지와 프롤레타리아가 인접하던 현실이 은폐되어 있었다.

이 시기 동안 민중주의는 이론적으로 패배하고 결정적으로는 1945년 이후로 '파시스트적'이라는 낙인이 찍힌다. 그러나 이 사회가 강요한 프롤레타리아·부르주아지 계급대립의 이념은 1960년대부터는 더 이상 지지할 수 없는 허구가 된다.

이 허구를 사회학적으로 지지할 수 없게 되었다. 임금노동직 안에서 서비스업에 종사하는 화이트칼라들의 제3차 산업이 확장한 데 이어 곧 그 위상이 블루칼라들을 대체했기 때문이다.

사무실 직원들로 이루어진 이 새로운 계급은 1960년대부터 사회의 다수구성원이 되고 그 사고방식과 문화(이것들은 항상 프락시스에 따라 결정된다)로 인해 계급투쟁보다는 소비와 타협의 사회에 훨씬 더 큰 동질감을 느낀다. 노동자들의 공산주의 문화 그리고 중산계급의 민중주의 문화와는 거리가 먼 임금을 받는 프티부르주아지의 새 계급이 출현한 것이다. 이로써 프티화이트칼라에서 중견간부에 이르는 '임금생활자의 중산층'이 형성된다.

이때부터 이 중산층은 노동계와 '자본' 사이에서 정치적 완충 역할을 맡는다. 그러나 이 중산층을 수공업자, 상인, 소기업주, 스스로 생산수단을 소유한 지주들과 같이 스스로 소자본가인 동시에 기업의 위험을 감수하는 노동자이기 때문에 '노동'과 '자본'의 매개 역할을 하는 '중산계급'과 혼동해서는 안 된다.

새롭게 부상한 중견간부들의 사고방식, '사교계 좌파'의 사회학적 토대인 그 사고방식은 조르주 페렉Georges Perec(1936~1982. 프랑스의 소설가. 전위 문학의 선두에 섰던 실험 문학 그룹 올리포OuLiPo의 일원—옮긴이)의 소설 『사물들Les Choses』에서 완벽하게 그려졌고 이어서 그 자신은 모를 수 있지만 프랑수아 트뤼포François Roland Truffau(1932~1984. 프랑스의 영화감독으로 1960년대 전반에 유행한 누벨바그를 대표하는 한 사람—옮긴이)의 영화에서도 나타났다. 프티부르주아적이면서도 반민중적인 이 여성화된 사고방식은 '소기업주들'의 사고방식과는 전혀 다르다. 하지만 후자도 1960년대부터 퇴보하고 있고 이런 현상은 앙트완 블롱댕Antoine Blondin(1922~1991. 프랑스의 작가, 기자. 특히 프랑스의 자전거 경주 '투르 드 프랑스Tour de France'와 올림픽경기를 정기적으로 취재해 기사화하며 대중적인 기자가 되었다─옮긴이)의 기사와 미셸 오디아르의 대사로 알 수 있다.

임금을 받는 프롤레타리아와 프티부르주아지 기업주 사이에서 후자를 '사회주의 관점'에서 비판하며 대립을 강요한 데 이어(현실에서는 그 두 존재가 '노동계층'을 구성하고 있었다) 1960년대부터는 임금노동직 안에서 노동자와 사무직 노동자들이 대립하는 새로운 현상이 생겨났다.

새로운 노동전략이 아닌 소비 성향이 있는 이 새로운 좌파적 부르주아지는 '자본'이 '소비의 사회'를 이용해 마련한 새로운 스탠딩 전략(스탠딩standing은 조직이나 사회에서 차지하는 지위나 위상을 뜻하며 스탠딩 전략이란 높은 지위나 위상에 걸맞은 소비를 하게끔 만드는 상업적 전략을 말한다─옮긴이), 즉 유행과 장식 용품으로 수준 높은 문화적 부가가치가 있는 보석 같은 것들이나 혹은 《르 누벨 옵세르바퇴르Le Nouvel Observateur》(프랑스의 시사주간지. 《르몽드》, 《리베라시옹》과 함께 프랑스의 권위 있는 지성지로 일컬어진다─옮긴이), 《렉스프레스L'Express》(프랑스의 진보적 입장의 주간지─옮긴이) 이어서 《리베라시옹Libération》(프랑스의 3대 전국 일간지이자 대표적인 좌파 신문으로 68학생운동의 정신을 계승하자는 목적으로 창간되었다─옮긴이)의 아첨어린 말에 유혹된다. 그리고 이때부터 다른 임금노동자들을 멸시한다. 이후로 노동자들은 파시스트 경향이 있는 속 좁은 소시민으로 간주되고 그렇게 취급받을 것이다.[4]

사무직 노동자들이 컬처 스탠딩에 유혹되며 임금노동직 내에서 '노동' 진영이 갈리자 이어서 '자본'을 대변하는 언론매체가 아첨어린 말을 한다. 프랑스경영인국가위원회(CNPF: Conseil national du patronat français)가 표면적으로는 소기업주들도 기업주 계급에 속한다고 주장한 것이다. 그러나 실제로 소기업주들은 기업주 계급에 의해 청산될 운명에 놓인다.

이렇게 언론매체와 여러 기관의 선전활동들로 인해 기업의 낮은 지위에 있는 간부들도 스스로를 부르주아로 인식하게 되고 그러는 동안 소기업주들도 자신들이 프랑스기업운동과 연대하고 있다고 느낀다.

좌파와 우파의 어리숙한 사람들이 프랑스식 사회민주주의가 탄생하는 데 기여하는 것이다. 이 민주주의는 샤방 델마Chaban-Delmas(1915~2000. 프랑스의 정치인. 지금 언급되는 시기는 샤방 델마가 조르주 퐁피두 대통령 아래서 총리로 있던 1969년과 1972년 사이의 기간을 가리킨다―옮긴이) 때부터, 그다음에는 지스카르 데스탱의 7년 임기 동안 "새로운 프랑스 사회"로 불린다.

단결의 종말과 세계화로 인한 변화

임금노동자들이 이렇게 서로 대립하면서 사회적이며 신화적인 단결은 종말을 맞이하게 된다. 반면 대기업주들의 부르주아지는 분화를 겪지 않았다. 이 모든 일은 임금을 받는 다수의 중산층으로 구성된 사회민주주의 체제에 유리하게 작용했다. 클로드 소테Claude Sautet(1924~2000. 프랑스의 영화감독. 주로 프랑스 중산층의 일상을 소재로 삼아 개인의 우정, 사랑, 갈등, 잃어버린 꿈 등을 탁월하게 묘사했다―옮간이)는 1970년대의 기업 중견간부들을 소재로 삼은 영화들에서 이 시기를 매우 충실하게 그려낸다. 그런데 그 단결이 끝난 데 이어 1990년대에는 초자유주의적 세계화로 강요된 두 번째 비약이 이뤄진다.

이 1990년대 동안 프랑스에서 1960년대부터 형성된 부르주아지 (앞부분에서 언급한 '프티화이트칼라에서 중견간부에 이르는 임금생활자의 중산층'—옮긴이)는 자신의 이전 지위에서 탈락하게 된다. 1960년대의 프랑스, 곧 PDG들[5]의 프랑스, 권위적이며 지방색 짙은 인물 루이드 퓌네스Louis de Funès(1914~1983. 프랑스에서 1960~1970년대에 대중적으로 매우 인기가 높았던 배우. 주로 희극적인 역을 맡았다—옮긴이)가 특히 그 프랑스를 상징한다. 반면 세계화의 방법을 알게 된 소수계층을 위해 일하는 장 마리 메시에Jean-Marie Messier(프랑스의 기업인. 통신과 엔터테인먼트 분야의 대기업 비방디Vivendi를 경영했는데 회사의 경영난과 다른 경영진과의 불화로 사임할 때 계약서에 적힌 대로 2천만 유로의 위로금을 받았다—옮긴이) 같은 다국적기업의 핵심 직원들이 그 자리를 차지하게 된다.

이때부터 '자본'의 전문경영 능력을 상징할 이 새로운 계급은 지역적이고 도덕적인 모든 관계를 끊어버릴 것이다. 대개 '스톡옵션'이 따르는 그들의 임금은 주주들이 일시적으로 기업에 투자한 '자본금'의 액수에 비례해 결정된다. 이 경영자들은 사회적 비용이 얼마나 소비되든 주주들을 위해 즉각적인 수익을 창출해야 한다.

직원의 임금과 기업의 이윤 사이에 수익창출로 직접 평가되는 관계가 맺어졌다. 이런 현실은 세계화의 또 다른 핵심 주역들에서도 찾아볼 수 있다. 매우 수준 높은 실력의 스포츠선수들(특히 축구선수들), 미디어의 광고 효과를 보장하는 배우, 가수, 영화제작자들(마돈나, 톰 크루즈, 보노 등).

앞으로 명백하게 불안정한 임금노동자들이 될 소비자·구경꾼들과 비교한다면, 이 신흥부자들의 작은 세계가 상상을 초월하는 수익을 거둬들일 세계적 초계급이 될 것이다. 그리고 이들에게서 '인문주의' 문화는 조금도 찾아볼 수 없다. 예전에는 가톨릭에 이어 인문주의 문화가 고전적 부르주아지에게 개성을 부여해주면서 동시에 그 몰상식함을 완화시키는 역할을 했지만 말이다.

교양 없고 성격 사나운 농사꾼 같은 인간들로 구성된 이 새 계급은 자크 아탈리Jacques Attali(1943~ . 경제학자, 미래학자. 현재는 소액금융을 연구하고 지원하는 플라넷 피낭스Planet Finance의 의장으로 있고, 사르코지가 대통령으로 있던 때는 경제자문단을 이끌며 『아탈리 보고서Rapport Attali』를 냈다—옮긴이)가 소중히 여기는 노마드적 경향의 신이데올로기를 기꺼이 따른다. 그 이데올로기는 사회적 불평등을 토대로 유지되고, 그 불평등은 혼혈주의를 표방하는 반인종주의에 가려져 있다. 그 이데올로기는 완전한 투기 자본주의에 근거해 구성될 미래세계를 옹호한다. 때문에 오랜 시간을 들여야 결실을 맺는 모든 것은 거부될 것이다. 문화는 뿌리 뽑힌다. 역사적 전망 역시 그렇다.

지금은 돈의 성스러운 법칙에 따라 세계주의의 약탈자들로 이뤄진 상위계급에 모두 노마디즘이 자리하고 있다. 반면 그들은 영화나 드라마에서 인물의 옷, 헤어스타일, 장신구 등 겉모습을 화려하고 맵시 있게 묘사하며 하위계급의 노마디즘은 공개하려 하지 않을 것이다. 오늘날 새로운 미디어 제작자들이 이러한 시도를 하고 있다. 〈브와시Voici〉, 〈클로저Closer〉, 〈50분간의 인사이드50 minutes Inside〉 같은 프로그램이 대표적이다.

이제 노동자들이 임시직과 기간직에 종사하는 게 보편화된다. 이 불안정한 임금노동자들은 지금부터는 불규칙한 작업 시간과 1년 주기로 갱신되는 계약 때문에 시간적으로 착취당할 뿐 아니라 우파의 해외공장 설립 정책과 좌파의 "상 파피에" 관련 정책[6] 때문에 공간적으로도 착취당할 것이다.

이런 식으로 화이트칼라 중산층은 임금노동자들을 분열시키는 데 이용된 다음 1970년대에 중견간부들을 겨냥한 스탠딩 전략에 유혹 당했다. 그러나 그들은 지금 초계급과 이 계급 가운데에서도 더 눈에 띄지 않는 VIP들의 새로운 생활양식과 비교할 때 자신들이 프롤레타리아화하고 이전 계급에서 낙오되고 있음을 발견하고 있다. 블루칼라들은 이미 1970년대에 '영광의 30년Trente Glorieuses'[7] 시기의 사회정치가 종말을 맞고 탈산업화가 이뤄지면서 기득권을 잃었다.

제3차 산업에서 불안정한 임금생활을 하는 이 계급은 앞으로는 더 일하되 덜 버는 방법 이외에는 다른 선택이 없을 것이다. 빵 몇 조각을 얻기 위해 세계주의 시스템의 게임을 따르거나 아니면 직업전선에서 물러나 한곳에 정착해 생존을 영위해가는 농부들의 대열에 합류해야 할 것이다. 지금 이런 현실에서도 초계급은 고통스러워하는 대부분의 인류와는 떨어진 채 그들만의 생활과 문화를 영위하고 있다.

신계급에서 하위계급으로

상승된 신분에서 이탈하지 않고 지위를 잘 유지하는 이들은 프레데릭 베그베데Frédéric Beigbeder 같은 방송인 겸 저널리스트, 아리엘 위즈망Ariel Wizman 같이 분위기를 잘 이끄는 DJ처럼 새로운 서비스와 기타 미디어 분야의 종사자들이다.

이 '신계급'은 적당한 임금을 받으며 노마드적이고 혼혈주의를 지향하는 초계급의 꿈을 사람들에게 판다. 이들은 유쾌한 언어를 유행시키며 보편화된 가난을 숨기는 임무를 부여받은 소대장격인 사람들이다. '카날 문화culture Canal'(카날플뤼스Canal+는 프랑스 최대의 민간방송이자 유료채널로서 주로 영화나 스포츠와 관련된 내용을 방영한다. '카날 문화'란 이런 방송을 매개로 유행이 된 문화를 가리킨다―옮긴이)가 그 대표적인 예다.

분명 "전초부대, 집 지키는 개"(68년 5월 상황주의자들의 명철한 인용문)의 전통을 잇고 있으며 보보 콜라보('콜라보Collabo'는 '협력자 collaborateur'에서 온 말로 주로 지배기관이나 적에 협력하는 사람을 가리키는 부정적 의미를 내포한다―옮긴이)들로 구성된 새로운 계급이다. 초계급의 하수인들은 이들의 젊음, 미숙함, 발탁되고자 하는 희망 등을 교묘히 이용해 레몬을 쥐어짜듯 이들을 부린다. 그러나 시간이 지나서 그 능력이 불가피하게 소진되면 이들은 유행을 퍼트리던 어린 바보에서 한물간 늙은 바보가 된다. 그리고 그들 자신이 하위계급 곧 이전의 지위에서 탈락한 자들과 잘 어울리는 사람들이 된다.

기생적 존재들의 암묵적 연대를 제외한다면 우리는 연대를 조금도 찾아볼 수 없는 정글에 둘러싸여 있다. 사회 상위층의 이자생활자들(권력을 쥔 초계급)은 사회 하위층의 수당생활자들(사회의 보조금으로 생활하는 실업자와 임시직의 사람들로 구성된 하위계급)에게 자금을 지원한다. 그런데 이런 일은 국가가 생산적인 중산계급에게서 가장 많은 세금을 거둬들이기 때문에 가능하다.

곧 1988년에 역사상 최초로 어디서 본 적도 들은 적도 없는 수평적인 신계급연대가 시작되면서, 미셸 로카르가 이끈 '두 번째 좌파' 운동이 결실을 맺었다.[8] 하지만 이때부터 그간 착취당해 분노하던 사람들은 노동계에서 지불해주는 '최저통합수당RMI'(나중에는 '연대활동수당RSA')으로 더 무기력한 사람들이 된다. 반면 착취하던 사람들은 끝내 아무것도 잃지 않았다.

제국의 목표는 중산계급의 청산이다

노마드적 자본이 세계를 지배하고 있다. 임금노동자들의 세계와 그 세계의 단체들을 어떻게 조종하건 간에 그 자본의 변하지 않는 목표는 항상 이윤을 극대화하는 것을 넘어 중산계급을 청산하는 것이다. 중산계급이 독립적이고 권력에 저항하는 성격을 갖고 있기 때문이다.

처음에는 세계주의적·사회주의적 선동가들을 이용해 이데올로기적으로 중산계급을 상류층 부르주아지와 한 부류로 묶어 그 계급을 고립시켰다. 이렇게 함으로써 중산계급을 노동계급의 심판대에 올려놓을 수 있었다. 하지만 파리코뮌 이후로 중산계급과 노동계급은 동일한 민중이었다. 특히 노동을 한다는 의미에서 그러했다.

이어서 규모의 경제에 불가피한 인수합병 전략을 통해 중산계급을 임금을 받는 중산층으로 대체했다. 독립적인 소기업주들을 고분고분한 중견간부들로 만든 것이다.

끝으로 특히 '금융'이 주도하는 금융위기를 이용한다면 아마도 완전하게 중산계급을 청산할 수 있을 것이다. '금융'과 공모하는 국가가 중산계급에 세금을 과잉 부과하고 은행이 그 계급의 기업 운영에 불가피한 단기대출을 끊으면 금융위기가 발생할 것이다.

생산활동을 하고 명철하며 독립적인 중산계급을 이렇게 궁극적으로 청산하는 일은 본성상 고향을 두지 않는 '자본'이 자신에게 굴복하지 않는 모든 것을 청산하려는 제국의 프로젝트에 상응한다. '금융'의 제국적 권력과 임금생활자들로 이루어진 대중 사이에 자유롭고 의식을 지녔으며 독립적인 것은 결국 어떤 것도 남지 않도록 하기 위해서다.

5.

시장을 위한 여론 민주주의

"기자의 일은 진실을 말살하고 주저 없이 거짓말하고 사실을 왜곡하고
황금의 소유자들 앞에서 천박해지고 굽실거리고 매일의 밥벌이를 위해서,
결국 같은 뜻이지만 달리 말하면 봉급을 위해서 조국과 민족을 파는 것이다.
여러분은 이런 사실을 내가 알고 있는 만큼 알고 있다.
그러니 누가 독립된 언론 운운할 수 있겠는가? 우리는 장막 뒤에 서 있는
부유한 자들의 꼭두각시이자 가신들이다. 그들이 끈을 잡아당기면 우리는 춤춘다.
우리의 시대, 능력, 가능성, 생활이 그들의 것이다. 우리는 지적인 매춘부다."
― 존 스윈턴 기자, 《뉴욕 타임스》에 작별을 고하는 연설 중에서

"저희는 《워싱턴 포스트》, 《뉴욕 타임스》, 《타임》 그리고 여러 큰 언론사들에
감사의 정을 느낍니다. 그곳의 경영자분들께선 40여 년 전부터 저희가 모임을 갖는 데
도움을 주셨고 비밀을 지키겠다는 약속도 어기지 않으셨습니다.
만일 그 기간 동안 우리의 모임이 언론에 노출됐다면
우리는 세계를 위한 프로젝트를 발전시킬 수 없었을 겁니다.
그리고 오늘날 이 세계는 세계정부의 시대로 진입하는 데 더 적합해졌습니다.
확실히 지적 엘리트층과 세계주의 금융가들이 초국가적 주권을 갖는 오늘날이
한 국가와 그 국민이 독립적 결정권을 갖던 지난 세기들보다 바람직합니다."
― 데이비드 록펠러, 트라이래터럴 커미션, 1991

현대 민주주의는 고대 그리스와 크게 관련이 없다

우리의 배 나온 민주주의자와 공화주의자들 사이에서는 프랑스의 정치체제를 묘사할 때 그리스와 연관 지어 언급하는 것이 우아한 일로 통한다. 하지만 프랑스 사회는 고대의 아테네와 큰 관련이 없다는 것을 먼저 상기하자. 우리 사회가 주로 프리메이슨 단원인 부르주아들로 구성되어 있기 때문이다.

총 30만 명의 국민 가운데 부계 혈통에 따라 4만 명만이 시민 자격을 가졌던 그 도시국가(기원전 5세기 때의 국가)는 현대 민주주의와 관련해 소개될 때 매우 과장되곤 한다. 그곳을 지배하던 계급은 무기를 다루는 교육을 받으며 성장한 소수의 지주들이었다. 이 4만 명의 군인들과 그 아래에 시민권이 없던 4만 명의 이주민들이 있었고 11만 명의 노예들이 이들을 섬겼다.

군사와 농경생활에 토대해 성립됐고 계속 종교적 성격을 띠었던 (초기부터 신성한 의미를 부여받았던 '도시'는 성스러운 성격을 지니고 있었다) 아테네 체제는 전통적인 귀족계급의 체제에 가깝다. 현대의 민주주의보다는 구체제의 귀족계급, 스코틀랜드의 클랜Clan(스코틀랜드 고지인들의 '씨족'을 일컫는 말—옮긴이), 힌두교의 브라만계급 체제와 유사하다.

현대 민주주의에서는 지배세력이 '금융', 기술, '인권'을 통해 임금을 받는 동시에 소비자들이기도 한 수많은 사람들을 관리한다. 물론 이들은 투표권을 갖고 있지만 국가로부터 단체 징집을 당하기도 한다. 현대의 여야 시스템은 순번제와 비슷하며 완전히 기만적이다.

역사적으로 현대 민주주의가 도래한 때는 시기적으로 부르주아지가 구체제의 귀족계급을 무너트리며 권력을 획득하던 때와 일치한다. 곧 신이 통치하는 세계에서 좋은 혈통과 토지를 갖는 것보다 금전, 물질주의적 이념, 시민으로서의 개인이 더 우월한 권력을 지니게 된 때다.

금전이 민중에게서 어느 정도 인정을 받고 그들의 눈앞에서 권력을 획득할 수 있었던 건 부르주아지가 평등이라는 아름다운 사상을 내세웠기 때문이다. 또한 로베스피에르와 생쥐스트 같은 위대한 정치인들의 순진하다고까지는 말할 수 없는 이상주의 때문이었다. 하지만 그들은 진정한 평등주의자들이었음에도 그들을 이용한 금전에 의해 항상 희생됐다.

현실적으로는 존재하지 않았던 평등

이전의 불평등한 신정정치, 귀족정치 사회와 비교할 때 민중에게는 그 존재가 인정된 평등, 곧 실정법상의 평등이 하나의 진보인 것처럼 주어지지만 현실적으로 그 평등은 실현되지 않는다. 오히려 정반대였다.

더 가까이서 관찰할 때 그 형식적 평등으로 인해 민주주의가 처음에는 상거래에 의한, 다음에는 이자제도에 의한 금전의 지배력을 가장 쉽게 허용한 정치체제임을 알게 된다. 특히 이전에 금전권력을 견제했던 검을 찬 귀족계급과 신성한 종교기관들을 금전이 지배할 수 있게 되었다.

프랑스혁명에 의해서건 혹은 이것의 대체적 모델인 영국 입헌군주제에 의해서건, 서구사회에서 형식적인 권리의 평등만 존재했던 민주주의가 강요되어 생겨난 지 200년이 지났다. 결국 이 민주주의는 항상 다음의 두 가지 것을 가리키기에 이른다.

의회 민주주의. 프리메이슨이 교육하고 양성했고, '금전'이 매수했거나 혹은 매수하고자 궁리하는 정치전문인들로 구성된 의회가 국민 앞에서 민주적으로 토론하는 광경을 연출한다.

시장 민주주의. 실정법을 통해 '자본'이 최대한의 자유를 갖는 것을 방임하는 체제. 이는 현실적이자 즉각적으로 '자본'에 완전한 권력을 부여하는 것이다.

그렇기 때문에 이 금전 민주주의가 해결해야 할 유일한 문제는 어떻게 국민이 환상 속에서 살아가게 하는가다. 국민은 시민평등 사상의 결실인 투표권을 갖고 있어 민주주의 체제의 알리바이인 동시에 중재자다. 국민으로 하여금 금전에 의한 불평등이 생기고 상업적 이데올로기를 따를 수밖에 없는 현재 체제가 과거의 다른 체제(신정군주제)나 다른 경쟁적 체제(공산주의, 파시즘)와 비교할 때 가장 평등하고 가장 '자유롭기' 때문에 가장 덜 해로운 체제라고 믿게 해야 한다.

국민이 민주주의를 믿도록 하기 위해 불가피했던 투자

국민이 민주주의를 계속 신뢰하도록 해야 한다. 그리하여 국민이 원칙을 어기고 착취를 하는 소수의 금전권력층을 따르게 되는 것이 권력을 획득하고 유지하는 데 있어 가장 중요하다. 국민이 그들을 불신한다면 혁명이 일어날 수도 있다.

앞서 언급했듯 민주주의의 거짓된 측면이 매우 크다는 사실을 생각할 때, 돈을 가진 지배계급에게 혁명이란 단순히 권력의 상실, 곧 이미 축적해 놓은 돈으로 훨씬 더 많은 돈을 벌어들이는 수단을 상실하는 것만을 의미하는 게 아니라 그들의 육체적 죽음, 그저 완전히 목숨을 잃는다는 것을 의미하기도 한다!

이러한 근본적 관점에서 볼 때 돈보다 권력이 더 중요하다. 부는 어느 정도 축적이 되면 완전히 추상적인 것이 되며 이때부턴 권력을 획득하기 위한 수단에 불과하다. 이런 위험을 알고 있는 '금전'의 권력층은 지배력을 영원히 유지하기 위해 부분적으로 부를 희생시켜야 할 시기나 장소를 알고 있다.

수익은 덜 남기지만 불가피했던 투자의 예를 들어보자.

지배계급이 획득한 부를 국민에게 어느 정도 나눠주던 경우가 있었다. 뉴딜과 CNR(레지스탕스 국가위원회 Conseil national de la Résistance. 우리는 다음 장에서 이 주제로 돌아올 것이다)과 마샬 플랜을 통해 '영광의 30년'의 사회민주주의를 탄생시킨 기원이 된 인민전선 Front populaire(1936년부터 1938년까지의 프랑스 정부. 주로 사회주의 경향의 정당들이 결합하여 결성한 정부로 주 40시간 노동제, 유급 휴가제, 임금인상 등의 주요한 사회개혁들을 추진했다―옮긴이)이 대표적인 사례다.

투기자본으로 대규모의 실업 사태가 발생한 미국의 대공황, 프랑스의 1934년 2월(경제적이고 정치적인 여파로 프랑스에서 총파업이 일어난 때―옮긴이), 독일의 국가사회주의 등 민중이 정당하게 그들의 가공할 만한 분노를 터트릴 수 있는 상황에서 그것을 예감한 금전권력이 모든 것을 잃지는 않도록 현실과 타협하고 부를 재분배한 경우는 매우 많다.

평상시에는 언론이 이들을 감싸고 거짓말을 하기 때문에 민중에겐 분노를 표출할 기회가 없다. 겉으로 진지해 보이는—이런 면은 과거에 사제들이 엄숙한 모습을 보이던 것에서 유래하고, 다시 이런 사제들의 모습은 종교 문헌의 필사생들이 엄숙한 태도를 갖던 인류 초기의 역사에서 기인한다—논평은 예측불가능하게 발생하는 사건과 반복적으로 발생하는 사건들, 곧 세계가 복잡하게 돌아가고 심리적 갈등 같은 것이 있어도 이성적이고 능력 있는 전문가들이 현실을 과학적으로 운영한다는 착각을 불러일으킨다.

손해보는 불가피한 투자와 관련된 가장 좋은 최근의 예는 에두아르 드 로스차일드[1]가 막대한 적자를 내던 허울뿐인 좌파 일간지 《리베라시옹》을 채무의 늪에서 구해준 것이다. 이는 만약의 다급한 순간에 좌파의 순진한 이들과 손을 잡기 위해서다. 은행들은 이 신문사의 채권을 포기하는 대신 공모를 할 수 있는 상대를 얻게 된다. 이와 동시에 세르주 다소Serge Dassault(프랑스 항공기 제작사 다소그룹의 회장—옮긴이)는 일간지 《피가로》의 경영권을 지배하면서 우파의 어리숙한 이들도 같이 지배할 수 있게 됐다.

민주주의 곧 유혹을 통한 지배

조작작업(언론)과 유연한 작업(실은 일시적인 정책 변경, 가능한 최소의 것만을 희생하는 타협) 때문에 민주주의 체제는 이와 반대되는 신정군주제, 카스트 사회, 공산주의, 파시즘과 같은 권위적 체제와 구별될 수 있다. 그런데 바로 그런 이유 때문에 민주주의를 유혹을 통한 지배체제로 묘사할 수 있다.

"유혹의 ; 타락의 ; 잘못된 행위를 부추기고 가치를 결여한 행위를 용인하는 ; 옳은 길이 아닌 다른 교묘한 방법을 통하려 하는" 체제, 곧 그 말의 사악한 의미 그대로 유혹이다.

권위에 기초한 체제들인 신정군주제, 카스트 사회, 공산주의, 파시즘은 구시대적이거나 현대적인 신념(종교, 혁명)을 통해 한 사회조직의 전 구성원(충성스런 신하들, 동료들)을 카리스마적으로 복종시켜야 한다. 반면 민주주의는 다수결 투표제 때문에 2명의 투표인 가운데 단지 1명 이상의 투표만 그럭저럭 유혹하면 된다. 그러니 민주주의도 거짓된 성격을 띨 수 있다.

그리고 이런 이유에서 민주주의가 순전한 권위적 체제, 전통적인 귀족계급과 신성한 존재의 카스트제도, 현대의 1당 체제보다 훨씬 더 효율적으로 이해관계를 양산하는 체제임이 드러난다. 경제활동으로 움직이는 현재의 세계에서는 민주주의가 채산성이 떨어지는 다른 모든 경쟁 체제에 비해 우월하다는 것을 이런 사실을 통해서도 부분적으로 설명할 수 있다.

지배전략의 측면에서 실제적으로 효율성 있는 일은 다음과 같다. 국민으로 하여금 '시장'의 권력, 궁극적으로는 '금융'의 권력인 민주주의가 국민의 권력이라고 계속 믿게 하기 위해 '여론 민주주의'라는 공감대를 산업적 방식으로 생산하는 것이다. 그리고 초기부터 금전과 '이성'을 은밀히 결합해 구체제를 쓰러트린 민주주의는 이후로도 모든 작업에서 '이성'이 '금전' 권력의 이성으로 쓰이도록 유도한다.

먼저 모랄리스트, 문인, 지식인, 예술가 등 지성인으로 불리던 민주주의 전도사들인 그 이성적인 인간들을 조작하고 종속시키고 굴복시키는 작업이 진행됐다.

우리가 이미 보았듯, 혁명 과정에 필요했던 '이성'으로 지성인들이 사제들에게 승리를 거두었다. 민주주의의 토대인 "'계몽'의 이데올로기"가 구체제의 토대인 그리스도교의 가르침에 승리를 거둔 것이다.

조르주 소렐이 『진보의 환상』에서 묘사한 대로 이러한 권력의 획득 과정에서는 민중을 유혹하기에 훨씬 앞서―그러나 최종적으로 민중은 거의 배제된다―살롱의 귀족층을 유혹하는 일이 이뤄졌다. 한가하고 지성을 가진 귀족들에게는 어려운 스콜라철학보다 그리스의 로고스에 바탕을 둔 인문주의적 수사학을 즐기는 일이 훨씬 더 매력적인 동시에 훌륭한 오락거리였다. 성 토마스 아퀴나스가 그리스도교를 아리스토텔레스의 철학과 조화시키며 현대적인 것으로 만들려고 시도했음에도 말이다.

하지만 법복귀족이 부상하는 대신 검을 찼던 귀족계급이 서서히 쇠퇴하지 않았다면 그러한 유혹도 성공할 수 없었을 것이다. 법복귀족이 부상하게 된 결정적이자 돌이킬 수 없는 요인은 폴레트 칙령이다. 이로 말미암아 매관매직이 가능해졌다. 그리고 그와 비슷한 시기에 세속화된 가톨릭 때문에 중세의 가톨릭이 사라지지 않았더라도 마찬가지다. 가톨릭은 세속화되면서 차츰 자신과 구세계의 무덤을 파고 있었다.

부르주아지 지식인들의 계급적 이해관계

구체제와 더불어 귀족계급(지주들)과 사제집단들이 일단 쓰러지자 프랑스혁명의 대의 뒤에서 정체를 감췄던 상업, 산업, 이어서는 금융의 금전권력층은 '민주주의적 평등의 새 전도사들'인 지식인들을 굴복시켰다. 이번에는 실제적 불평등을 은폐하기 위해 그들을 이용하는 것이다.

대부분의 지식인들이 프티부르주아지나 중간계층의 부르주아지 출신이었다는 사실로 말미암아 이 작업은 대개 자연스럽게 이뤄졌다. 곧 지식인들에게 부르주아지의 질서에 순종한다는 것은 금전과 사회위상의 측면에서 편안하게 그 세계의 일원이 된다는 걸 의미했다.

단 그 지식인의 주장이 실제적 평등에 대한 요구에서 형식적 평등(이는 오늘날 '형평'으로 불린다)에 대한 요구로 슬며시 옮겨간다는 조건이 충족될 때 그렇다. 여기서 우리는 부르주아지의 자유주의적 질서가 실제적으로는 선善이 아니라 권리에 토대해 있었다는 것을 알게 된다.

따라서 부르주아지 지식인들은 가족들의 품으로 돌아갔지만 권력층에게는 해결해야 할 다른 문제가 남아 있었다. 우리가 앞에서 살펴본 피에르 조제프 프루동이나 조르주 소렐 같이 신념이나 출신계급 때문에 민중의 편에 선 지식인들을 통제하기 위해 이들을 카를 마르크스나 에두아르트 베른슈타인Eduard Bernstein(1850~1932. 독일의 사회주의자로 일찍이 엥겔스와 친분을 쌓았으며 마르크스 이론을 비판하고 수정 마르크스주의를 제창했다—옮긴이) 같은 다른 세계주의 지식인들과 대립시켜야 했다.

본질상 국적이 없고 반국가적인 '금융' 권력층은 이처럼 세계주의 지식인들에 대한 관심이 지대했다. 그들도 세계주의자이기 때문이었다. 이 지식인들은 국제주의 이념 때문에 '금융'만큼 반민중적이고 반국가적인 성격을 지니고 있었다.

20세기, 선전의 세기

20세기는 아돌프 티에르Adolphe Thiers(1797~1897. 프랑스 제3공화국의 첫 번째 대통령이자 보수주의자로서 파리코뮌을 매우 가혹한 방식으로 진압했다—옮긴이) 같은 '시장'의 네트워크건, 알랭 핑키엘크로Alain Finkielkraut(1949~. 유대인으로 현재 에콜 폴리테크니크의 철학교수이면서 활발한 저술과 정치 활동을 펴고 있다—옮긴이) 같은 집단주의의 네트워크건, 반민주주의적 네트워크들이 비밀스럽게 지배한 세기다. 또한 권력에 비판적이고 로베스피에르, 생쥐스트같이 초기의 평등이념을 위해 싸웠던 지식인 투사들을 차츰 제거한 조작·종속·굴복의 세기다. 권력층은 사회를 질적으로 악화시키기 위해 제1차 세계대전 이후 '선전Propagande'이라는 새로운 활동을 만들어낸다.

"천박할수록 효과가 있다." 이 유명한 인용문은 서구 대중선전의 역사에서 요제프 괴벨스Joseph Goebbels의 말로 잘못 알려져 있다. 이는 아마도 현대의 모든 악은 나치에서 기인한다고 믿도록 하기 위해 벌어진 일일 것이다. 하지만 실은 에드워드 버네이스Edward Bernays의 말이다.

에드워드 버네이스는 빌리 뮌젠베르크Willy Münzenberg와 함께 미디어 조작을 통해 대중을 지배할 수 있는 시스템인 '선전'을 공동으로 창안한 사람이다. "완전한 동의를 이끌어내는 산업"은 전자가 미국의 자본주의를 위해, 후자가 제3인터내셔널을 위해 1920년대부터 사용했다. 요제프 괴벨스는 단지 1930년대부터 이들을 모방했을 뿐이다.

1910년 21세의 나이에 독일 공산주의 투사로서 취리히에 발을 디딘 빌리 뮌젠베르크는 선동과 조직구성에 관한 한 타의 추종을 불허하는 재능을 지닌 동유럽 유대인이었다. 그는 여론을 형성할 수 있는 진정한 미디어 네트워크를 만들어낸 최초의 인간이다.

뮌젠베르크는 초기부터 볼셰비키 혁명 프로젝트에 깊숙이 개입했다. 독일 정부기관들의 도움을 받으며 납빛 기차를 타고 미래의 URSS 지도자가 될 동료 레닌과 취리히의 중앙역에서 상트 페테르부르크의 핀란드 역까지 동행한 이가 바로 뮌젠베르크다. 그는 독일에서 강력한 정치활동을 폈으며 독일제국의회의 공산주의 의원으로 선출되었다. 이후 그는 광대한 미디어 제국을 만들며 부를 쌓게 된다. '뮌젠베르크 트러스트' 라 불린 그 네트워크는 당시 전 독일에서 일고 있던 사진과 영화에 대한 관심을 바탕으로 한 잡지를 발간했으며, 두 개의 대중일간지와 지면이 가장 많고 삽화가 들어간 노동자들의 주간지《노동자들을 위한 화보 신문Arbeiter Illustrierte Zeitung》을 발간한다. 그는 제3인터내셔널을 위해 여론을 만드는 중요한 수단들을 모두 동원하고 지식인, 문인, 유명배우, 각 분야의 전문가들로 구성된 방대한 망의 여론조작 네트워크를 추가적으로 이용했다. 돈과 명예를 원한 네트워크의 구성원들은 그의 지시를 순순히 따랐다.

빌리 뮌젠베르크는 1920~1930년대 전 세계의 좌파 가운데 가장 훌륭한 여론조작자였다. 아마 그의 가장 뛰어난 업적은 최초의 공산주의 국가가 설립될 때 자본주의 국가 미국이 맡았던 역할(이 책의 2장 후반부에서는 소련 사회주의 혁명이 일어날 때 미국의 유대인들이 자금 지원을 했다고 언급한다―옮긴이)을 은폐한 것이다. 그는 섬세한 정보 혼용 작업과 그 밖의 다른 조작 방법을 이용해 이 일을 성공시켰다.

수많은 유대인 국제주의자들처럼 그는 모스크바재판[2] 사태 때부터 소련과의 관계를 완전히 끊는다. 스탈린은 1936년부터 소련 정부 기관의 도처에 있던 유대인들을 숙청하기 위해 모스크바재판을 주도했다.

그런 정치적 폭풍의 한가운데서도 그는 자신의 제국을 유지했고 히틀러가 권력을 장악했을 때도 독일을 탈출할 수 있었다. 그 후 그는 프랑스에서 특히 나치즘을 불신해야 한다는 내용의 『리브르 브룅 Livre brun』을 출판하며 활발히 활동한다. 서유럽의 많은 사람들이 이 책을 접했다.

지칠 줄 모르는 '반파시스트' 투사(1936년 이후로 '반파시스트'라는 표현은 스탈린주의자들, 곧 URSS에게도 적용됐다)였던 그는 1940년 10월 22일 이제르Isère의 생 마르슬랭Saint-Marcellin(이제르는 프랑스의 서남부에 위치한 도道의 이름이고 생 마르슬랭은 그 도에 있는 도시다―옮긴이)에서 나무에 목이 매달려 숨진 채 발견되었다. 그가 사망한 정확한 경위는 자살이나 암살일 것이다. 후자인 경우에는 게슈타포나 게페우Guépéou(과거에 소련의 보안을 담당했던 부서. 스탈린 체제 때 많은 활동을 한다―옮긴이)의 소행일 가능성이 높지만 오늘날까지 풀리지 않은 문제로 남아 있다.

네트워크 전략(선전기관을 갖춘 미디어)을 보충할 수 있는 것이 있다면 에드워드 버네이스의 전략이다. 이 인물은 선전 분야의 또 다른 개척자로 이번엔 자본주의 국가 미국을 위해 활동한 인물이다. 그는 "미디어의 캠페인 활동"도 '선전'에 결정적 역할을 한다고 강조했다.

1891년 오스트리아의 비엔나에서 출생했고 프로이트의 조카인 동시에 그 역시 동유럽의 유대인이었던 에드워드 버네이스는 1892년에 미국으로 이주하고 이곳에서 처음에는 아버지의 뜻에 따라 어쩔수 없이 곡물상의 기업을 이어받는다. 그러나 그는 1928년에 저서 『프로파간다Propaganda』를 출간하면서 유명인이 된다. 이 책에서 그는 냉소적으로 민주주의를 다음과 같이 정의한다. "선전이라는 보이지 않는 정부의 집행부를 통해서 대중을 조종하는 것. 곧 어떤 엘리트층의 이익을 위해 여론을 조작하는 과정." 그는 제도적 정치선전의 아버지로 간주된다. 정치선전은 그것을 중요하게 여기는 사람들에 의해, 그리고 완곡어법에 의해 '홍보Public Relation'라고 불린다.

이른바 '깊이의 심리학'의 열렬한 추종자였던 그는 미국에서 지그문트 프로이트의 저서들을 대중화시킨다. 유럽에서 제1차 세계대전이 벌어졌을 때는 조작적 선동활동을 펼 것을 강력히 주장했다. 이렇게 해서 생긴 것이 '크릴위원회Creel Committee'다. 1917년 이 위원회가 선전활동을 벌이며 미국 국민들을 제1차 세계대전으로 내몬다. 또한 버네이스는 여성주의를 내세우며 반계몽적 성향을 조장해 '자유의 횃불'이라는 이름으로 미국 여성들을 담배 시장으로 몰려들게 하고 암에 걸리게 한다.

끝으로 하나 더 덧붙일 필요가 있다. 뮌젠베르크나 괴벨스와 달리 이 대단한 민주주의 옹호자는 1995년 메사추세츠에 있는 자신의 집 침대에서 100세 이상의 나이로 양심에 단 한 점의 불안도 느끼지 않고 눈을 감는다.

우리 프랑스의 지식인들은 겨우 1960년대 무렵이 되어서야 대중 매체를 통해 여론이 체계적으로 조작된다는 사실을 완전히 의식하게 되었다. 이 시기는 뵈브 메리Beuve-Méry(1902~1989. 저널리스트로서 1944년 12월에 《르몽드》를 창간하고 1969년까지 운영 책임을 맡았다—옮긴이) 시대의 《르몽드》 같은 독립적이고 수준 높은 신문과 잡지들이 금융권력층의 압력으로 프랑스에서 자취를 감추고 다른 오락 매체로 교체되는 때다. 주로 젊은이를 위한 매체와 여성주의풍 매체가 생겨난다.

오늘날의 지식인들은 모두 상인들의 사회를 위해 일한다

끝으로 레온 트로츠키가 제거된 이후로는(1940년 8월 20일) 진보주의의 두 진영, 곧 공산주의와 자유주의로 나뉘어 있던 선전의 하수인들이 요제프 괴벨스의 두 스승인 빌리 뮌젠베르크와 에드워드 버네이스처럼 '반파시스트'의 깃발 아래 결집했다는 사실에 주목할 필요가 있다.

트로츠키의 사후부터 반파시즘은 나치즘과 공산주의(이 상황에서는 '스탈린주의'로 불리기도 한다)를 전체주의의 악으로 한데 묶어 동일한 것으로 간주한다.

1968년의 사태는 결과적으로 사람들이 자유주의자를 위한 상업적 세계주의에 합류하는 현상이 보편화되는 데 이바지한다. 이 현상은 미국에서는 '신보수주의', 프랑스에서는 '경제적 자유주의 · 정치적 자유주의'라는 형식으로 나타났다.

이때부터 선전과 대중선동 전문가들이 모두 재결합해 광대한 네트워크를 이뤄 자유주의 · 대서양중심주의 · 시오니즘 진영을 위해 일한다. 프랑스에서 이런 흐름을 열렬히 주도한 사람들을 예로 든다면 콩 방디Daniel Cohn-Bendit(1945~. 1968년 5월 혁명을 이끈 사람 가운데 하나로 법정에서 10년간 프랑스에 체류하면 안 된다는 판결을 받은 후 독일의 프랑크푸르트로 이주했다. 1970년대 말부터 생태주의 운동을 펼치고 있다―옮긴이), 글뤽스망Glucksmann, 베르나르 앙리 레비Bernard-Henry Révy, 쿠슈네르Kouchner, 아들레Adler, 아탈리 그리고 알랭 밍크Alain Minc(1949~. 프랑스의 경제학자. 기업가. 정치고문. 유대인으로서 사회의 여러 영역에서 활발히 활동하고 있다―옮긴이) 같은 부류의 인간들이 있다. 이들은 모두 자신들이 민중과 민족의 적이라고 공개적으로 선언한 사람들이다. 이들은 민중에 대해선 '포퓰리즘적'이라는 수식어를 붙였고 민족은 본질적으로 '파시스트적이고 반동적' 존재라고 간주했다. 이는 민중과 '민족'에 기초하고 프랑스혁명에 의해 정립된 진보주의 원칙에 전적으로 어긋나는 입장이다.

파렴치하게 이용당하는 사람들

금전에 매수된 여론조작 엘리트들이 등장한 데 이어 대학들에서도 미디어 관련 학과가 설립되면서 그 엘리트층을 보조하는 순진한 그룹들이 생겨난다. 엘리트층은 주로 미숙한 좌파(LCR, 그다음에는 NPA, CNT 등)나 모범적 생활을 하는 이상주의적인 사람들로 구성된 그룹(좌파 경향의 교사나 교수들)이나 공안경찰의 지도 아래 '반파시즘' 활동을 하는 단체(라 르프롱Ras l'Front, 레플렉스Reflexes 등)에서 이들을 선별해 양성한다.

이들은 정치적으로 미숙했지만 그 엘리트층에 필요한 존재였다. 또한 그들은 나름의 신념을 갖고 있었다. 이 많은 그룹들은 엘리트층이 할 수 없는 천박한 일들, 즉 길거리 선전 활동, 폭력 사태에 연루되는 일을 했다. 대개 "지배하기 위해 분열시킨다"는 오래된 방법론에 따라 극좌파Ultra-gauche,[3] 제3의길Troisième voie[4] 같은 진정한 저항단체와 대립하도록 지시받는다.

확실히 세련되지 못하고 미숙했지만 자원봉사를 한 이 수많은 일꾼들이 없었다면 그 엘리트 조직은 제대로 작동하지 않았을 것이다. 바로 이런 이유 때문에 선전활동과 관련해 보수를 받고 일하는 중견 간부들은 이런 일꾼들을 양성하고, 조직에 계속해서 새로운 인재를 투입하는 데 특별한 관심을 갖게 된다. 예를 들어 1970년대 알랭 크린빈의 LCR(혁명적 공산주의자 연맹Ligue communiste révolutionnaire. 반자본주의신당NPA의 전신으로 급진적 좌파의 경향을 띠었다—옮긴이)을 통해 학생들이 좌파적 성향을 갖게 하여 그들을 우매하게 만들었다. 1980년대부터는 쥘리앵 드레Julien Dray(1955~ . 프랑스의 정치인. 현재 사회당 소속이다. 1980년대 중반 반인종주의 단체 'SOS 라시슴Racisme'을 창설한다. "내 친구를 건들지 마세요"는 SOS 라시슴이 모토로 내건 표현으로 이때의 '친구'는 이주노동자를 의미한다—옮긴이)가 "내 친구를 건들지 마세요"라는 구호를 내걸고 반파시즘을 이용해 청소년들을 유혹하는 일을 주도한다.

　　이 엘리트 조직의 하위계층이 지적 수준이 낮은 청소년들이건 그 성격을 바꿀 수 없을 만큼 순진한 사람들이건, 어떤 사람들로 구성되었건 간에 이들은 모두 파렴치하게 이용당한다. 반면 이 위계질서의 어떤 수준에 이르면 출판사의 편집장, 단체의 회장, 대학총장, 노동조합이나 정당의 간부뿐만 아니라 위선적이지만 명성이 높은 작가, 저널리스트, 방송진행인, 유명 배우 등을 발견하게 된다. 그 단계에서는 "입회가 허용된 사람들"만 남아 있다.

　　거짓과 조작을 통해 지배를 하는 이 조직에서는 서로가 저속한 욕망, 이해관계, 혹은 신념(나름대로 신념을 지닌 악한도 있기 마련이다)을 좇으며 공모한다.

서로 공모하고 기존 멤버가 신입 멤버의 입회여부를 결정하는 방식으로 작동되는 이 거대한 네트워크. 이 네트워크는 정신적·지적으로 매춘을 하는 집단이다. 1970년대에 마르크스주의 사회학자 미셸 클루스카르Michel Clouscard는 이 네트워크를 가리켜 "세계·문화적 네트워크"라고 명명했다. 그 네트워크에 진실과 선에 대한 관념따위는 없다. 그 빈자리에는 항상 붙어다니는 삼총사인 돈과 명예와 성性만이 자리하고 있을 뿐이다.

가장 만만한 적을 선택하라

윤리적으로 한 점의 흠도 없어 보이는 이 지식인들은 종종 도덕적 위상 외에도 높은 수준의 지적 능력을 갖고 있다. 그렇지 않을 경우에는 빈번히 실수를 범할 위험이 있기 때문이다. 그런데 선전활동을 하며 지배를 하는 이 세계·문화적 네트워크는 가능하면 약한 자들 가운데 가장 약한 적을 선택하기도 한다.

가짜 적인 올리비에 브장스노처럼 어떤 때는 자신들의 진영에서 직접 적을 선택한다(여기서 '적'을 선택하는 주체, 곧 저자가 비판하는 사람들은 좌파다. 올리비에 브장스노는 극좌파로 평가되긴 하지만 아무튼 좌파 진영에 속한다고 볼 수 있는 인물이다—옮긴이). 어떤 때는 굳이 적이라고 할 수 없는데도 극좌파나 극우파 가운데 가장 만만한 상대를 골라 그를 희화화하고 깎아내리기도 한다. 이는 현재 이슬람교도들을 상대로 가장 많이 이용되는 방법이다.

한쪽은 추켜세우고 다른 쪽은 박해한다. 순종하길 거부하는 사람은 일단 의사표현의 수단을 박탈당한 다음, 미디어 진영이 주도하는 비판 세례를 받는다. 사회를 정화해야 할 지식인들이 이렇게 소외시키는 작업을 완성한다. 디디에 데넹크스Didier Daeninckx와 그의 사이트 amnistia.net은 이러한 폭로와 심문 작업 전문이다. 그는 공개적으로 비판하는 일에는 누구와도 비교할 수 없는 열정을 지녔기 때문에 '디디에 데농스'(데농스는 '공개적으로 비판하다'의 의미를 지닌 프랑스어 '데농세dénoncer'의 3인칭 단수형이다—옮긴이)라고도 불린다

교황이 권력을 쥐고 있던 때의 파문과 비슷한 판결의 내용문은 항상 똑같다. "파시스트, 나치, 반유대주의자!" 그 유명한 '히틀러에게로 소급하기'다. 순종하지 않는 자가 디외도네 같은 코미디언, 아프리카계 혼혈인, 반인종주의 투사였다 하더라도 소용없다.

그들은 자유로운 정신의 소유자이자 양심 있는 지식인을 말 그대로 체계적이고 끈질기게 몰아세운다. 결국 그 지식인은 심리적으로 무너진다. 예를 들어 그 지식인이 에드가 모렝Edgar Morin처럼 마르크스주의자이자 유대인이라고 해도 에드가 모렝처럼 행동하지 않았다며 그를 반유대주의자로 취급한다.

돈을 위해 소송을 이용하다

순종하지 않는 지식인은 별다른 대응 수단을 갖지 못한 채 비난받고, 불명예를 경험하고, 소외된다. 결국엔 여러 소송을 당해 처참하게 패배한다. 프랑스에서의 영향력 때문에 "공공의 이익을 위하는" 사람들로 널리 알려진 손해배상청구인들은 이런 방법을 통해 피고인의 얼마 남지 않은 재산마저 탕진시킨다.

유명한 '반인종주의' 단체들은 소수민족을 보호한다는 명목으로 재판부가 "증오심을 선동"한 것에 대한 벌금형을 내리게 하는 데 자주 성공했다. 예를 들어 인권연맹, LICRA, MRAP(비영리기관. 인종주

의를 반대하고 국민 간의 우애를 위한 운동Mouvement contre le racisme et pour l' amitié entre les peuples──옮긴이) 그리고 여타 다른 공동체본부(이권을 위해 활발히 활동하는 소수집단에 대해선 2장 참조)가 있다. 이 단체들은 비열한 공화주의자들이 만든 플레벤법(1972년 7월 1일, "인종적 증오감을 표출하는 행위"를 위법으로 규정한 법. 플레벤René Pleven은 당시 법무장관이었다──옮긴이)과 게소법(1990년 7월 13일, "모든 인종주의적, 반유대주의적 행위와 외국인을 적대하는 행위를 막기 위해" 만든 법으로 의원인 게소Jean-Claude Gayssot가 발의했다. 내용 면에서 플레벤법과 큰 차이가 없다──옮긴이)의 도움으로 프랑스에서 사상범을 정립한 바 있다.

그렇기 때문에 금전권력과 미디어 선전을 토대로 성립된 우리의 민주주의에서는 반항자를 사회적으로 매장할 때까지 탄압한다. 이때 이용되는 무기는 당연히 민주주의에 전형적으로 존재하는 공공의 시선과 경제수단이다.

혹은 국가의 은밀한 비호 아래 군대 같은 조직이 폭력을 자행하거나 완벽하게 제거를 하기도 한다. 이런 의미에서 콜뤼쉬나 베레고부아Pierre Eugène Bérégovoy(1925~1993. 미테랑 정부 때 총리를 지냈으며 재임 중 연루된 부패 혐의로 조사를 받다가 자살하였다──옮긴이)의 죽음은 의심스럽다. 하지만 육체적 탄압은 항상 마지막으로 이용되는 수단이다.

여기서도 금전과 명예로 유혹하거나 아니면 경제활동을 위태롭게 하여 굴복시킨다는 면에서 우리의 민주주의는 노골적으로 권위주의적(이러한 이유에서 '전체주의적'이라는 수식어가 붙는다) 정부임을 선언한 체제들(공산주의, 파시즘)과는 다른 측면이 있다.

끝으로 지적해야 할 것이 한 가지 있다. 선전활동이 하나의 사업이 되기 전, 여론을 조정할 수 있는 권력층과 금전권력층이 적을 약화시키기 위해 서로 연합한 최초의 사례가 20세기 초(1894~1906) 드레퓌스 사건이었다.

미디어들의 공격으로 일개 평범한 사건이 대중까지 움직이게 하고, 사교계 지식인과 과대망상증 경향이 있던 지식인들이 처음으로 연합하는 상황이 발생한다. 졸라와 그의 고매하지만 아무런 내용도 담고 있지 않은 「나는 고발한다」와 금융계에서 자금지원을 받던 출세주의자 클레망소와 그의 《여명》을 예로 들 수 있다.

구실에 불과한 그 불쌍한 대위가 무죄였나 유죄였나를 따지는 건 소용없는 일이다. "무언가 특별한 일"이 있기 위해서 그는 무죄여야만 했다. 만일 유대인인 그가 죄가 있었다면 사람들은 죄가 없는 영국 출신의 아무개가 연루된 사건인 양 그 사건에 대해 그토록 심하게 떠들지는 않았을 것이다.

그다지 중요하지 않은 간첩사건이 상징적인 사건으로 변했다. 실제 약자는 프랑스군대에 은신한 가톨릭을 믿는 구귀족층이었지만 강자인 금전과 미디어 권력층은 자신들이 약자인 척했다. 나아가 그들은 어떤 식으로 청원할지를 두고 필연적으로 사르트르 스타일로 지적이고 도덕적인 논쟁을 전개하기에 이른다. 오늘날에도 이런 식으로 활동하는 대표적 지식인이 있는데 바로 베르나르 앙리 레비다. 레데케 사건[5]이나 사키네흐 사건[6] 등에 대해서 비논리적이며 친이스라엘 입장을 가진 주장들을 한데 모은 그의 글들은 정말 그로테스크하다.

볼거리로 전락한 미디어 혹은 지식인들의 종말

엘리트를 종속시키고, 반항자를 탄압하고, 시민을 우매화하는 작업은 서서히 진행되고 완성되었지만 그 효과는 핵발전소 에너지처럼 강력했다. 오늘날 밀고자 이외에 친정부 협력자, 굴복한 자, 어리석은 자들만 남은 건 이런 이유 때문이다. 같은 이유에서 일반인들의 지적 · 비판적 사고 수준도 필연적으로 끔찍이 낮아졌다.

이렇게 우리가 미디어 네트워크에 갇혀 있는 동안 처음에는 도미니크 자메Dominique Jamet(1936~. 기자, 편집자, 작가. 사회의 일부분에서 진행되는 폭력적인 사건들을 지속적으로 비판하고 언론의 자유를 강조했다—옮긴이)를 모델로 삼는 무리를 발견할 수 있었다. 이들은 타락하긴 했지만 그래도 다소 재능이 있고 교양도 있었다. 그런데 지금은 어리석고 교양 없는 순전한 매춘부 무리가 활동하는 걸 보게 된다. 예를 들어 카날 플뤼스의 시사프로그램 연출자들을 보라. 쥘리앵 방다Julien Benda(1867~1956. 프랑스의 철학자, 비평가, 소설가. 드레퓌스 사건에 대한 철학적 주해로 논단에 데뷔하였다—옮긴이)는 과거에 이미 '지식인들의 배반'을 두고 한탄했지만 그나마 그때의 지식인들은 비판적 사고를 교육받으며 자란 이들이었다. 그런데 지금은 형식적인 교육만 받은 무식한 지식인들이 줄줄이 양산돼, 시앙스 포Science Po(파리에 소재한 특수정치학대학원. 정치와 경제 분야에서 영향력 있는 인물들을 많이 배출하고 있다. 저자가 이 학교를 비판하는 것은 부분적으로는 파리고등사범학교와 달리 철학 같은 인문학을 연구하지 않기 때문이다—옮긴이)가 파리고등사범학교의 지위를 차지하고, '제2의 좌파'의 능숙한 논리 대신 '테러와의 전쟁' 같이 속이 훤히 보이는 논리가 등장하고 미국식 민주주의가 우리 시대의 피할 수 없는 모범인 양 제시되고 있다.

앙드레 지드에서 시작된 지적 수준의 저하 현상은 아리엘 위즈망까지 이르면서 보편적으로 심화된다. 그래서 우리의 사회조직은 볼테르에서 사르트르까지 두 세기 동안 서구사회를 이끌어온 '사상의 대가가 사라진 현상을 상쇄해야 한다는 절박함을 느끼게 된다. 그런데 이런 이유에서 형식을 통해 결여된 내용을 상쇄하고 의미 대신 '볼거리'를 제공하는 방법이 등장했다. 특히 지면 디자인을 완전히 새롭게 바꾼 1981년 5월 13일의 《리베라시옹》을 시작으로 정보전달 매체와 시각효과의 중요성이 증대했다. 이젠 리베적 스타일(이는 교묘한 말장난이다) 혹은 카날적 정신(이는 사춘기 애들에게나 어울리는 말이다)이 사상가들과 이들의 '세계관'을 대체하고 있다.

마샬 맥루한Marshall McLuhan(1911~1980. 캐나다의 미디어 이론가이자 문화비평가─옮긴이)의 유명한 말에 따르면 미디어는 메시지가 되기 때문에 이때부터 중요한 일은 스타일을 충분히 차별화하는 것이다. 모두가 동일한 자유주의 이데올로기를 가지고 있기 때문이다. 하지만 이 사실을 중요시하면 안 된다. 《피가로》와 《리베라시옹》 사이에는, 대중운동연합과 사회당 사이에는 여성들 사이에서 치마를 입는 유행과 바지를 입는 유행이 번갈아 나타나는 것과 같은 차이점이 있다. 곧 민주주의에서 정당들이 결국 모두 똑같은 존재라는 진실이 너무 두드러지게 나타나선 안 된다. 하지만 민주주의는 '시장'과 '정치적으로 옳은 것'의 독재에 토대해 있기 때문에 그러한 진실이 눈에 띄지 않을 수 없다.

지성인과 시민이 아닌 방송인과 소비자로

지성인들 대신 방송인들이 부상하면서 필연적으로 시민은 소비자의 지위로 내려가게 됐다. 이때부터 지성인의 지위를 차지한 방송인은 저항적 '정신'을 송두리째 뿌리 뽑는다. 그리고 선배인 '계몽'에 의해 널리 전파된 '이성'의 특성을 하나씩 파괴하는 역할을 맡는다. 그럼으로써 정보를 왜곡할 뿐 아니라 주체 내면의 비판 능력을 파괴할 것이다.

'볼거리'를 이용해 '이성'을 슬그머니 파괴하는 것이다. 이전에는 이 '이성'이 주체를 해방시켜 시민이 되도록 만들며 민주주의 사상이 종교 권력에 승리를 거두는 데 도움을 주었다. 그런데 이때부터 '이성'은 '시장'에 의해 '시장'의 지배에 불길한 것으로 간주된다.

이전에 그리스도교적 운명에 굴복하지 않은 프로메테우스적 희망과 의지의 도덕이 이렇게 욕망으로 대체되고 있다. 즉 우리는 충동적으로 욕망을 좇고 있는 것이다.

'시장'은 '욕망의 이데올로기'를 자유와 관련시키며 새로운 진보인 것처럼 제시한다. 자연발생주의를 옹호하는 우매한 좌파들도 그렇게 하기는 마찬가지다. 방송인들이 문화를 홍보하면서 시청자들은 상품을 구매하고픈 충동을 흔하게 경험하는데 실제로도 방송인들이 맡은 역할이 그런 것이다. 특히 책과 예술영화 시장에서 그렇다.

욕망을 추종할 때 이성적 의지는 파괴된다. 이어서 방송인들은 감정에 호소하는 방식을 택하면서 로고스, 즉 의미를 이해하거나 찾기 위해 사용하는 아리스토텔레스적 사고방법이라는 '이성'의 두 번째 축을 파괴하기에 이른다. 사고思考에서 생겨나는 도덕적 판단 대신 즉흥적이고 강렬한 감정을 따르도록 전면에서 부추긴다. 본래부터 시청각 매체는 이런 감정이 일어나기 쉽게 만든다

욕망 때문에, 인과관계를 파악하게 하는 사고를 단절시키는 감정 때문에 도덕의 의미가 파괴된다. 즉 "여성은 남성의 미래다", "쇼아shoah(제2차 세계대전 중 나치에 의해 유대인들이 학살된 사건을 가리키는 표현. 히브리어로 '완전한 파괴'를 의미한다—옮긴이)는 범죄 중의 범죄

다" 같은 슬로건 때문에 추론능력이 파괴되고 종국에는 의미를 중개하고 전달할 모든 가능성도 파괴될 것이다.

의미가 파괴되고 세대 간의 연결고리가 단절되며 공경심도 사라진다. 젊은이의 즉흥적인 활발함을 숭배하는 태도인 에이지즘ageism은 나이 많은 사람들을 심리적으로 더 위축시킨다. 페미니즘적 심리주의 때문에 사람들은 히스테리를 포함해 고독감과 우울감을 쉽게 표출한다. 나아가 '시장'은 이 고독해 하고 우울해 하는 사람들이 과도기 대상7들을 충동적으로 구매하도록 유도하는데, 실제로 이것들의 대부분 당시에 유행하는 상품들일 뿐이다.

'시장'의 주인과 하수인들이 사람들로 하여금 즉흥적 감정과 이기적 충동을 쉽게 표출하도록 조장하는 동안 그리스적 로고스와 그리스도교적 연민의 감정이 사라지는 것이다. 이는 우리 서구문화의 바탕을 이루던 비판적이고 도덕적인 판단 능력도 사라지고 있다는 것을 의미한다.

그리스적 로고스와 그리스도교적 연민은 유럽 인문주의의 역사적·도덕적·인식론적 토대이기도 하고 그 인문주의에서 민주주의적 희망과 서사시가 태어났다.

'이성'이 '신앙'(가톨릭 군주제)을 파괴하고 다음에는 '금전'(금융권력층)이 '이성'을 파괴했다. 이런 사실 때문에 오늘날 민주주의와 정반대되는 우리의 시장과 여론 민주주의가 존재하게 됐다.

시민들에게 거짓말을 하고 그들을 타락시켜 우매화하는 전략을 통해 무한한 권력을 누려온 금전의 소수특권층은 자신들이 지배하고 있다는 히브리스hybris('자부심, 오만함'을 의미하는 그리스어—옮긴이)로 말미암아 더욱더 크게 성장했다. 서구국가들에서 사회적 혼란을 일으키고, 남반구 국가들을 비참한 상황으로 몰아넣고, 세계 곳곳에서 전쟁을 일으켜 이 세계를 파국으로 몰아가는 것이 그들이다.

민주주의 혹은 권력의 거짓 분립

현대 민주주의의 주요 이론가들인 로크와 몽테스키외는 민주주의가 잘못된 형태로 이탈할 수 있다는 걸 염려했다. 하지만 '권력분립'을 통해 민주주의가 견고해질 수 있는 길을 찾았다고 생각했다.

그러나 민주주의의 역사 자체는 입법부·행정부·사법부(국회, 정부, 판사들)가 분리되어 있어도 그것들이 네트워크와 공모하고 금전 권력에 종속되는 현상을 잘 막지 못 했다는 걸 보여준다.

소수특권층의 거침없는 지배를 보면 우리는 르네 게농René Guénon(1886~1951. 형이상학적 철학자, 신비주의 철학자. 현대세계의 물질주의를 비판한 그는 동방의 전통적인 사상을 형이상학적으로 연구하고 이 내용을 서구인들에게 소개했다──옮긴이)이 『현대 세계의 위기La Crise du monde moderne』에서 언급한 '전통'에서 도출된 다른 해결법을 생각하게 된다. 곧 종교적이고 군사적인 세습집단의 우월한 권력으로 이 상업적 물질주의를 제약하는 것이다.

율리우스 에볼라Julius Evola(1898~1974. 이탈리아의 사상가. 르네 게농이 소개한 힌두 사상을 근간으로 전통사상을 연구하고 그 내용을 소개하려 한 전통주의학파École traditionaliste의 주요한 인물──옮긴이)가 『현대 세계에 대한 반항Révolte contre le monde moderne』에서 주목하는 것처럼 사제집단이 왕권과 결별하고 왕권과 경쟁하게 된 순간부터 금전권력은 제도적 권력의 통제에서 벗어났다. 이전에는 하나의 형태로 존재했던 신성한 권력이 분리되고 오라토레스(사제집단)와 벨라토레스(귀족집단)의 힘이 모두 약화되면서 라보라토레스의 상업적 소집단들을 통해 금융인들이 권력을 잡게 되는 환경이 조성됐다.

그리스도교를 믿던 유럽에서는 왕권과 교황의 권력이 분리된 시기부터 상업적이자 물질주의적인 권력과 대면해 신성한 세력이 권력을 잃기 시작한 것이다. 교황과 왕의 경쟁 때문에 전통적으로 내려오던 우월한 권력이 일체성과 영구성을 잃었고, 그 결과 이 세계는 현대성을 지닌 혼란스런 시대로 진입했다.

이러한 역사적 사실 때문에 현대 민주주의를 진지하게 반대하는 모든 사람들의 주장에서는, 곧 샤를 모라스의 통합적 민족주의부터 시작해 하인리히 힘러Heinrich Himmler(1900~1945. 독일 나치정권 당시 SS라고 약칭되는 친위대의 지도자로 게슈타포를 지휘했고 유대인 대학살을 주도한 최고 책임자였다. 주요 전범으로 체포되자 자살하였다──옮긴이)가 소중히 여긴 SS의 검은 수도회와 이란이슬람공화국에 이르기까지 방금 언급한 나의 의견과 유사한 사상을 발견하게 된다. 군사적이자 종교적인 질서가 절대권력을 갖던 시대로 돌아감으로써 금전권력을 제어하는 시도를 하는 것이다.

그런데 유럽의 공산주의·파시즘 국가들의 경험뿐 아니라 가말 압델 나세르의 범아랍주의panarabisme나 사담 후세인의 바아시즘8의 실패 사례가 증명하는 것처럼, 신성한 것에 의지하지 않는 군사력만 존재한다면 다시 금전권력층의 지배를 받게 된다.

6.

제국이 제한 없이 군림하다

"프랑스에는 약 450만 명의 이주노동자들과 그들의 가족이 살기 때문에 오늘날 이민자를
계속 받아들이면 매우 큰 문제가 발생합니다. 우리는 이 문제와 대면해 빨리 근본적인
조처를 취해야 합니다. 이미 상황은 결정적 국면에 이르렀습니다.

이런 이유에서 우리는 '이민을 중지시켜야 한다, 그렇지 않으면 새로운 실업자들만
생길 뿐이다' 라고 말합니다. 저는 '공식적인 이민과 밀입국을 모두 중단시켜야 한다' 고
더 정확하게 언급하겠습니다. 이민으로 인해 프랑스 지역 생활에 초래된
큰 문제를 해결해야 합니다. 분명 게토라고 불러야 마땅할 그곳에서는
다른 전통·언어·생활양식을 가진 사람들이 무질서하게 한데 뒤섞여 살고 있습니다.
이 때문에 다른 나라에서 온 사람들 사이에서 긴장감이 조성되고 이따금씩
물리적 충돌도 일어납니다. 이들과 프랑스인들과의 관계도 악화되고 있습니다.
지역 집중화가 아주 많이 진행되면 주거문제와 관련된 위기는 더 가중됩니다.
HLM(Habitation à Loyer Modéré. 프랑스 정부에서 건축해 주로 중산층 이하의 가정에게 임대하는
아파트—옮긴이)우 턱없이 부족해 새로 프랑스인이 된 가족들은
그곳에 주거할 수 없습니다. 공공예산에 비추어 보아도 극빈에 빠진 이민자 가족들에
필요한 사회복지비용은 감당할 수 없을 만큼 높아지고 있습니다."
— 조르주 마르셰, 프랑스공산당 의장, 1981년 2월 20일, 몽티니 레 코르메유 연설에서

"이 나라는 우리의 증오를 받아 마땅하다. 이 나라가 나의 부모에게 저지른 짓은
아프리카인들에게 저지른 짓보다 훨씬 더 폭력적이었다. 그런데 이 나라가
아프리카인들에게 무슨 일을 저질렀을까? 선한 일을 제외하고 모두."
— 알랭 핑키엘크로, 《하레츠Haaretz》, 2005년 11월 17일자

프랑스에 무슨 일이 일어난 것일까?

프랑스에서 1,500년이라는 역사가 흐른 시점에 서서 지난 60년을 응시하는 명철한 시민이 있다면 그의 머리에서는 다음과 같은 질문이 떠나지 않을 것이다. "그 시간 동안 우리에게 무슨 일이 일어난 것일까?"

이 땅에 자연재해도 혁명도 전쟁도 일어나지 않았던 그 기간 동안, 어떻게 프랑스의 위대함과 자주성을 위해 노력한 양식 있는 애국자인 드골이 대통령으로 있던 시기에서 출신 성분이며 국가에 대한 충성심이 의심되고(사르코지의 부친은 헝가리인이고 모친은 유대계 프랑스인이며 외조부가 유대인이다. 이런 가계임에도 사르코지의 종교는 가톨릭이다—옮긴이) 천박한 여자에게 빠진 사르코지가 대통령으로 있는 시기로 옮겨올 수 있었을까?

우리가 이러한 쇠퇴를 이해하기 위해서는 여러 토대와 제어요소들이 파괴된 현실을 생각해봐야 한다. 그 현실에 의해 정치·문화·경제·사회적 합의가 파괴되면서 여러모로 1930년대를 상기시키는 상황으로 되돌아갔기 때문이다.

전후 자유주의와 사회주의의 합의

'영광의 30년'으로 불리는 전후 1945~1973년의 기간을 대체로 번영과 사회적 합의가 이뤄지던 시기로 간주할 수 있다. 사람들은 전쟁으로 인한 파괴와 결핍을 극복하기 위해 스스로에게 동기를 부여하며 마침내 경제번영을 이루어냈다. 그리고 마샬 플랜으로 인해 이러한 번영은 자유주의적 성격을 띠었다. 그러면서도 정부는 에너지 사업체, 르노Renault 사, 보험업체, 은행들을 국영화하고 사회보장제도를 마련하면서 사회적 합의를 이끌어냈다.

이러한 자유주의와 사회주의가 혼합된 경제체제는 레지스탕스 국가위원회가 계획해 만들어낸 것이다. 이 위원회를 구성했던 애국자들인 드골주의자와 공산주의자들은 전쟁 때 경험한 동료애를 계속 지켜나가면서 전쟁의 원인이었던 1930년대의 혼란이 다시 생겨나지 않도록 노력했다.

이 시기는 경제적이고 사회적인 합의가 이뤄지던 시기였지만, 이전과 동일한 국가적 로망을 채택함으로써 "기억을 되살리는" 시기이기도 했다. 두 파의 이익을 위해 페탱파의 배반과 좌파 레지스탕스라는 신화를 만들어낸 것이다.

드골주의자·공산주의자의 합의와 로망의 실체는 오늘날 이스라엘인 역사가 시몽 엡스탱Simon Epstein의 『프랑스의 역설: 친독파 내의 반인종주의자, 레지스탕스 내의 반유대주의자Un Paradoxe française : antiracistes dans la Collaboration, antisémites dans la Résistance』에 잘 나타나 있다. 그럼에도 이 합의와 로망은 1969년 드골 장군이 축출될 때까지 그럭저럭 잘 유지됐다.

'영광의 30년'이 제1차 오일쇼크 탓에 종말을 맞은 것으로 부당하게 인식되고 있는데, 사실 그것은 CNR 프로그램이 중단됐기 때문이다.

우선 '제국'에 복종하지 않았다는 이유로 드골이 축출되면서 CNR 프로그램이 중단되었다. 그럼에도 드골은 세계주의 소수특권층에 두 차례 협력한 바 있었다. 처음에는 1940년에 페탱Henri Philippe Pétain(1856~1951. 프랑스의 장군. 제1차 세계대전 당시 전쟁을 승리로 이끌어 영웅으로 추대되었지만 제2차 세계대전 때 친독정부인 비시Vichy 정권의 원수를 지낸 일로 전후 법정에서 무기형을 선고 받았다─옮긴이)과 대립하며 연합군 진영에 합류했고 다음에는 1958년 알제리 사태 때 프랑스 제국을 완전하게 청산했다.

하지만 드골은 1965년 2월 4일 연설에서 이번엔 자신이 복종하지 않겠다는 뜻을, 곧 금본위제로 돌아가겠다는 뜻을 명확히 나타낸다. 이어서 드골은 1967년 11월 27일 기자회견 때 "사람들을 지배하는 엘리트층"이 있다는 사실을 분명히 암시한다.

드골은 달러의 '제국'과 이스라엘에 굴복하지 않는다는 이유로 축출됐는데 68년 5월의 사건들이 드골의 불리한 국면을 더 심화시켰다. 반면 다니엘 콩 방디는 68년 5월에 선동가로서 주요한 역할을 맡았고, 이런 이력 때문에 오늘날까지도 요직에서 계속 활동하고 있다.

'제국'을 위한 68년 5월

우리가 한 걸음 물러서서 바라보면 실제로는 세 종류의 68년 5월이 있었다고 말할 수 있다.

정치적 자유주의의 68년 5월. 오히려 공감과 자연발생적 감정으로 일어난 68년 5월이라고 불러야 할 것이다.

노동조합주의의 68년 5월. 이 결과 그르넬Grenelle 협약(임금인상)이 맺어지고 자크 시라크Jacques Chirac(1932~. 1986년 프랑스 국무총리직을 수행하고 1995년에 대통령이 되었다. 강한 프랑스 재건을 꿈꾼 드골주의자로 미테랑 다음으로 오랜 기간 프랑스를 통치한 대통령이다—옮긴이)가 정치경력에서 상승세를 타기 시작한다.

정치적인 68년 5월. 이 5월의 목적은 드골의 정치적 지위를 불안정하게 만들고 나아가서는 그를 축출하는 것이었다. 그가 일련의 결정을 통해 제4공화국¹이 전략적 이유 때문에 채택할 수밖에 없었던 정책들 그리고 미국과 비교해 프랑스가 처해 있던 종속적 입장을 완전히 거부했기 때문이다.

사실 1961년부터 1967년까지 다음의 일들이 있었다.

① 드골은 영국이 유럽경제공동체의 회원이 되는 것을 찬성하지 않았다.

② 드골은 프랑스 영토에 미군 기지가 머무는 것을 더 이상 허용치 않았다.

③ 드골은 나토에서 프랑스 방위군을 철수시켰다.

④ 드골은 프놈펜과 몬트리올 연설을 통해 프랑스가 냉전 중인 두 블록에서 독립한 비동맹국들의 리더임을 선언했다. 그 유명한 '제3의 길'이 열리게 된다.

이러한 불복종적인 조처들은 1967년 드골이 공식적으로 친팔레스타인 입장을 표명하면서 절정에 다다른다. 이러한 조치들은 그 이듬해 찾아온 5월의 정신과 완전히 일치했지만 불행히도 젊은이들은 그것을 알지 못했다.

실제 당시의 분위기를 되돌아보면 드골이 집행한 CNR 프로그램 덕분에 완전고용이 이뤄지고 생활수준이 지속적으로 높아지던 그 시기에, 학생들을 한자리에 모이게 한 결정적 사건은 사회의 위기가 아니라 베트남전쟁이었다.

그리고 '제국'의 마키아벨리적 수법이 다음과 같이 진행되었다. 당시 젊은이들은 "미국은 고향으로 돌아가라!"고 외치곤 했지만 앵글로 · 아메리카 문화에 완전히 빠져 있었다. 그리고 어디 출신인지 알 수 없는 한 젊은 리더가[2] 그 문화의 상징이 되었고, 이상한 일이지만 미디어들은 이 젊은이를 집중 조명했다. '제국'은 유용한 도구들이었던 미숙한 젊은이들을 이용해 서구진영에서 미 제국주의에 반대하는 유일하고도 중요한 인물을 쫓아냈다.

이상이 세 번째의 68년 5월이다. 시민들의 자발적 정치참여와는 거의 상관이 없고 가장 은폐된 68년 5월이지만 '역사'에서는 중요한 68년 5월이다.

퐁피두 · 지스카르 · 로스차일드 법

1968년 5월이 없었다면 1973년 1월도 없었을 것이다. 일단 드골이 축출되자 조르주 퐁피두와 그의 재무장관 발레리 지스카르 데스탱이 대표하는 사업가들의 우파가 '국가'를 배반한다.

로스차일드 은행의 전임사장이던 조르주 퐁피두는 국가의 화폐발행 권한을 금지시키며 프랑스은행의 개혁을 은밀히 추진했다. 이와 같은 해 1월 3일에 나온 73-7법의 조항 25는 국가가 채무를 지는 시스템이 구조적으로 정착되는 시기에 들어섰음을 알린다. 바로 프랑스의 사회적인 정치 프로그램이 끝나는 때다.

이런 식으로 CNR에서 도출된 '자본'과 '노동'의 합의가 청산된다. 하지만 금융의 유용한 허수아비였던 지스카르의 과도기적 정부가 지나가자 사회적으로 분노가 표출되면서 좌파가 권력을 잡는다.

좌파는 1981년 5월에 권좌에 오른다. 그런데 이 좌파는 여느 좌파와 달리 장미꽃을 든 손을 로고로 삼은 사회당의 '사교계 좌파'다. 이는 다음의 사실을 의미한다. 곧 파비우스 정부(미테랑 대통령 때 로랑 파비우스Laurent Fabius가 총리를 지내던 1984~1986년을 가리킨다. 현대 프랑스에서는 특정 정부를 표현할 때 총리의 이름을 붙인다—옮긴이)와 유명한 '긴축정책으로의 회귀' 때부터 자크 랑, 대중문화, 게이로 상징되던 이 좌파는 더 이상 경제문제를 취급하지 않는다.

이 좌파의 대표인물이 프랑수아 미테랑이다. 친독활동의 이력을 숨긴 이 가짜 좌파는 대통령직에 올랐지만 어떤 집단의 볼모나 다름없었다. 그 집단은 드골이 분열된 프랑스를 봉합하고자 연합했던 레지스탕스 출신의 인물들과 대립하던 집단이었다.

이 집단은 마그레브에 있는 프랑스의 옛 자치령과 동유럽에서 온 인물들로 구성되어 있었다. 친독활동이 있던 때 굴욕의 시기를 보낸 이들은 CNR의 경제적이고 사회적인 합의를 파괴한 데 이어 CNR의 도덕적 합의마저도 파괴하는 데 전념했다. 즉 프랑스인들의 머릿속에 장 물랭[3]의 저항하는 프랑스에 대한 기억 대신 파퐁, 투비에, 부스케(제2차 세계대전 시 독일에 협력한 고위직 인사들—옮긴이) 같은 자들의 프랑스에 대한 기억을 심으려 한 것이다. 이들은 전후 40년이 지난 시점에 바르비[4] 소송을 시작으로 숙청을 재개한다.

문제의 중심인 이스라엘

프랑스 국민의 대부분은 친독활동과 아무 관계가 없으며 당시 무슨 일을 했는지 해명할 필요가 없는 사람들이다. 그러나 이런 국민의 마음에 죄책감을 심으려는 전략이 생겨난다. 이 전략은 어떤 집단에게 두 가지 측면에서 이점을 제공할 것이다.

하나. 유대인에 대한 비판은 어떤 비판이든 차단할 수 있다는 이점. 만일 비판자가 있다면 그는 즉시 '반유대주의자' 나아가 '나치'라고 불리는 것은 물론, 차츰 "스스로 세계를 통제하려 하는" 어떤 공동체의 집단주 대면해야 할 것이다.

둘. 마찬가지로 죄책감을 심으려는 파렴치한 작업으로 인해 이스라엘에 대해 어떤 비판도 할 수 없게 된다. 이스라엘이 명백하게 인종주의적 식민정책을 펴고 있더라도 말이다.

또한 이 집단은 차츰 노골적으로 프랑스 국민의 구성원이 아닌 독립적인 국민으로 자처할 것이다. 따라서 이제부터는 더 이상 비열한 프랑스—친독활동의 이력은 영원한 것이기 때문에 항상 빚을 진 상태다—에 충성하지 말고 이스라엘에 충성해야 한다고 생각한다. 그러나 이스라엘은 인종주의적이고 제국주의적인 국가다.

경제현안이 아닌 반인종주의를 논하다

레지스탕스 국가위원회의 구성원들(이들은 나치와 싸웠던 인물들이기도 하다)이 맺은 협정이 경제적으로나 도덕적으로 청산되면서 필연적으로 CNR의 역사적 동지도 완전히 청산된다. 곧 조르주 마르셰의 프랑스공산당과 그의 계급관도 몽티니 레 코르메유 연설 이후 반인종주의를 이념으로 삼은 좌파에 의해 청산된다.

여러 산업들이 폐기되고 실업률이 치솟던 시기였지만 사회당이 이때부터 유일하게 이념으로 삼은 건 반인종주의다. 노동자들은 제3세계 출신이자 프랑스에 적대적인 사람들이 프랑스 내에 빼곡히 모여 사는 것에 이의를 제기하지 못한다. 이민자들은 근본적으로 가지고 있는 반식민주의적 신념 때문에 프랑스에 대한 증오심을 키우면서 성장했지만 프랑스에서 일자리를 얻지 못했고 그 수는 불어나기 시작했다. 이번 반인종주의 활동에는 트로츠키주의자이자 시오니스트인 쥘리엥 드레가 마치 68년 5월후 다니엘 콩 방디처럼 전면에 나선다.

사회당이 마르셰의 공산당과 몽티니 레 코르메유의 이념을 청산하자 공산당 집행부는 이 메시지를 바로 이해했다. 선거 없이 선출된 로베르 위Robert Hue, 이어서 마리 조르주 뷔페Marie-Georges Buffet의 새 프랑스공산당에서는 계급분석이니 노동자의 권익수호니 하는 CFDT(프랑스민주노동연맹Confédération française démocratique du travail)가 열어 놓은 길들을 폐기하고 대신 젊은이들과 여성들 그리고 '이주민 2세대들'의 의견을 중점적으로 받아들여야 했다.

이렇게 프랑스공산당이 자신들의 기반인 민중을 포기한다. 그다음 애국적 우파의 사회적 덤핑[5] 전략이었던 이민정책이 반인종주의라는 교묘한 수법을 통해 모든 좌파에게 새로운 진보주의가 된다! 그리고 미테랑은 그 사회적 덤핑 전략에 반대하는 모든 의견을 극우 이념으로 간주하며 장 마리 르펜Jean Marie Le Pen(1928~. 프랑스 극우 민족주의 정치인. 극우정당인 국민전선FN 창립자이며 총재였다─옮긴이)을 공격하는 천재적인 전략을 쓴다.

이에 르펜 자신이 다급히 요청해 〈진실의 시간〉에 출현하는데 이는 유명한 일화다. 〈진실의 시간〉은 공공 분야와 관련된 내용을 다루며 황금시간대에 방영되는 텔레비전 프로그램이었다. 이 방송에서 국민전선의 의장이 너무나 좋은 인상을 주어 이후부턴 사람들이 르펜의 강력한 반격을 지지하게 되었다. 카르팡트라(유대인들의 공동묘지가 많은 도시—옮긴이)를 모욕하면서 말이다.

국민전선은 1980년대 중반부터 세계주의 시스템에 반대하는 유일한 정당이었다. 그러나 어리석게도 이용을 당해 사회관계를 인종주의의 관점으로 파악하는 신경향이 확산되는 데 기여한다. 동시에 'SOS 라시슴'[6] 때문에 젊은이들은 민족주의 관점으로 사회를 분석하는 게 효과적이라고 믿게 된다.

그러면서도 SOS 라시슴의 좌파는 다니엘 발라부안Daniel Balavoine(1952~1986. 1970년대 말부터 가수로서 매우 커다란 성공을 거두고 동시에 활발한 인권운동, 특히 반인종주의 운동을 펴며 프랑스인들에게 깊은 인상을 주었다—옮긴이) 때문에 거의 사라지다시피한 인종주의의 불씨를 되살리고자 노력한다.[7] 이런 식으로 아프리카와 마그레브 출신의 이민자들은 파시스트, 식민주의자, 독일협력자들이었던 존재들, 곧 비열한 인간들임에 틀림없는 프랑스인들을 계속 증오하게 된다.

이렇게 프랑스공산당을 청산하고 국민전선을 이용할 수 있었던 건 좌파 내에서 어떤 선행 작업이 있었기 때문이다. 바로 마르크스주의 관점에서 진지하게 사회를 분석하던 사람들의 청산이다.

이 청산 작업은 68년 5월부터 트로츠키주의의 전위 조직에 의해 그리고 알랭 크리빈 같은 학생들에게 증오심을 품은 사람들에 의해 시작됐다. 이어서 베르나르 앙리 레비, 앙드레 글뤽스망을 필두로 한 (장 폴 돌레Jean-Paul Dollé, 장 마리 브느와스트Jean-Marie Benoist, 질 쉬종Gilles

Susong은 앞의 두 사람과 같은 미디어의 요란한 후광을 입지 못한다) '신철학자들'이 1970년대 말부터 그 작업을 대중에게 전파했다.

그람시의 훌륭한 이론을 따를 때 이 작업은 새로이 등장하여 미테랑 정부의 토대가 될 '문화좌파'의 이데올로기적 헤게모니를 준비하는 것이었다. 바로 집단주의적이고 세계주의적이고 혼혈주의적이며 반사회적인 '문화좌파'다.

베르나르 앙리 레비가 끼친 해악

이미 35년에 걸쳐 사람들은 베르나르 앙리 레비의 글에 사상이 없다고, 그는 완전한 사기꾼이라고 생각하고, 말하고, 반복적으로 주장하고 있다. 이런 문제와 관련해 '장 바티스트 보퇼'[8] 에피소드는 그의 그로테스크한 면까지 보여준다.

그럼에도 프랑스와 국민을 경멸하는 행동으로 사람들을 자극하는 세계주의 부르주아인 베르나르 앙리 레비가 결코 바보가 아니라는 건 명백한 사실이다. 특히 레몽 아롱Raymond Aron(1905~1983. 프랑스의 정치 사회학자. 제2차 세계대전 중 드골의 자유 프랑스La France Libre 운동에 참가하고 같은 이름의 기관지 주필이 되었다. 전후 J.P. 사르트르 등과 함께 잡지《현대Les Temps modernes》(1945)를 창간하였으나, 후에 사르트르와 결별하고 반마르크스주의자로 남았다—옮긴이)에서 코르넬리우스 카스토리아디스Cornelius Castoriadis(1922~1997. 철학, 미학, 역사, 정신분석학 등 다양한 분야에서 연구를 했다. 주로 개인적이거나 공동체적인 '자주성'의 이념을 주장하며 근본적인 민주주의를 지향했다—옮긴이)와 질 들뢰즈를 거쳐 엠마뉘엘 르 루아 라뒤리Emmanuel Le Roy Ladurie(1929~. 프랑스의 역사학자로 콜레주 드 프랑스의 정교수를 지냈고 특히 아날학파가 형성될 때 커다란 영향을 미쳤다. 그의 주요 관심 분야는 지방인들의 경제적이고 사회적인 삶이었고, 기후를 중심으로 한 환경의 역사를 다룸으로써 국제적인 명성을 얻었다─옮긴이)까지 주요한 모든 사상가들이 몇 번에 걸쳐 비난어린 선언을 하고, 그의 거짓말이 수차례 들통 났는데도(가령 베르나르 앙리 레비는 전장 한가운데서 마수Massoud 사령관이나 그로즈니Gronzny 사령관과 만났다고 말했는데 미국인 저널리스트 다니엘 펄Daniel Pearl의 미망인은 남편의 사인을 추적한 과정을 담은 그녀의 소설 『누가 다니엘 펄을 죽였는가?Qui a tué Daniel Pearl?』에서 그의 말을 부인한다. 그는 레데케와 사키네흐 사건을 조작하기도 했다), 요컨대 불명예스럽고 우스꽝스런 일을 수없이 저질렀는데도 그는 언제나 사회의 주요 인사로 활동해 왔다.

이런 상황이 여전히 계속되는 건 그의 능력과 재능 때문이기도 하지만 그의 활동을 지지하고 뒷받침하는 누군가가 있기 때문이다. 비평가들은 이런 사실에 놀라는 척할지 모르지만 아마도 두려움 때문에 인정하려 하지 않을 것이다.

실제로 베르나르 앙리 레비는 철학자가 아니며 그는 생각 따위는 하지 않는다고 말해도 이상하지 않다. 이는 모든 사람이 인정하는 동시에 수차례 증명된 사실이다. 그런데 그렇게 말하는 것은 분명 그들 모두가 지금 자신들의 전문 분야가 아닌 영역에서 일한다는 이유로, 베르나르 쿠슈네르가 실력 없는 의사이고 아들러와 밍크와 아탈리가 지정학자도 기업가도 경제학자도 아니라고 말하는 것만큼 순진하고 무용한 태도다.

이 사상가들 가운데 기성 사회의 규칙, 곧 그 사회의 논리, 명예, 방법론 등을 준수하라고 말하는 이는 없다. 하지만 이들은 이전의 조직화되긴 했지만 세련되지 못했던 선전활동을 금전·미디어·네트워크로 형성된 거대한 기구가 떠맡도록 만든 이들이다. 물론 그들은 사회의 대의를 위한다고 말했다.

인도주의적인 의사에서 개입 이념의 정치가로 변한 베르나르 쿠슈네르[9]는 처음에는 제3세계 국민들의 인권을 보호하는 운동을 했지만(특히 비아프라Biafra[10]) 나중에는 세르비아, 이라크, 아프가니스탄의 시민들에게 포탄을 떨어트리면서 신식민지 평화정책을 옹호한다. 이와 꼭 마찬가지로, 베르나르 앙리 레비는 정치적 목적으로 조작한 개념들이 담긴 그의 모든 저서를 통해 거리에서 손님을 꼬시는 호객꾼처럼 독자들을 '제국'으로 한 단계씩 끌어들인다. 그는 자신이 글을 쓰는 데 토대가 되었다고 밝히던 탈무드 풍의 웅대한 표현을 사용하면서 세계주의 소수특권층이 강요한 '신세계질서'의 길을 따라간다.

제국에 적대적이던 소련이 붕괴한 이후 신 세계질서의 발전 속도는 눈에 띄게 가속화되었다. 그의 책들만을 살펴보아도 이런 사실을 쉽게 알 수 있다. 그가 책에 붙인 제목들에는 진실한 의미가 없다. 단지 제국과 동일한 목적을 가지고 있을 뿐이다.

① 1977 : 『인간의 얼굴을 한 야만La Barbarie à visage humain』

책의 메시지 : 진보주의=야만. 천박하고 모순적인 주장이다. 공산주의=파시즘=전체주의=민족주의. 또 다른 천박하고 모순적인 주장이다. 왜냐하면 세계주의는 공산주의에 의해 생겨났기 때문이다. 더 나아가 경제적 자유주의=자유=세계주의.

논리적으로 설득력이 없는 주장이지만 광고할 돈이 많고 젊은이들의 마음을 끌 만큼 머리가 길기 때문에 이전의 파트너인 레몽 아롱과 장 프랑수아 르벨Jean François Revel(1924~2006. 철학자, 작가. 자유주의적 자본주의를 옹호했고, 사회주의 국가도 경제발전 없이는 제대로 기능할 수 없다는 논리를 전개했다—옮긴이)의 글보다는 정치현장에서 보다 효과를 발휘했다.

② 1979:『신의 약속Le Testament de Dieu』

책의 메시지: 진보주의＝허무주의. 여전히 천박하고 모순적인 주장이다. 더 나아가 반反전체주의＝원칙＝유대교. 후자는 "자유＝세계주의"라고 말할 때부터 예감한 것이다!

③ 1981:『프랑스의 이데올로기L'Idéologie française』

책의 메시지: 프랑스의 정신＝파시즘＝반동. 너무나 모순적인 주장이다. 역사적으로 프랑스의 정신이 진보를 낳았기 때문이다. 결론적으로 프랑스의 정신＝페탱＝쇼아. 물론 이것도 예감한 것이다. 그가 "계몽＇＝유대교"라고 언급했기 때문이다. 그에게 있어 '계몽'은 절대 프랑스적인 것이 아니다!

이 부분에서만큼은 자신에게 명예를 가져다 준 체제[11]를 지지하는 레몽 아롱조차 너무 불쾌감을 느껴 언론에서 다음과 같이 선언하기도 했다. "베르나르 앙리 레비의 해석은 충실하지 않으며 역사적으로 증명된 방법론의 규칙들을 모두 위반하고 있다."

이렇게 베르나르 앙리 레비는 세 권의 책을 통해 가치를 파괴하고 진보주의에 관한 모든 역사를 뒤엎어버린다. 이어서 그는 '제국'의 두뇌에 들어 있는 동시에 그 자신의 것이기도 한 여성적 열정을 쫓아 유고슬라비아 내전에 관심을 기울인다.

④ 1993: 다큐멘터리 〈보스니아!〉

다큐멘터리의 메시지: 사라예보＝세계주의, 따라서 보스니아인들＝선한 사람들, 세르비아인들＝악한 사람들.

이와 동시에 두 명의 조연 핑키엘크로와 글뤽스망이 각각 안테 파벨리치Ante Pavélic(1889~1959. 크로아티아의 정치인으로 독일과 이탈리아의 지배 아래서 1941년에 생겨난 국가 크로아티아의 국가원수를 지냈다—옮긴이)의 선한 크로아티아인들과 선한 이슬람의 체첸인들을 위한다며 전장에 들어선다. 이 세 인물의 신념에 찬 선택은 그들이 주장한 레비나스 윤리와는 정반대된다. 하지만 그들은 매번 그렇게 했듯 '제국'의 지정학에서 자신들 나름의 논리적 정합성을 이끌어낸다.

우리의 이 엄격한 철학자는 동유럽 블록에서 제국의 걸림돌을 청산한 후 숙청 명단에 올라 있는 사람들, 곧 공산주의가 몰락한 이후 이곳저곳을 덮치는 자유주의에 저항하던 마지막 남은 반제국주의 사람들인 이슬람인들과 이들의 세계를 공격한다. 다음의 책은 이 과정에서 출판된 것이다.

⑤ 1994: 『위험한 순수성La Pureté dangereuse』

책의 메시지: 이슬람교＝보수주의＝허무주의＝신新전체주의.

이 논리에 신의 경고가 담겨 있다고 본 그는 내친김에 이스라엘을 무조건적으로 지지한다고 선언한다(이스라엘＝자유＝'계몽'＝유대교). 그는 사망자가 백만여 명에 이르는 이라크 침공에 대해서도 지지 선언을 한다. 이어서는 미래 IMF의 주인이 될 도미니크 스트로스칸에 대해 약간의 지지 의사를 보낸 다음, 가자 지역의 고립된 팔레스타인인들에 대한 '냉혹한 폭탄' 작전을 지지한다. 그런데 그가 이렇게 하며 내세운 건 항상 인권이었다!

그의 저작들은 별 내용도 없고 우스꽝스러운 '보튈' 사건 때문에 그의 신뢰도는 바닥으로 떨어졌다. 그런데도 왜 그의 최근 작품이 그를 따르는 모든 비평가들에게 찬사를 받고 해설되는지, 왜 그 작품이 유대 사상을 중심으로 사고체계가 완벽하게 정돈된 그의 정신에 의해 『철학 내의 전쟁에 관해De la guerre en Philosophie』라는 제목을 달게 됐는지 이제는 유심히 생각해 봐야 한다.

프랑스 국민의 유기적 구성이 파괴되다

그 유명한 "가족 재결합 규정"(프랑스의 이주민들이 해외에 있는 가족과 결합할 수 있도록 허용한 정책―옮긴이)을 언급하지 않고선 프랑스에 생겨난 일련의 폐해들을 완전히 설명할 수 없을 것이다.

제3공화국 때와 마찬가지로 시라크 정부 하에서 고용주들을 대변하는 우파와 본부들이 이민정책을 강요했다. 우파는 생활용품이 부족한 이민자들이 프랑스 내에서 물건을 사서 돈을 쓰게 하는 동시에 싼 임금으로 그들을 고용하는 게 목적이었다. 곧 '시장'을 위해 취한 조치였다.

프리메이슨은 그 유명한 '인권의 보편성'을 내세웠지만 그 보편성은 1945년 이후로 상업성의 세계주의를 인본주의의 이름으로 포장한 것에 지나지 않는다. 이 모든 과정에는 세상을 지배하는 데 항상 제약이 되었던 민족 · 문화적 응집성을 파괴하고 국민을 분열시키려는 목적도 있었다.

프랑스 국민이 마스트리히트 조약의 국민투표에 찬성함으로써, 체계적으로 파괴되어가던 전후의 경제, 도덕, 사회, 문화, 민족 같은 프랑스를 지탱하던 기둥들은 완전히 붕괴된다. 20여 년 전부터 에이지즘, 페미니즘, '경제적 엄정성', 혼혈, 반인종주의를 통해 전반적으로 변화하던 국민이 결국 국가를 포기한 것이다.

금전권력층은 성적으로나 인종적으로 소수인 집단을 이용한다. 이런 이유로 도덕적 우파나 사회적 좌파의 어떤 세력도 세계주의라는 압축롤러에 더 이상 저항할 수 없다.

그런데 청산작업이 완성되기 전에 공화주의 좌파 쪽에서 몇 차례 비약적인 저항이 있었다. 그리고 2002년 진정한 자코뱅주의 원칙을 통해 세계주의적이고 상업적으로 일탈한 체제에 맞설 목적으로 대통령 선거에 출마한 장 피에르 슈벤망[12]의 시도도 존중해야 한다.

이 반항의 결과, 이전에 랑베르주의자[13]였던 리오넬 조스팽은 선거에서 패배의 잔을 마신다. 그런데 특히 장 피에르 슈벤망은 우리가 예전부터 익히 본 대로 그 자신의 진영에서도 정치적으로 소외당한다. 좌파의 민족주의가 청산되면서 국민전선이 민족·공화주의 진영에서 마지막으로 비중 있는 역할을 할 수호자가 된다.

이런 일련의 위협적인 일들이 충분히 충격적이었기 때문에 지금의 시스템은 프리메이슨 단원이고 이전에 랑베르주의자이자 사회주의 경향의 상원의원이었던 수다스런 장 뤽 멜랑숑에게 작은 자리나마 내주고 있다. 멜랑숑은 작은 자리이긴 하지만 위협적인 존재로 군림하는 데 있어선 리오넬 조스팽만큼 제격인 인물이다.

반인종주의가 끝나고 '신반동'의 시기가 오다

경제적이고 사회적인 현안에 전념하던 좌파의 문제가 반인종주의 문제로 대체된 바 있다면 이번에는 이른바 '신반동들'이 물결을 이뤄 반인종주의 문제가 반유대주의 문제로만 소급되는 현상이 일어난다.

그 반동들이란 게 피에르 앙드레 타기에프Pierre-André Taguieff, 모리스 G. 당텍Maurice G. Dantec, 엘리자베스 레비Élisabeth Lévy, 슈무엘 트리가노Shmuel Trigano 같은 패거리들을 말하는데 이번에는 알랭 핑키엘크로가 그 배후의 주역을 맡았다.

이들은 유대계라는 이력 때문에 이민자공동체의 반비시정권 이념을 갖고 있었다. 하지만 파렴치하게도 이들의 이념은 아랍인과 흑인을 증오하고 경멸하는 쪽으로 옮겨갔다. 가짜 좌파에서 반사회적이고 인종주의적인 진정한 우파로 이행한 것이다. 그런데 그 동기는 반인종주의 이데올로기가 민족의 응집성(과거 희생양이었던 공동체의 권력 상승, 피식민지 국민의 증오심 표출)에 커다란 피해를 끼쳐서가 아니었다. 오히려 반인종주의가 이스라엘의 이미지에, 도시 주변부에서 커가는 반시오니즘에 영향을 미쳤기 때문이다. 일종의 부작용이었다.

실제로 사회당이 이민세대의 젊은이들에게 지배력을 행사하고 이스라엘이 좌파적 경향을 가진 젊은이들에게 좋은 이미지를 전달하려 할 때 반인종주의 이데올로기는 점차 장애가 됐다. 이런 현실 때문에 SOS 라시슴은 쇠퇴하기 시작하고 더불어 그 후원자인 쥘리엥 드레도 어느 정도 사회적 위상이 하락한다. 다행히도 그는 사업을 통해 예전에 잃어버린 위상을 되찾지만 2009년에 프리메이슨의 압력으로 가차 없이 "법정에 소환"된다. 다만 재판은 받지 않았다.

이 시기부터 '이슬람의 위험'이 대두된다. 그때까지 이슬람 출신 이민자들이 프랑스에 소속감을 느껴야 한다는 사실을 업신여겼던 것(이 때문에 르펜은 40년간 대중의 심한 조롱거리가 돼야 했다)은 물론, 그 소속감을 부정하는 것과 관련된 내용들이 미디어에서 다시 지속적으로 등장하고 토론 주제가 되었다.

물론 랍비 베른하임Bernheim이나 그때부터 모든 진리를 파악한 사람으로 자처하고 어디에서나 등장할 알랭 핑키엘크로(베르나르 쿠슈네르와 함께 백인을 대상으로 삼는 인종주의를 반대하는 청원서에 공동성명했으며 1982년 이후로 LICRA의 중앙위원회 회원이고 심지어는 2003년부터 그 명예위원회의 회원이다) 같은 인물의 이중적 윤리를 전문적으로 알고 있는 사람이 그 주제를 다룬다는 조건이 있었다. 사람들은 연출되는 쇼를 감상했다.

새롭게 정의되는 반유대주의

반인종주의는 반유대주의에 대한 투쟁으로만 그 뜻이 축소되었다. 또한 이때부터 베르나르 앙리 레비는 새로운 투쟁 이념을 내세워 '초록 파시즘'(아랍권 국가들 내의 전체주의를 가리키는 표현—옮긴이)에 대한 투쟁이라는 명목으로 마그레브Maghreb(북아프리카 지역을 일컫는 프랑스어. 프랑스 이주노동자 중에는 이 지역 출신들이 많다—옮긴이) 출신의 이민자들을 대상으로 한 인종주의를 전개한다. 이러한 사실과 더불어 지식인 집단이 대부분 입장 변화를 보였기 때문에 반유대주의에 대한 정의가 어느 정도 바뀌지 않을 수 없었다.

이때부터 '반유대주의자'는 더 이상 "유대인들에 대해 인종주의적 시각을 갖고 있는 사람"을 의미하지 않는다. 알랭 핑키엘크로가 드물게도 그의 정신이 명석하게 돌아가던 순간에 다시 정의한 대로 "반인종주의를 근거로 반시오니즘을 내세우는 사람"이다. 이로부터 그 이중적 윤리의 추종자는 아주 논리적으로 반인종주의를 종결지어야 한다는 결론을 도출한다!

또한 이러한 상황 변화는 반인종주의 추종자와 좌파의 심복들에게도 영향을 미쳤다. 곧 정치적으로 정신분열을 겪게 되는 것이다.

좌파의 반인종주의자들은 프랑스라는 고국에 이전부터 정착해 있던 사람들을 향한 증오심 때문에(트로츠키주의적 전통이다) 항상 이 민정책 지지자들이었다. 그런데 이제부터는 반이슬람주의자가 되어야 했으며 이에 대한 명분으로는 프리메이슨의 종교인 세속주의를 내세워야 했다.

이런 사실 때문에 유용한 존재들이긴 했지만 항상 멍청한 인간들이었던 이들, 특히 올리비에 브장스노와 카롤린 푸레스트가 대표적 인물이라고 할 수 있는 무리들은 최종적으로 한 손으로는 이슬람의 이민자들을 보호하고 다른 손으로는 그들을 위협해야 하는 상황에 이르게 된다.

이렇게 좌파는 정신분열적 상황에 처한다. 본국 프랑스인들과 대립해 이민자들 편에 서면서도 이스라엘에 적대적인 이슬람인들과 대립해야 하는 것이다. SOS 라시슴의 시오니즘적 반인종주의자들은 "창녀도 순종적인 여자도 아닌Ni putes ni soumises"을 창설함으로써 이 문제를 해결하고자 노력했다.

이 새로운 단체(사회당이 쥘리엥 드레를 통해 항상 이 단체를 멀리서 지휘한다)는 이전의 단체들처럼 아랍인·흑인들을 백인들과 평등한 지위로 격상시키려 노력하지 않는다. 대신 이주한 젊은이들 내에서 소녀들이 소년들과 동일한 사회적 대우를 받도록 하는 운동을 편다.

시장 민주주의의 주체들은 마그레브 출신의 소녀들을 언제든 부려먹을 수 있는 여자들로 간주하고 있었다. 이제부터는 푸블리시스 사(프랑스의 광고회사로 2009년 세계의 광고업 분야에서 매출액이 세 번째로 큰 회사였다—옮긴이)의 상속녀로서 억만장자가 된 여성철학자 엘리자베스 바댕테Élisabeth Badinter(소녀 때의 이름은 블뢰스탱 블랑쉐Bleustein-

Blanchet)가 마련한 여성운동의 훌륭한 경로를 통해 소녀들은 지원과 보호를 받는다. 이와 반대로 소년들은 거리에 버려지고, 견딜 수 없는 이슬람식 마초주의로 되돌아갔다며 대중에게 비난의 대상이 된다!

이 단체는 '지역'의 복잡한 현실을 거의 반영하지 못하는 이중적이고 대립되는 시각을 가졌지만, 파델라 아마라Fadela Amara(라마 야드 북아프리카 출신으로 사르코지 정부에서 도시정책담당 국무장관이었다―옮긴이) 같은 "협력하는 이민 2세대 소녀들"이 회유되어 협조하기 때문에 이민가구 소녀들의 요구를 충족시킬 수 있는 존재로 인식되고는 있다. 파델라 아마라도 앞으로는 말렉 부티흐Malek Boutih(1964~. 정치인. 부모가 알제리 출신인 그는 1999년부터 2003년까지 SOS 라시슴 의장을 지냈다. 이후 사회당에서 계속 활동했고 2012년 총선에서 사회당 후보로 출마해 의원직에 올랐다―옮긴이)와 모하메드 압디Mohammed Abdi(모로코 태생으로 '창녀도 순종적인 여자도 아닌Ni putes ni soumises'의 공동 창립자. 1980년대 중반부터 사회당 소속이었으며 주로 이슬람인들과 관련된 사회문제를 해결하기 위한 활동을 펴고 있다―옮긴이) 같은 "협력하는 이민 2세대 젊은 남성들"이 차지하던 자리를 대신 차지할 것이다.

하일 이스라엘

이런 조작, 거짓말, 이중적 언어 그러고는 찾아온 집단주의 맥락 속에서 진정한 반인종주의자 가운데 가장 솔직하고, 용기 있고, 재능 있고, 참여적이며 그 이름이 참으로 적절한('디외도네'는 프랑스어의 '신Dieu'과 '주다donner'의 과거분사인 'donné'가 결합된 이름이다―옮긴이) 디외도네(1997년 총선 때 드뢰에서 그의 진영이 국민전선의 마리 프랑스 스티르부아Marie-France Stirbois와 대결했다는 걸 상기하자)가 결국 이 위험한

가면무도회 같은 국면을 강렬하고 설득력 있게 비판했다는 건 놀라운 일이 아니다.

2003년 12월 1일 그는 마르크 올리버 포기엘Marc-Oliver Fogiel의 생방송 〈모든 이를 만족시킬 수는 없다On ne peut pas plaire à tout le monde〉에 출연해 '식민주의 이스라엘'을 상징하는 촌극을 벌인다(디외도네는 생방송에서 "하일 이스라엘"이라고 외쳤다. '하일Heil'은 나치의 인사법인 "하일 히틀러"에서 온 표현이다—옮긴이). 그러자 바로 다음 날부터 언론과 방송은 비난을 퍼부었으며 법적, 경제적 수단을 통해 그를 사회적으로 매장시키려는 시도가 전례가 없을 만큼 늘어났다.

억만장자 베르나르 앙리 레비를 필두로 한 압력단체와 그 심복들이 그에게 린치를 가하려 하자 디외도네는 한술 더 떠 다음과 같은 방법으로 그들을 계속 자극하고 비웃었다.

① 평소 압력단체의 비판을 받던 르펜과 포리송Faurisson 교수에게 협력의 손길을 내민다.

② 2009년 6월 7일 유럽연합 선거 때 '제국'에 굴복하지 않는 도처의 사람들과 힘을 합해 반시오니즘 지지자 후보를 낸다.

반인종주의자이자 혼혈인 이 코미디언을 대중의 눈에 위험한 나치로 비치게 하려는 시도가 악착같이 진행됐고 그에게는 맹렬한 비난이 쏟아졌다. 인종주의적이고 식민주의적인 국가 이스라엘이 신학적·군사적으로 일탈했으며, 프랑스 유대인들의 주요 기구인 프랑스유대인기관대표위원회와 추기경회의가 이스라엘을 무조건 지지한다는 사실을 디외도네가 감히 비판했기 때문이다. 그를 추락시키려는 과정은 매우 우스꽝스럽기도 했지만 역겨워 보이기도 했다. 그런데 이런 과정을 본 명석한 프랑스인들은 시오니즘 압력단체들이 반인종주의, 인권, 민주주의를 구현하는 일에는 부적합하지만 그들이 전능을 가졌다는 건 차츰 인식하게 된다.

그 단체들의 역겨움은 다음의 예에서 완벽하게 찾아볼 수 있다. 프랑스 유대인기관대표위원회의 연례 회식모임에서는 프랑스의 대통령을 필두로 미디어와 사법 기관의 직원들이 모두 엎드려 절하는 시간을 갖는다.

그런데 장 마리 르펜과 디외도네가 화해하던 시기에, 그리고 프랑스가 유엔 소속 남반구 국가들의 새로운 투사이자 복종하지 않는 이슬람을 상징하는 마흐무드 아흐마디네자드 대통령에게 도움의 손길을 내밀던 시기에, 인종주의를 반대한다는 SOS 라시슴은 왜 "흑인 · 백인 · 이민2세대"가 화해하는 프랑스의 모습을 보고 기뻐하지 않았을까?

제도권의 반인종주의 전문가와 그들의 대부인 베르나르 앙리 레비가 그러한 프랑스의 변화에 크게 분노하고 증오심을 표출하며 히스테리를 일으켰다는 것이 이상하지 않은가?

프랑스를 '제국'에 넘긴 사르코지

이렇게 시민들이 무언가를 조금씩 의식해 가고 있었지만 미디어에 의해 대중이 우매해질대로 우매해진 상황에서 주위에 가장 강력한 네트워크들을 둔 사르코지가 권력을 획득했다.

그의 진영은 국민전선을 우스꽝스럽게 모방하면서 국가를 재건하겠다는 의지를 내세워 선거에서 승리했다. 하지만 당의 맹세는 그

걸 진지하게 듣는 사람들에게만 의미 있게 들릴 뿐이다. 실제로는 이 승리의 결과로 다음의 일들이 일어난다

나토가 코소보 통치자로 지명한 바 있던 베르나르 쿠슈네르가 외무장관이 됨으로써 외교 영역, 특히 중동과의 관계에서 전통적으로 균형 있는 정책을 유지하던 드골주의와 프랑스의 자주성이 궁극적으로 청산된다.

프랑스가 나토에 다시 편입된다. 드골주의의 전통을 배반한 다른 예다. 이로써 국가를 수호하는 데 있어 프랑스의 자주성이 종결되고 미국의 통제 하에 들어간다.

프랑스 국민이 국민투표에서 유럽연합 헌법을 거부했음에도 국회는 리스본 조약을 슬며시 비준한다. 국회는 유권자를 배반하기 마련이다. 곧 프랑스의 정치적 · 경제적 주권을 브뤼셀(EU 본부가 있는 곳—옮긴이)에 있는, 선거로 선출되지 않은 세계주의 관료집단에 넘겨준 것이다.

선거 시 국가의 안보와 정체성과 관련한 문제에 대해선 우파 중의 우파에게 유혹의 손길을 뻗치더니 선거 이후에는 그 유명한 "좌파에게 문 열어주기"를 한다. 베르나르 쿠슈네르, 자크 아탈리, 미셸 로카르, 아르노 클라스펠드Arno Klarsfeld, 에릭 베송Éric Besson 등을 입회시킨 것이다. 이 정부는 실제로는 자유주의, 대서양중심주의, 시오니즘의 종교적 연합체다.

외교 · 군사 · 경제 · 정치 영역에서 자주성을 상실했기 때문에 사르코지의 5년 임기 동안 프랑스 '민족'의 국가는 전체적으로 '제국'의 통제 아래에 놓였다.

보보와 자유주의자의 결합

구체제에서 결혼이란 서두르지 않고 치밀하게 진행되던, 왕족들의 연합 전략의 완결지점이었다. 마치 그때처럼 세계주의적이며 금융 편에 선 우리 우파의 왕 니콜라 사르코지가 보보의 공주인 카를라 브루니Carla Bruni와 결혼하게 된다.

이는 68년 5월 이래로 비밀리에 형성된 유명한 경제적 자유주의 · 정치적 자유주의의 결합(세계주의 사업을 진행한 우파들인 퐁피두, 지스카르, 로스차일드와 국제주의 문화좌파들인 크리빈, 쿠슈네르, 베르나르 앙리 레비가 구 드골주의자들과 프랑스공산당 연합이 모르게 공모한 것을 말한다)을 공식화한 것과 같다. 나아가 1990년대 이후로는 다방면에서 활약하는 제국의 요원 콩 방디의 주도 아래 경제적 자유주의 · 정치적 자유주의 이데올로기에 대한 요구가 노골적으로 거세진다.

그런데 이 보보와 경제적 자유주의자의 결혼은 보보 좌파의 성적 매력과 다른 사람의 시선을 끌려 노력하는 우파의 천박함을 결합시킨 것이지만 다음과 같은 사실도 의미한다.

하나. 정치적 자유주의가 모든 도덕적 규칙을 위반하게 되면서 금융이 거침없이 약탈할 토대가 마련된다.

둘. 브장스노 씨의 트로츠키적인 "상 파피에" 이데올로기는 프랑스기업운동이 이민자들을 선택적으로 고를 수 있도록 하기 위해 인문주의적으로 포장된 훌륭한 알리바이일 뿐이다. 하지만 차츰 투기적으로 변해가고 기업가정신을 잃어가는 자본주의 내에서 명백히 최대 이윤의 논리에 제약을 가할 수 있는 건 이전에는 드골주의자의 모라시슴(민족주의와 군주제를 지향한 샤를 모라스Charles Maurass의 이념. 저자는 이 글의 3장에서 모라스가 왕정주의와 국가주의를 현대적인 사상으로 만들었다고 평가한다—옮긴이)이었고 오늘날에는 브뤼노 골니슈Bruno Gollnisch(1950~. 프랑스의 정치인으로 국민전선의 지도급 인사이자 유럽연합의회 의원—옮긴이)가 구현하는 도덕적 우파다.

이제 보안의 자유주의로

정치적 자유주의에서의 자유주의는 엘리트층, 즉 노마드적 초계급과 새로 지위가 향상된 계급에게는 유리하지만 경제적 측면이나 (기업의 규제 완화, 공장의 해외 이전) 사회문화적 측면에서(만연한 성범죄, 민족 간 갈등) 서민에게 점점 가혹한 것이 되는 동시에, 앞으로는 차츰 보안의 자유주의로 변화할 것이다.

보안의 자유주의: 자유주의 체제는 세계주의 부르주아지를 위한 것이고 '국가'를 약화시킬 수 있는 일이라면 어떤 것이든 조장한다. 나아가 보안체제는 국민에게 문제가 되는 범죄자나 범죄조직이 아니라 세계주의 엘리트층에 반항할 능력이 있는 임금노동자와 중산계급을 감시의 대상으로 삼는다.

보안 자유주의 체제는 스스로가 유발시키고 계속 가중시키는 문제들(사회의 불안정, 시민의 불안)을 두세 가지 형식적인 법을 통해 해결하는 척하지만, 결국 그 법들은 항상 시민들만을 처벌한다. 왜냐하면 시민들은 벌금을 계속해서 지불할 수 있기 때문이다. 도로법규는 조직적인 강탈행위로 변했다. 공중보건이라는 명목으로 담배, 술과 같은 여러 가지를 금지하는 일이 일반화됐고 소수집단을 보호한다는 이유로 자유로운 의사 표현들을 검열하는 일이 증가했다.

보안체제는 임금노동자들을 감시의 대상으로 삼고 실제로는 최하위층과 약탈자들인 엘리트층의 범법행위는 결코 다루지 않는다.

궁극적으로 경찰과 소비의 사회를 만들어내기 위해서다. 이 세계는 우매한 소비자에 대해선 관용적이지만(성, 도박 등의 자유) 유럽 세계주의자들의 지휘 아래서 생산활동을 하는 시민에 대해선 억압적이다(과잉 규제, 수많은 영역에서 거둬들이는 세금과 벌금 등).

'신' 세계질서를 향해 가다

3년의 임기가 지난 후 사르코지를 중심으로 한 권력층이 CNR에서 도출된 "프랑스는 예외다"(프랑스의 자주성과 관련된 자국인들의 개념을 가리키는 용어. 정치적 측면에서는 반미국·반소련적 입장을 취한 드골의 정책이 이 원칙을 보여주고 있다―옮긴이)의 원칙을 무용지물로 만들었음이 밝혀지고 있다. 유럽연합을 통해 프랑스에만 남아 있는 특징을 '신' 세계질서에 굴복시키려 그러한 일이 일어난 것이다.

알랭 밍크에서부터 미셸 로카르까지 우리의 제국주의 엘리트들이 '신' 세계질서를 위기의 치료책이자 도달해야 할 국극적 목표로 적극 제시하며 점차 빈번하게 나서고 있다. 하지만 그 위기란 것은 세계주의의 과정이 문화를 파괴하고 자유거래를 보편화시키며 진행된 결과일 뿐이다.

제국의 과정이 진행되는 이 시점에서 세계화가 반드시 세계주의를 내포하는 건 아니라는 사실을 정확히 언급해 둘 필요가 있다. 세계화는 진보된 기술을 이용해 물질적이거나 비물질적인 것을 교환하는 과정으로 상호 간에 이성적으로 보호주의를 적용하는 국가들로 형성된 다양성의 세계에서도 일어날 수 있다.

반면 세계주의는 민족들을 해체한 다음 하나의 세계 안에 융합시키려 하고 세계정부를 설립하려 전념하는 일종의 이교도적 성격을 띤 이데올로기적 프로젝트다. 민족들을 해체시키는 것은 프리메이슨의 프로젝트인 '세계평화'라는 이념이다. 「창세기」에 등장하는 바벨탑의 우화를 다르게 해석하여, 인류가 탄생한 이후 '이 땅'을 피로 물들인 갈등과 전쟁들이 일어난 건 민족과 국민이 다양해서라고 간주하기 때문이다.

제1차 세계대전 이후 국제연맹을 통해 세계주의를 전파하려는 과정이 매우 활발히 진행됐다. 이 흐름은 두 세계대전 사이에 민족주의가 부상하며 저항에 부딪히지만, 1945년 이후 국제연맹을 계승한 유엔이 창설되고 그 유명한 「세계인권선언」이 채택되면서 다시 그 맥을 이어나간다.

세계이스라엘연맹Alliance Israélite Universelle 의장이기도 했던 르네 사무엘 카셍René Samuel Cassin이 기초한 「세계인권선언」(1948년 10월 10일)과 한곳에서 정착생활을 하는 민족, 곧 프랑스 '민족'이라는 구체적 맥락에서 문명화된 생활양식을 기준으로 인권을 고려한 1789년의 「인간과 시민의 권리 선언」이 같은 것인 양 자주 혼동되고 있다. 유대교·신교적 메시아주의와 짝을 이루는 앵글로색슨의 자유주의가 '프랑스의 보편주의'(프랑스혁명으로 생겨난 공화국의 이념을 가리키며 그 토대가 되는 것은 '자유, 평등, 박애' 사상이다──옮긴이)를 차츰 지배하고 있는 것이다.

따라서 제2차 세계대전 직후부터 우리는 두 가지 지배 이데올로기 시스템이 한곳에 정착해 살아온 민족과 국민들을 해롭고 파괴해야 할 것으로 간주하며 그들과 투쟁하는 상황에 있다. 두 가지 지배 이데올로기란 다음과 같다.

공산주의자들의 국제주의. 본거지는 러시아에 있었지만 1991년

12월 26일 사라진다.

미국의 자유주의적 세계주의. 소련의 공산주의와 드골 장군이 1969년까지 수호한 프랑스의 보편주의 두 가지가 모두 붕괴된 가운데 궁극적으로는 냉전을 통해 위대한 정복자로 탄생한 이데올로기다. 오늘날 서구에서 발견할 수 있는 유일한 보편적 모델이기도 하다. 하지만 오늘날에도 프랑스의 보편주의는 프랑수아 아슬리노 François Asselineau (프랑스 국민이 좌우파의 대립을 넘어 화합하고 프랑스를 유럽연합과 나토에서 탈퇴시키기 위해 2007년에 공화국민중연합Union Populaire Républicaine을 창립했다─옮긴이)가 주최하는 토론회에서 여전히 찾아볼 수 있다.

인권을 앞세우는 상업적 세계주의

이렇게 짧게나마 요약을 해놓고 보니 세계주의는 기술적으로 불가피하게 생겨난 것이 아니라 정치적 의지에서 생겨났으며 사실상 두 가지 과정이 결합되어 생겨났다는 생각이 든다.

한 과정은 실천적인 것이다. 이 실천은 상업적 이윤을 종교처럼 숭배하면서 인류 전체를 상업화의 대상으로 삼아 이뤄지고 있다.

다른 과정은 관념적인 것이다. 추상적인 인간의 권리에 관한 이데올로기를 내세운다. 인간의 권리를 내세운다는 이유 때문에 선한 정신의 소유자들에게는 세계주의가 정당한 것으로 비친다.

'인권 이데올로기'는 현실적인 인간들의 현실적 권리들과는 더 이상 아무런 관계가 없다. 현실적인 인간들은 항상 그들의 문화와 고국과 긴밀한 연관을 맺으며 살아간다. 예를 들어 국제 경기가 펼쳐지는 순간에 국민이 느끼는 열정이 있다. 올림픽, 월드컵 등은 그러한 연관성을 증명하는 예가 될 것이다. 그런데 어느 순간부터 인권 이데 올로기는 세계주의에 저항하려는 시도를 굴복시키기 위한 근본적인 도구로 쓰인다.

1999년에 나토는 작은 나라 세르비아에 폭탄을 투하한다. 미국 이 운전하는 세계주의라는 불도저에 저항했기 때문이다. 그러나 세 르비아는 자신의 문화와 역사를 지키려 했을 뿐이다. 이때 나토는 '인권'을 내세웠다. 이어서 인도주의적 개입의 권리, 다음에는 참 훌 륭하기 그지없는 의사인 쿠슈네르에 의해 군사적 개입의 의무가 제 기됐다.

오늘날엔 전체주의적이고 호전적인 '인권'이라는 이데올로기 때 문에 세계 도처에서 현실적인 인간들의 현실적 권리들이 묵살되고 있다. 유럽에서 세르비아인으로 살아가는 건 세르비아인들의 권리고 이와 마찬가지로 이란이나 아프가니스탄에서 이슬람인으로 살아가 는 건 이슬람인들의 권리다.

또한 '국가'와 국민 내부에서도 '인권'의 이름 아래 노동자와 중 산계급의 사회적 권리보다, 억압받는다고 하지만 그게 정말 사실인 지 의심스러운 소수계층의 사교적 권리가 더 중요시되고 있다. 이로 인해 사회에 전해 내려오는 전통적 유대관계들도 파괴되고 있다. 그 소수계층은 실제로는 효율적인 도구들이다. 페미니스트들의 권리, 게이들의 권리, 젊은이들이나 흑인들의 권리(이것들은 세계 문화world culture다)는 수많은 시장을 형성하며 이데올로기적이고 상업적인 세계 주의에 헌신한다. 1990년대에 광고전문가 올리비에로 토스카니Oliviero Toscani는 '유나이티드 컬러즈 오브 베네통'14 광고를 통해 그런 사실 을 아주 잘 예증했다.

결과적으로 다음과 같은 모든 저항은 굴복될 운명에 있다.

① 자신들의 생활양식과 독립성을 지키려 한 세르비아인들을 인류의 적으로 간주하지 않는 것.
② 게이들을 사회의 한 계층으로 간주하지 않는 것.

동성연애자들의 소속과 성격은 다양하다. 그러므로 그들을 스스로 압력단체라고 주장하는 집단의 일원으로만 한정시켜 생각할 수는 없다. 그리고 어쨌든 동성애는 개인적 취향의 문제이지 계층의 문제가 아닌 것이다.

요컨대 사이비 '인권'의 사기에 굴복하지 않으려는 모든 행위는 세계주의 권력층의 종교재판을 통해 아주 커다란 '인류에 대한 범죄'로 간주된다.

'인류에 대한 범죄'의 판결을 내려 피고소인을 인류 집단 밖으로 추방할 수 있다. 예를 들면 전후의 독일인과 일본인들, 오늘날에는 팔레스타인인들이 있다. 미래에는 이란인들이 그러한 일을 겪을지 모른다. 모두 인간 이하의 지위로 격하되고 그들 스스로는 그 유명한 '인권'의 혜택을 더 이상 받을 수 없다.

제국의 종교인 쇼아

인류에 대한 '범죄 중의 범죄'라는 잣대로 평가되어 영구적 위협이 된 히틀러에게로 소급하기는 독일의 국가사회주의 체제(1933~1945)가 유럽의 유대인들을 대상으로 자행한 탄압의 역사와 관계가 있다. 1980년대부터 미국 유대인들로 구성된 매우 강력한 압력단체들이 그 탄압을 '쇼아' 라고 재명명한다.

이 결과 그 사건은 '역사' 의 심각한 국면에서 "기억해야 할 의무가 있는 사건"이 되고 그때부터, 곧 사건이 일어나고 40년이 지난 시점부터 쇼아는 제국의 새로운 종교가 된다.

이 종교의 기본교리는 "더 이상 절대로 그런 일이 없기를!"이지만 실제로 함의하는 바는 다음과 같다. "앞으로 세계주의를 받아들여야 한다. 그렇지 않다면 아우슈비츠의 시대로 돌아가자고 주장하는 것과 같다." 또한 그 교리는 애국심에서 나온 모든 저항에 대해 저주 섞인 비판을 할 때도 쓰인다. 사람들이 찾을 수 없었던, 부활한 그리스도의 육체가 지녔던 지위를 이제부턴 가스실이 대신 차지하게 된 종교다.

제국의 폭력에 정신적으로 저항하기

스콜라 철학의 반계몽적 측면은 종교전쟁으로 이어져 유럽을 피로 물들였다. 그것을 극복하기 위해 생겨난 '계몽' 프로젝트는 루소의 감수성과 칸트의 '이성' 에 토대해 있었다. 그런데 이 프로젝트는 프리메이슨 사상에서 합일하게 되는 앵글로색슨계의 자유주의와 유대교·신교의 메시아주의의 압력 아래 최종적으로는 '인권의 반계몽주의' 로 퇴락했다.

'인권의 반계몽주의' 곧 우리의 기억에서 정형화된 '역사' 가 지닌 거짓된 측면과 '역사' 가 구체적인 인간 집단에 가한 구체적 폐해들을 비판하기 위해 이성을 사용하는 일이 이제부터는 금지된다는 걸 의미한다. 보편화된 가난, 조장된 불안, 폭력, 국민들이 지녔던 지적 능력의 쇠퇴가 그 구체적인 폐해들이다. 이 폐해들은 금융의 소수특권층이 주도한 전체주의적 세계주의가 진행되는 과정에서 생겨났다. 자신들의 이익만을 위해 모든 걸 희생시킨 바로 그 집단이 한 일이다. 만일 이것에 대해 비판한다면 신성모독과 이단으로 단죄를 받는다.

우리는 금전 독재가 기능하기 좋은 환경을 만들기 위해 민족과 국민을 해체하려는 교리 교육이 진행되는 상황과 마주하고 있다. 이른바 소수집단이라고 간주된 자들을 보호한다는 명목으로 다수의 사람들을 체계적으로 탄압하고 자유의 이름으로 많은 것들을 금지하는 일이 진행되고 있다.

인종의 존재(민족·문화적 공동체들 간의 차이)를 인정하는 일이건, 성적 불평등(남성과 여성의 차이)을 인정하는 일이건, 아니면 역사('역사'의 의미, 쇼아, 9·11 등)를 다른 시각에서 바라보는 일을 보편화하는 일이건 정치적으로 다른 일이 정신이상이나 이유 없는 도발인 것은 아니다. 오히려 그것은 솔직하지 않고 부조리한 전체주의 이데올로기와 대면해 여전히 자유롭고 건전한 정신이 복종하지 않겠다고 반응하는 것이다. 세계주의 '제국'의 폭력에 정신적으로 저항하는 것이다.

세계정부를 받아들이게 하려는 은밀한 작전들

반국가적 테러리즘만 있는 것은 아니다. 세계주의의 헤게모니를 쥔 "더 이상 절대로 그런 일이 없기를!"이라는 제국의 종교를 통해 "국경을 넘어서는" 다른 작전들이 마련되어 있다. 이것들은 동일한 목적을 향해 동시적으로 은밀히 시행되고 있다. 그 목적은 사람들이 미래의 세계정부를 '국가'와 정치적 차이를 넘어서는 "자연스런" 필연의 산물로 받아들이도록 하는 것이다.

환경오염, 바이러스, 테러리즘, 금융규제 완화 같이 명분은 매우 많다. 제국은 인류의 웰빙과 구제라는 명목을 내세우며 국민의 투표로 형성된 정부를 벗어나 그 이상의 것으로 나아가자고 요구한다. 그렇게 된다면 우리는 전 지구적 차원에서 선거로 선출되지 않은 전문가집단에게 모든 것을 내맡기게 될 것이다.

그렇기 때문에 세계주의 소수특권층은 『불편한 진실』을 이용한다. 그 책은 미 대통령 선거 때 모략에 빠진 건 아니었지만 불운한 후보자였던 엘 고어가 출간한 다큐멘터리 부류의 책이다. 생태주의는 1920~1930년대에는 보수주의자들의 이데올로기였으나 1970년대부터는 좌파 쪽에서 다시 설득력을 얻었다. 그들은 이 생태주의를 세계주의 환경 전략의 주축으로 삼는다.

IPCC(Intergovernmental Panel On Climate Change, 기후를 연구하는 유엔의 기관으로 1988년에 창립됐다. 마가렛 대처 정부는 영국의 탈공업화 정책을 정당화하기 위해 이미 이 기관을 이용한 바 있다)가 지원하는 생태주의 운동은 환경운동과 관련된 새로운 시장을 확장시키는 데 기여한다. 다니엘 콩 방디(좋지 않은 순간 때마다 어김없이 등장하는 인물이다!)같이 좌파의 국제주의에서 우파의 세계주의로 옮겨간 사람들은 서구사회의 국민들로 하여금 '기후온난화'의 주제를 덜컥 믿도록 만든 다음 생태주의의 새로운 시장을 부상시켰다.

이산화탄소 배출, 산업생산품 그리고 위험하다고 알려진 기후온난화 사이의 인과관계는 조작된 것이다. 이것은 미래의 세계정부가 '탄소세'(이 이름도 다른 것 못지않게 유명하다)를 부과할 수 있도록 생긴 것으로 보인다.

미디어는 대중에게 이 세금을 "오염을 방지하기 위한 것"으로 소개하지만 실제로는 골드만삭스의 병든 두뇌들에서 나온 것으로, 언제든 반복적으로 시행할 수 있는 경제적 약탈 같은 것이다. 곧 탄소 시장에서 이산화탄소를 배출할 권리에 대한 대가를 지불하라는 것이다. 궁극적으로는 우리가 들이마시는 공기에 대해서도 세금을 지불해야 할 때가 올 것이다!

미디어와 금융이 과학적 사기행각에 근거해 크나큰 조작을 했지만 다행히도 권력에서 독립해 있는 훌륭한 기후학자들이 공개적인 비판을 하고 있고 인도와 중국 같은 신흥강대국들도 조만간 그 과학적 가설을 거부할 것이다. 자연을 오염시킬 권리를 사고파는 새로운 투기 시장 뒤에는 자신들의 산업활동에 제동을 걸고 미래 자신들의 세계경제 패권에 대한 가능성을 견제하려는 미국이 있음을 분명히 파악하고 있기 때문이다.

환경을 내세워 세계를 전체적으로 운영하려는 시도가 진행된 이후, 이번에는 다른 유엔 기관인 세계보건기구(WHO)가 IPCC와 공모해 공공보건이라는 이름으로 같은 시도를 했다. 탄소세 대신에 새로운 만병통치약 H1N1 백신을 등장시킨 것이다. 이 약은 돼지 바이러스 질환으로 인한 세계적 유행병인 '전염병'(신종 인플루엔자 A. A형 인플루엔자 바이러스가 변이를 일으켜 생긴 새로운 바이러스로 신종플루라고도 한다─옮긴이)의 위험에 대항해 인류의 면역력을 미리 강화시킬 수 있다고 알려졌다.

약장수들이나 할 법한 사기다. 세계주의 소수특권층은 이런 수법을 이용해 국민들을 공포로 몰아넣고 여러 전체주의적 목적에 맞춰 그들을 움직이도록 할 수 있다. 가령 공권력으로 백신 접종이 의

무효화되고 집회를 갖는 일이 금지된다. 위기 때나 국민이 반항할 움직임을 보이는 시기에 유용한 조처들이다. 그런데 이런 모든 일을 하면서도 역시 비상식적이지만 막대한 이익을 남기는 일을 빠트리지 않는다. 정부들과 공모한 제약·화학 산업 로비단체는 이러한 전략을 통해서 엄청난 양의 타미플루(WHO가 인정하는 유일한 조류 인플루엔자 치료제. 신종 인플루엔자 A에도 효과가 있는 것으로 보고되었다. 스위스 제약사 로슈와 미국 제약사인 길리어드 사이언스Gilead Sciences가 합작 개발했고 로슈가 독점 생산하고 있다―옮긴이)를 판매했지만 실제로 그 약은 불필요한 것이었다. 다름 아닌 프랑스만 해도 10.6유로의 백신을 9천 4백만 개나 팔며 총 판매액이 수십억 유로에 이를 상황이었다. 다만 국민이 압력을 넣고 스캔들이 드러날 위험이 보여 최종적으로는 주문량과 가격이 반으로 줄었다. 하지만 그럼에도 납세자들이 낸 돈 가운데 5억 유로는 순전히 뜯겨야 했다!

타미플루의 판매권을 소유한 길리어드 사이언스의 주주인 도널드 럼스펠드―예전에 부차적으로 미 국방장관을 맡기도 했다―는 이런 전략을 통해 5백만 달러의 순수익을 거둬들였다.

이 사태가 매우 큰 스캔들로 발전하자 서구 국민들은 차츰 백신 접종 캠페인을 의심하고 있다. 불안을 느끼는 몇몇 사람들은 백신접종 캠페인이라는 명목으로 약을 이용해 세계적 차원에서 인구를 감소시키는 정책이 진행되는 것은 아닌지 의심한다.

그러나 세계 운영을 정당화하기 위해 거대한 금융집단의 도움을 받아 조직한 최초의 커다란 테러 관련 작전은 의심의 여지없이 2001년 9월 11일 펜타곤과 세계무역센터를 공격한 그 유명한 사건일 것이다.

이슬람 근본주의를 수단으로 삼은 소수특권층의 테러 작전으로 '제국'은 이라크, 아프가니스탄에서 테러와의 전쟁이라는 명목을 내세워 신식민주의적 평화전략을 정당화하고 다시 전개할 수 있었다. 내일은 이란이 그 대상이 될 것이다. 테러리즘은 추상적인 것에 불과한데도 '악'과 동의어가 됐고 그 옛 요원이었던 오사마 빈 라덴의 알카에다가 테러리즘을 상징하기에 이르렀다.

미국의 신보수주의자들은 '문명의 갈등'이라는 주제를 이용하며 제국을 향해 나아가는 토대로 삼았다. 다른 한편으로는 언제나 납세자들의 몫으로 돌아오는 군비를 확장하면서 로비활동을 한 군수산업체들에만 좋은 일을 시켰다.

끝으로 미국 내에서는 이 작전으로 말미암아 시민들에게 '근본적으로 민주주의적인 자유'를 보장하던 헌법 제1조가 사실상 폐기된다. 대신 미국 내 보안을 위한 '애국자법Patriot Act'이 발효된다.

9월 11일 사태의 공식적 전말이 발표되었지만 그것을 수긍하기엔 의심스런 측면이 너무 많다. 특히 세계무역센터의 건물 세 개가 붕괴된 것과 관련해 혼란스런 질문들이 제기되고 있다. 예를 들어 7번 타워는 비행기와 전혀 충돌하지 않았는데도 붕괴됐다. 펜타곤을 목표로 삼았다는 비행기는 발견되지 않았다. 그렇기 때문에 미국인의 50퍼센트 이상은 더 이상 그 공식 발표를 믿지 않는다. 지금은 다른 나라의 사회적 지위가 높은 사람들이 많이 생각하는 것처럼 미국과 이스라엘의 국가기관이 연루된 내부범죄로 생각한다.

'제국'의 주인들이 그토록 많은 작전을 벌이는 것은 그만큼 돈을 많이 벌어들일 수 있기 때문이다. 금융의 소수특권층은 이 세계의 모든 경제적 왜곡현상에 책임이 있다. 그들은 서구의 자본금들을 손에

넣고 중산계급을 몰락시키기 위해 일반적으로 '위기'를 이용해왔다. 이 위기는 특히 서브프라임 시장에서 촉발된 바 있다.

그 소수특권층은 자신들의 잘못을 후회하기는커녕 경제가 세계화된 현 국면에서 국가라는 존재는 이제 구시대적인 것이 되었다고 주장한다. 그리고 현재 자신들의 영향력 아래에 있는 정부들에게 통제 및 규제와 관련된 전권을 넘겨줄 것을 요구하고 있다.

미국에서 연방준비제도이사회가 창설됐을 때 이미 그런 경우가 나타난 것처럼(2장을 보라) 자신의 직업을 위해 불을 지르는 소방관 같은 이런 사악한 존재를 방임하는 것은 결국 여우에게 닭장 지키는 일을 맡기는 것과 같다.

지금부터 서구사회에서는 '제국'이 제한 없이 군림할 것이다

시장경제가 완전하게 금융 중심적이고 투기적인 경제로 일탈하면 그 경제에서 남게 되는 건 소수특권층의 강탈과 그들의 특권뿐이다. 궁극적으로 일반인들이 부를 창출하는 일은 불가능해진다.

이렇게 되면 노멘클라투라의 관료주의적 독재 당시 소련 공산주의에서 일어난 것과 매우 유사한 경제의 경화증이 일어난다. 최종적으로는 길을 거슬러 올라가 구소련을 황폐화시키고 완전히 마비시키던 상황에까지 이른다.

외면적으로 '제국'은 전능한 것처럼 보이지만 국민의 커지는 원성과 비참함에 대면하면 선전활동과 경찰의 탄압을 통해서만 그 체제를 유지할 수 있다. 또한 '제국'이 민주주의와 경제 제도의 측면에서 권력을 지녔지만 정당성을 인정받지 못하는 이 단계에서, 소수특권층은 아주 중대한 인구문제와도 대면해 있다.

소수의 멤버들이 점점 수가 증가하고 또한 보편화된 위기에 몰려 차츰 반항할 태세를 보이는 세계 사람들을 지속적으로 통제하려면 어떻게 해야 할까?

매우 중요한 내용이다. 이 문제를 해결하기 위해 노마드적 초계급의 두드러진 인물인 자크 아탈리는 내부 회의에서 그의 엘리트적 공동체(자크 아탈리가 유대인이기 때문에 유대공동체를 가리킬 것이다—옮긴이)의 인원을 1천3백만 명에서 2억 명으로 증가시키기 위해 개종 절차를 단순하고 용이하게 만들자고 제안했다.

고故 아론 루소의 말에 따르면 또 다른 소수특권층인 닉 록펠러는 다른 해결책을 제시했다. 반대로 일련의 인구감소 정책을 통해 세계인구를 획기적으로 줄이는 것이다. 대중의 수를 적어도 2분의 1 감소시키면 소수특권층의 엘리트들이 지금의 비율대로 그들을 계속 지배하고 통제할 수 있다는 생각이다. 아마도 그 정책은 앞서 언급한 세계를 운영하려는 작전들과 매우 비슷한 방식으로 시행될 테지만 더 광기어린 것이 될 것이다. 곧 계획적 기근, 약으로 대중을 중독시키기, 전쟁의 보편화다.

이상에서 언급한 믿기 어려울 만큼 불평등하고 폭력적인 세계관은 헬레니즘·그리스도교의 인문주의 정신을 가진 사람들에게는 광기로 보일 것이다. 하지만 앵글로색슨계의 엘리트층이 가진 유대교·신교의 메시아주의에는 부합하는 세계관이다. 역사적으로 시오니즘 프로젝트와 제국주의 미국을 만들어낸 것도 그 메시아주다.

앞으로 서구사회에서는 이 제국주의적 세계관과 폭력에 대적할 만한 사상적 세력이 더 이상 나타날 수 없다. 대안이었던 가톨릭은 바티칸Ⅱ 이후로 인권을 내세운 제국과 결탁했다(1장을 보라). 내부적 모순을 해결할 수 없었던 소련과 더불어 공산주의 유토피아는 종말을 맞았다. 드골이 축출된 이후 프랑스 엘리트들은 '제국'을 위해서 프랑스의 보편주의를 배반하고 있을 뿐이다.

7.

제국의 지배에서 벗어날 수 있을까?

"이런 사회에서는 다름 아닌 성공이 신의 선택으로 보일 수 있다.
경제적인 것으로 거의 모든 것을 평가하게 될 시대에는 신의 선택이란
부와 번영을 의미하게 될 것이다. 여기서 우리가 앞서 언급한
타락한 전도 현상의 여러 모습 가운데 하나가 매우 명확하게 나타난다.
사실상 칼뱅의 이론은 승리라는 고대의 신비주의 이론을 물질주의적이고
이교도적인 방식으로 모방한 것임이 드러난다. 한동안은 상인 집단이 부상할 때
그 이론이 윤리적·종교적 정당성을 제공할 것이다.
제3신분인 그 집단은 스스로가 만든 서클 내에서 활동하는데
그 서클이란 현대의 거대한 민주정체들과 자본주의다."
— 율리우스 에볼라, 『현대 세계에 대한 반항』

"국제사회에 가슴 없는 자본주의와 특정 그룹의 취향을 강요하고
세계화와 제국을 위해 그 그룹의 권력을 강요하는 것이 가능하던 시대는 지났다.
한 가지 도덕의 시대, 가변하는 원칙의 시대, 국민을 경멸하던 시대는 끝났다.
몇몇 정부들이 원한 결과가 강요되고 가장 사악한 위협과 계략을 숨기고 있는
자유의 이름으로 정의를 추구한다는 피상적 이유에서
그 정부들의 존재 양식만이 민주적인 것으로 제시되는 것,
또한 독재체제가 민주체제로 제시되는 것은 정당하지 않다."
— 아흐마디네자드 대통령의 연설, 2009년 9월 24일 제64차 유엔 정기총회

'제국'에 대항할 이슬람?

서구사회의 다른 정신적 세력들, 곧 가톨릭, 공산주의, 프랑스의 보편주의 등 헬레니즘·그리스도교의 정수를 담고 있는 세력들이 모두 붕괴된 이후 포스트지중해 영역에서 아직까지 '제국'에 완전히 굴복하지 않고 남아 있는 마지막 세력은 이슬람 세계인 듯하다.

우리는 신학적 논쟁을 할 필요가 없을뿐더러 그런 논쟁을 펼 능력이나 권한도 없다. 반면 정통주의 교리를 강제적으로 전파하는 사제단도 없고 1924년 이후로 칼리프도 두지 않았으며 특정한 정치체제를 강요했던 투르크 제국도 망한 이 복잡한 이슬람교 내에서, 프랑스와 유럽의 이해관계와 관련된 두 가지 큰 흐름을 구분할 필요가 있다.

저항하는 이슬람 세계와 협력하는 이슬람 세계

일관된 체계를 갖춘 '제국'에 저항하는 이슬람 세계는 이란을 중심으로 상호 연결되어 있고 거기에는 레바논의 헤즈볼라와 팔레스타인의 하마스도 포함되어 있다.

저항하는 이슬람 세계의 모습은 마흐무드 아흐마디네자드 대통령의 연설과 행동을 통해서 완벽하게 표현됐다. 그는 베네수엘라의 대통령 우고 차베스와 연대해 볼리비아 혁명을 지지했으며 시리아의 바스당 정부와도 협력 협정을 맺었다. 그리고 팔레스타인 수니파의 전투요원들에게 물자를 지원했고 유엔의 연단에서 9 · 11 사태 공식 보고서의 내용을 반박하기도 했다. 제국이 명분으로 내세우는 '문명의 충돌'이라는 함정에 발을 들이지 않으려는 진정 반제국주의적이고 반시오니즘적인 정치다.

이란의 반대편에는 다른 이슬람 세계가 있다. 그 세계는 근본적으로 반서구적 이념을 가진 것으로 소개되지만 미국과 사악한 파트너십을 맺어 '문명의 충돌'이라는 유희에서 완벽한 역할을 해내고 있다.

세계 곳곳에서 그 유희를 조장하고 자금을 지원하는 사우디아라비아 군주정은 사실상 1945년 이븐 사우드Ibn Saoud와 프랭클린 D. 루스벨트가 맺은 퀸시 협정The Quincy Agreement으로 미국과 공모관계이면서도 미국에 완전히 종속되어 있다. 와하브파 체제(와하비즘wahhabisme을 이념으로 삼고 있는 사우디아라비아 군주제—옮긴이)는 그 협정을 통해 석유를 미국에 아주 저렴한 값에 제공해주는 대가로 군사적 보호를 보장받았다. 1973년 이후 오일달러 시스템이 가동되자 두 국가 간의 군사적 · 경제적 파트너십은 더욱 강화된다.

반면 오사마 빈 라덴의 알카에다, 보다 일반적으로는 '이슬람 극단주의'가 생겨난 근원적 이유는 근본주의 이슬람 세계와 '제국' 간의 갈등 때문이다. 유럽에서 '이슬람 극단주의'는 이슬람인과 그리스도교인들을 반목시키는 것을 목표로 삼고 있다. 나토가 코소보의 분리를 원하게끔 만든 것이나 프랑스 국내에서 이슬람 여인들이 관습

대로 천을 두르도록 적극 권유한 것이 그 예다. 하지만 결국 이러한 일련의 일들로 큰 이익을 남기는 건 '제국' 뿐이다.

다양한 국가들의 세계가 희망이 될까?

미국의 헤게모니와 대면해 '제국'에 저항할 수 있는 다른 세력은 어떤 국가들의 연맹체. 이 세계가 다양성을 지닌 다른 세계질서를 희망하게 만든다.

먼저 블라디미르 푸틴이 러시아의 권력을 쥐면서 저항이 시작되고 가능해졌다. 1991년 소련 붕괴 이후 프랑스의 사르코지 같은 인물인 보리스 옐친은 러시아 연방을 미국의 통제권 안으로 완전히 넘기며 배반한다. 그러나 2000년부터 푸틴은 이런 현실에 종지부를 찍었다.

이로써 '제국'에 저항할 능력이 있는 한 세력이 생겨났다. 이 영향으로 우선 2001년에 '상하이 그룹'이 창설되고 이란과 베네수엘라도 전면에 나서서 '제국'에 복종하기를 거부할 수 있게 됐다. 브라질에 이어서 터키 같은 큰 나라들도 보다 조심스럽기는 하지만 제국에 불복종하는 태도를 취한다.

하지만 '제국'과 전면적으로 대립할 수 있는 이 국가는 불행히도 드미트리 메드베데프가 대통령으로 당선된 이후 부분적으로 그 능력이 훼손되고 있다.

한편 '제국'과 여느 국가와는 다른 관계를 맺는 국가가 있다면 그것은 중국이다. 그런데 중국은 세계주의를 지향하는 새로운 초강국으로서 미국의 제국주의를 계승할 능력이 있는 후보이긴 하지만, 내수가 국내의 공급량을 소화하지 못하는 한 경제적 측면에서 미국의 파트너로 남을 수밖에 없는 존재다. 미국은 중국이 생산하는 것을 외상으로 사들이고 있다.

이렇게 두 국가는 경쟁하는 동시에 상호보완적 관계를 맺고 있다. 그러나 모든 측면을 고려할 때 군사적인 면을 제외한다면 결국에는 중국이 승자로 남을 것이다. 하지만 프랑스와 유럽에 대해선 한 국가의 제국적 지배가 단순히 다른 국가의 지배로 대체될 위험성이 매우 커지는 일이다.

새로운 제국의 출현이긴 하지만 그럼에도 아브라함의 일신교가 우리 지중해 세계에 우월한 영향력을 행사한 1,700년의 시간은 끝이 날 것이다.

그런데 만일 미국 국민들이 반항한다면?

중국, 더불어 인도의 부상. 그러나 산업경제의 패권이 이렇게 유라시아 쪽으로 이동하면서 어떤 일이 일어난다 해도 미국 내부에서 일어날 반항만큼 큰 타격을 주지는 못할 것이다. 곧 1913년 이후로 세계지배 활동이 진행되었고 연방준비제도이사회가 창설된 본거지(2장을 보라)에서 반항이 일어난다고 생각해보라.

미국 국민이 반항할 가능성도 적지 않다. 아니 심지어 크다고 말할 수 있다. 미국 국민이 반항한다면 이 반항은 산업 측면에서는 물론 국제관계 측면에서 궁극적으로 나라를 황폐화시킬 것이다. 그 반항을 주도하는 계층은 국적 없는 금융의 소수특권층에 대항하는 중산계급일 것이다. 이들은 국수적인 일부 계층인 WASP 엘리트들의 지배권 아래서 점차 극빈을 경험하고 있다. 그런데 현실적으로 두 영역에서 반항의 징후가 매우 커지고 있다.

경제: 조상 대대로 미국에 정착해 살아왔으며 앵글로색슨계 신교의 기본정신(역사적으로 이 정신을 구현한 인물은 헨리 포드다)을 잇는 기업가들이 파트너에서 완전한 약탈자로 변한 월 가의 투기세력에 대항해 차츰 반항하는 추세다.

외교: 금융의 소수특권층은 의회에 대한 지배력을 통해 이 영역에까지 영향력을 행사했다. 그리고 지금껏 미국은 이스라엘을 무조건 지지했다. 하지만 이란과 관련해서는 이러한 정책이 미국의 이익에 저촉된다는 것이 차츰 드러나고 있다. 또 지미 카터 같은 민주당 출신의 중요 인물들이나 론 폴Ron Paul 같은 공화당 출신의 중요 인물들의 반발도 커지고 있다.

2009년 두 명의 미국 대학교수 스테판 월트Stephen M. Walt와 존 미어슈아이머John J. Mearsheimer가 출간한 『이스라엘의 로비단체와 미국의 외교정책The Israel Lobby and U.S. Foreign Policy』은 이러한 정치적 반발의 분위기를 종합적이고 완전하게 정리해 보여주었다.

미국인들이 제국에 반항한다면 이는 개척인들의 미국이 1913년 이래로 전능을 쥔 월 가의 악덕자본가들에게 복수를 시작하는 신호가 될 것이다. 또한 미국의 독립 이후 진정으로 애국적인 미국인들(2장을 보라)이 '도시' 런던에서 출현한 국적 없는 소수특권층들에 대항해 총성 없이 펼쳐온 그 투쟁을 이어나가는 일이 될 것이다.

'제국'과 대면한 프랑스

경제를 약탈하고 사회를 조작하여 민족적·종교적 차원에서 영향을 미치는 이 제국주의의 야만적인 환경에서 프랑스는 경제적이고 종교적인 측면에서 최전선에 있다. 소수특권층이 앵글로색슨계의 신자유주의를 통해 프랑스의 사회적 모델을 해체하려 하고 있기 때문이다. 또 정교분리와 동화정책을 시행하는 프랑스공화국 내에 유럽에서 가장 큰 이슬람공동체와 유대인공동체들이 있기 때문이다.

경제적이고 사회적인 측면에서는 "프랑스는 예외다"의 원칙을, 사회적이고 문화적인 측면에서는 "프랑스의 보편주의" 원칙을 위협하는 긴장과 위험이 매우 많다. 이런 상황이 아주 위험한 사태로까지 이어질 수 있기 때문에 몇 가지 내용을 분명하고 확실하게 짚고 넘어가야 한다.

좌파/우파'의 거짓

우선 '좌파/우파'의 구분과 관련된 거짓이 있다. 사르코지가 선출된 후 더 이상 좌파도 우파도 없다는 논리가 증명된 것처럼 보인다. 피용 정부가 좌파에 문을 개방한 것은 자유주의자와 대서양중심주의자들의 신성한 결합을 강화시켰다는 걸 의미했다. 그렇다 해도 경제와 사회문제의 관점에서 바라볼 때 사회당의 보보 좌파들과 사르코지라는 인물을 중심으로 허울에 불과한 보안을 내세우는 자유주의 우파들 사이에는 더 이상 큰 차이가 없다.

그리고 보안 문제 때문에 좌익 급진주의자에게 사르코지가 우파로 보인다 할지라도(그런데 보안 문제에서 보면 그에게는 우파가 될 자격이 없다. 그의 보안 정책은 자동차를 소유한 백인 프티부르주아지에게만 적용된다) 민족주의 우파에게 그는 좌파로 보인다. 사르코지는 인권 지상주의자 및 반인종주의자로서 기껏해야 프랑스의 토니 블레어일 뿐이다.

사실상 오늘날에는 다음의 두 가지 사실이 모두 진실이라고 말할 수 있다. 하나는 이 체제의 모든 정치인들이 좌파적 경향을 갖고 있다는 것이다. 모두가 속지주의, 게이의 결혼 등에 찬성한다. 다른 하나는 모든 정치인들이 우파적 경향을 갖고 있다는 것이다. 시장경제가 정치적으로 완전한 지배력을 갖는 것에 모두 찬성한다.

그런데 이렇게 좌파와 우파가 혼동되는 것은 그들에 대한 정의가 혼동되었기 때문이기도 하다. 그러므로 우리는 좌파와 우파를 정의하는 데 두 가지 방식이 있다는 걸 상기할 필요가 있다.

먼저 역사적으로 우파적 정의가 있다. 이 정의는 구체제 때 생겨나 현재의 우리에게까지 전해오고 있다. 이 정의를 따르는 사람들은 우파에게서 영예, 도덕, 옛 사람들에 대한 존경심, 서열의 존중 같은 긍정적 가치를 본다. 이런 관점에서 볼 때 좌파는 확산되는 정치적 자유주의를 통해 그런 가치를 파괴하는 정치집단으로 간주된다. 프랑스혁명이 그 자유주의의 결과다.

이러한 생각을 따를 때 자유주의, 그중에서 도덕과는 무관한 자유주의의 계산된 가치들, 옛 질서를 파괴하는 행위는 악과 비슷한 것으로, 좌파와 비슷한 것으로 간주될 수밖에 없었다. 그런데 스스로를 전통적 우파에 속한다고 생각하는 사람들은 우파로서의 의무를 이행하고자 경제 자유주의와 전면적으로 연합하며 바로 그런 전통적 관점을 망각하는 경향이 있다!

다음에는 마르크스주의와 10월 혁명으로부터 전해진 좌파적 정의가 있다. 이때 좌파와 우파를 정의하는 기준은 '자본'과 '노동' 사이의 관계다. '노동'을 지지한다면 좌파적이고 '자본'을 지지한다면 우파적이다.

이 정의를 잘 이해한다면 중소기업주는 좌파적이다. 생산활동을 중시하기 때문이다. 반대로 프랑스기업운동의 주주는 우파적이다. 이자수익으로 살아가고 착취와 기생 생활을 하기 때문이다. 그런데 오늘날에는 좌익 급진주의자건 전문적인 수당생활자건, 모두가 유한 계급 가문의 자식들과 비슷하게 행세한다.

지나가는 길에 다음의 사실도 지적할 수 있다. 프랑스혁명이 내 세운 가치들은 형식적으로는 좌파적이다. 알다시피 추상적이지만 공 개적으로 선언한 평등주의에 입각했기 때문이다. 그런데 실제로는 우파적이다. 왜냐하면 당시 부상하던 경제적 자유주의가 승리했기 때문이다. 이러한 이유 때문에 그 가치들은 두 진영, 곧 민중과 가까 운 좌파 진영과 부르주아지와 가까운 우파 진영 사이에 놓인 문제를 깨끗하게 해결하지 못하고 있다. 프랑스가 계속 혼돈을 겪는 것은 바 로 이런 이유 때문이다.

이렇게 처음으로 좌파와 우파를 명확하게 구분해보았는데 다음 과 같은 결론이 나온다. 도덕적 가치와 노동의 세계를 동시에 지키려 는 민중운동은 전자의 정의를 따를 때는 우파적이고, 후자의 정의를 따를 때는 좌파적이다.

이런 사실이 더 이상 좌파도 우파도 존재하지 않는다는 의미는 아니다. 모든 것이 나름대로의 가치가 있다는 뜻은 더더욱 아니다. 더 깊게 생각하면 경제와 사회를 발전시키려는 좌파와 연맹할 수 있 는 도덕적 우파가 존재한다는 것을 의미한다. 거꾸로 생각하면 가장 최근에 등장했으며 가장 야만적인 경제적 우파의 이데올로기적 조건 인 도덕 없는 좌파도 존재한다는 의미가 된다.

이것은 프루동의 사상에서 출발해 68년 5월, 소비의 사회, 그리 고 그 유명한 경제적 자유주의·정치적 자유주의에까지 이른 도정을 관찰하면 이해할 수 있는 내용이다. 경제적 자유주의 · 정치적 자유주의는 오늘날 보보 좌파의 이념이다(4장을 보라). 이들은 68년 5월까지 CNR에 의해 결합되어 있던 사회적 좌파와 도덕적 우파를 동시에 파괴하려는 사업가들의 우파를 위해 활동한 사교계 좌파였다.

그렇기 때문에 경제적 자유주의 · 정치적 자유주의의 역할은 다음의 두 진영을 동시에 완전히 무력화시키는 것이었다.

① 당시 프랑스공산당이 구현하던 사회적 좌파.
② 같은 시기에 드골과 모라스적인 문화적 가치들의 세계가 구현하고 있던 도덕적 우파.

금전권력을 위해 두 진영이 파괴되었다. 이로써 스스로를 "68년 5월의 파리아들"이라고 부른 이들 곧 퐁피두와 콩 방디의 연합과 이를 뒤이은 지스카르와 베르나르 앙리 레비의 연합이 정치적으로나 사회적으로 믿기지 않을 만큼 커다란 성공을 거두었다.

노동을 위한 좌파와 가치를 위한 우파의 결합

앞선 분석에 비추어볼 때 가치의 우파와 금융의 우파 사이에는 어떤 공통점이 있을까?

사실 각자의 사회그룹에 의한 정치적 지배를 주장한다는 것 이외에는 어떤 공통점도 없다. 현실적으로도 그 두 사회그룹은 양립할 수 없다. 전자는 도덕적 질서와 이전 시대의 서열 관계에 토대해 기능한다. 후자는 이윤의 법칙이라는 현대적이고 완전한 무도덕주의에 입각해 기능한다. 그리고 그들은 모든 출세주의, 문화적 쇠퇴, 사회적 유동성의 통로다.

정치적 지배를 위한 목적에서 이 두 그룹이 결합한다면 지배수단을 지니지 않은 전자는 자신의 가치들 가운데 어떤 것도 공유하고 있지 않은 후자에 종속된다. 자유주의자들은 민중에 대항할 많은 인적 자원이 필요할 때마다 매번 그 유명한 '우파의 연합'을 주창하며 미숙한 사람들을 이용하곤 했다. 그런 다음에는 그들을 정복하고 권력의 지위에서 쫓아냈다. 역사가 그러한 사실을 보여주고 있다.

곧 금전세력이 중산계급의 가치들을 지키려 한 존중받을 만한 우파를 계속 조종했는데 역사적으로 그 금전세력 자체는 좌파로부터 생겨났다.

물론 "좌파를 봉쇄하기 위한 우파의 연합"이 어리석고 거짓되기는 하지만 그보다 덜 어리석지도 덜 거짓되지도 않은 것이 "우파를 봉쇄하기 위한 좌파의 연합"이다. 지금 장 뤽 멜랑숑이 내세우는 것이 이 명분이다.

그럼에도 멜랑숑은 프랑스공산당과 노동자총연맹(CGT: Confédération générale du travail)의 하위조직이 여전히 수호하는 노동계층의 좌파에게 콩 방디 같은 자유주의적이고 사교계적인 좌파가 경제적, 사회적 측면에서 최악의 적이라는 사실을 매우 잘 알고 있다.

우리는 매우 냉정한 분석을 통해 논리적이고 정치적으로 다음과 같은 결론을 이끌어내야 한다. 좌파와 우파의 대립이라는 현상은 금융의 우파와 정치적 자유주의를 추구하는 좌파 간의 연합을 은폐하는 거짓된 대립이다. 이와 대칭이 되는 노동계층을 보호하는 좌파와 가치를 지키는 우파의 연합만이 그들에 대항하는 진정한 반대세력이 될 수 있다.

민중의 신성한 연합을 방해하는 반파시즘의 메커니즘

금전세력에게 필요한 일은 미디어와 매수한 지식인들을 이용해 (3장을 보라) 좌파와 우파의 대립이라는 환상을 지속적으로 유지하는 것이다. 그럼으로써 프롤레타리아와 중산계급이 파괴력 있게 결합할 가능성을 확실하게 차단하는 것이다. 1945년 이후로 '반파시즘 조약'을 통해 좌파와 우파의 대립은 가장 중요한 사안이 되며(전체주의를 막기 위해 제도적인 양당 혹은 복수정당 구도가 필요했다―옮긴이) 인위적으로 유지됐다.

그런데 이때부터 반파시즘에는 그 대상인 파시스트가 없었다. 하지만 대서양중심주의 자유주의자와 공산주의자들은 제2차 세계대전의 패전국들을 감시하며 권력을 나눠 갖고 은밀한 연합을 이루는 데 성공한다. 그리고는 68년 5월 이후로 공산주의자들은 좌파의 트로츠키주의자들로 대체된다.

파시스트 없는 반파시즘은 글자 그대로 교화와 선전을 하고 정신적 공포를 주입하는 수단이다. 이 때문에 오늘날 경제시스템이 명백히 비상식적인데도 제국은 선거를 통해 자신들의 파시즘을 여전히 유지하고 있다.

오늘날 '자본'은 가장 기생적인 방식으로, 곧 산업활동에 직접 참여하지 않고 금융시스템을 활용하여 지배하고 있다. 결과적으로 민중은 착취당하고 극심한 가난을 경험하며 제국에 예속된다.

유권자들은 속고 또 속아도 단결하기 힘들다. 그들이 제제를 가할 수 있는 방법은 시스템적으로 허용된 투표뿐이며 그것은 무기력하기 짝이 없다. 2007년에는 사르코지의 우파에게 한 표, 2012년에는 스트로스 칸의 좌파(?)에게 한 표. 결국엔 1969년 이래로 겉모양만 다른 똑같은 정치가 교대로 나타나는 것이다.

사회의 긴장감을 '금융'의 세계주의에 유리한 방향으로 전환시키기 위해 반파시즘을 이용한 좌파와 우파의 거짓 대립이 유지되었다. 이 연출극에 이어 위기를 민족문제와 관련시키며 민족적·종교적 긴장감을 이용하는 일이 일어나고 있다. '노동'과 '자본'이 대립하는 것보다는 모두 사회의 하위층에 속하는 '아랍인'과 '본국인'이 대립하는 게 낫기 때문이다.

사회적으로 문제가 됐던 의문을 제거하기 위해 미테랑 시대 이후로 반인종주의를 통해 노동계층을 죄악시하는 일이 일어난 것이다. 곧 반식민주의를 명분으로 제도적인 반인종주의가 들어선다.

식민지화, 프랑스의 보편주의에 대한 배반

반인종주의라는 연출극을 비판하는 것이 인종주의를 복귀시키자고 주장하는 것은 아니다. 마찬가지로 좌익 급진주의자의 반식민주의를 비판하는 것이 식민지화를 옹호하는 것은 아니다.

훨씬 더 명료한 시각을 가질 필요가 있다. 좌파적 프리메이슨 출신인 제3공화국의 식민주의자들이 이념으로 삼았던 건 프랑스의 보편주의였다. 이와 관련해 말하자면 당시의 식민지화는 거짓된 행위였고 실수였다.

거짓된 행위라는 것은 다음의 이유 때문이다. 쥘 페리는 의회에서 다음과 같이 선언했다. "우수한 인종은 열등한 인종에 대해 권리를 갖고 있으며 우리는 이 권리를 행사하는 중입니다. 그런데 이 권리가 어떤 특별한 변화의 과정을 거쳐 문명화에 대한 의무가 되기도 합니다." 그러고는 쥘 페리는 다음과 같이 덧붙이는데 여기서 그의 사상이 더욱더 명확하게 나타난다. "저의 정치학은 평화적인 확장 이론이 아닙니다. 그것은 전쟁을 통한 확장 이론입니다. 저의 정치학은 세계 도처에 계속 전사들을 파견하는 것입니다." 이런 식민지화에서 식민지 주민들은 시민 평등을 이룩할 수 없었고 오히려 원주민 통치 제도가 시행됐다. 오늘날 팔레스타인 주민들이 처해 있는 사회적 상황과 거의 비슷한 일이 일어난 것이다!

실수라는 것은 다음의 이유 때문이다. 그렇게 식민지를 시장의 활로로 삼는 성급한 정책을 시행하면서 프랑스의 경제적 · 기술적 능력은 쇠퇴하기 시작했다. 이와 대조적으로 비스마르크가 이끌던 독일은 유럽 시장의 수요를 충족시키는 편을 택했다.

정교분리적이고 공화주의적인 좌파의 식민지화였다. 그런데 지나가는 길에 언급을 하면 리요테Lyautey 원수의 군주제적 · 가톨릭적 우파는 이 정책에 반대했다.

최종적으로는 다음과 같은 이유 때문에 프랑스의 식민지화 정책은 더욱더 옹호할 수 없다. 당시 식민주의자들이 프랑스혁명에서 나온 평등과 박애의 가치를 위해 식민지화를 행한다고 주장한 것이다. 반면 영국인들은 보다 솔직하게 상거래와 왕을 위해서라는 이유로 식민지화를 완수했다.

프랑스 식민지화 정책의 거짓 행위는 클레망소가 상기시키듯 1870년 독일과의 전쟁에서 패한 굴욕감을 잊으려는 제국적 오만함에서 그리고 자크 마르세유Jacques Marseille(1945~2010. 경제역사학자. 젊은 시절에는 좌파였지만 후에 경제 자유주의와 자본주의를 지지하는 이념으로 전향했다. 그는 프랑스 좌파의 대표자격인 사회당이 사회평등을 실현하는 데 무능력했다고 비판하며 책임감 있는 우파가 좌파보다 더 사회평등을 잘 실현할 수 있다는 논리를 폈다—옮긴이)가 깊이 분석했듯 위법적 상거래를 위해서 생겨났다. 그런데 이 거짓 행위에 이어서 식민지해방 정책이라는 또 다른 거짓 행위가 생겨난다.

식민지해방이란 공화정의 외양을 유지하는 데 필요한 도로, 병영, 쥘 페리가 소중하게 여긴 '문명'을 상징할 여타 인프라들에 들어가는 비용을 반인종주의라는 명목 아래 더 이상 지불하지 않는 것이었다. 이 결과 다국적기업들만 혜택을 보았다. 그 기업들은 계속 원료를 채굴하고 불평등한 거래를 할 수 있었다.

이는 보다 은밀히 진행됐고, 최종적으로는 보다 수익성 있는 성공적인 식민지화다. 이를 '프랑사프리크Françafrique'라고도 부른다. 다음의 사실도 잊지 말자. 이런 식민지화가 진행되는 동안 제국주의 엘리트들은 독립주의 성향의 엘리트들에게 항상 파이의 좋은 부분을 분배해줬다. 이 엘리트들은 그 대가로 가장 중요한 사안인 독립 운동을 탄압하는 것에 침묵과 협력으로 공모했다.

반인종주의의 이면, 혼혈의 이데올로기

반인종주의는 정상적인 것도, 생산적인 것도 아닌 이념이다. 그것으로 인해 부당한 비판을 받는 백인이나 백인을 영원한 식민지 착취자로 보는 흑인이나 모두 인종적 증오감에 빠지기 때문이다. 그리고 그것의 이면엔 혼혈의 이데올로기가 숨어 있다.

세계주의가 인종에 접목된 이 이데올로기는 양 문화의 가장 훌륭한 부분이 서로 상승 효과를 일으켜 장고 라인하르트Django

Reinhardt(1910~1953. 벨기에 출생의 프랑스 재즈기타 연주자. 독특한 기교와 광시곡 스타일의 기타 솔로로 유명해졌다—옮긴이) 같은 침묵의 재즈를 창조해내는 이데올로기가 아니다. 그것은 서로 섞이도록 강요하여 모든 토착 문화를 파괴하고 혼돈과 무지의 용광로를 만들어내는 이데올로기다.

그래서 운동복과 챙 달린 모자로 화려하게 외양을 꾸민 젊은 패거리들을 어디서나 볼 수 있게 만든 그 경제적 자유주의의 세계문화가 태어났다. 이 문화는 북아메리카 게토 내 각 민족의 갱들(민족은 다르지만 모두가 유사한 방식으로 행동한다)의 생활에서 매우 혐오스런 양상을 띤다. 혼혈은 우리가 본국인으로서나 원주민으로서 모두 경험하는 세계주의 식민화의 과정이다.

반인종주의는 혼혈 옹호론으로 이용되지 않을 때는 집단주의 옹호론으로 이용되고 그 목적은 전자만큼 사악하다. 그리고 여성들, 젊은이들, 게이들에 이어서 "구성원이 어느 정도 많은 소수민족들"을 위해 운동을 하겠다고 주장하는 "다양성의 정치"는 실제로는 파델라 아마라와 라마 야드Rama Yade 같은 몇몇 '협력자'와 '심부름하는 껌둥이들', 일단 소용없게 되면 다시 무명의 존재로 내쳐버릴 몇몇 인간들을 앞에 내세운다.

인종들을 토대로 사회적 관계들을 재구성하겠다는 의지는 위기의 순간에는 민족들 간의 긴장감을 강화할 뿐 아니라 신자유주의 체제 내에서 사회적 평등이 보편적으로 쇠퇴하고 공화주의가 정상적으로 작동하지 않는 현실을 은폐하는 데 이바지할 따름이다.

더 나아가 전 유럽에서는 제도적 반인종주의가 반이슬람주의의 형태로 복귀한 동시에(6장을 보라) 집단주의가 부상하고 인종들을 토대로 사회관계가 재편성되고 있다.

그 복귀는 정교분리를 명목으로 여러 네트워크들이 연맹을 맺으면서 이뤄졌다. 먼저 프리메이슨과 시오니스트들의 네트워크들이 압력을 넣었다. 프랑스에서는 2004년 5월 15일의 반反머플러법, 다음에는 2010년 9월 14일의 반부르카(눈 부위를 제외한 몸 전체를 덮는 천으로 몇몇 이슬람국가의 여인들이 착용한다―옮긴이)법이 시행됐다.

이슬람교도들이 정교하게 조직화된 네트워크들에 의해 낙인찍힌 것이다. 이때부터 그들은 경제위기에 허덕이는 본국인들을 위한 희생양으로 취급된다. 자신들을 프랑스로 불러들이고 또한 프랑스에 적대감을 갖게끔 만든 당사자들에 의해 그렇게 취급되는 것이다. 대중이 세계주의 엘리트들(이들 중에 이슬람교도는 거의 찾아볼 수 없다)에게 품고 있는 정당한 분노를 민족 간의 내전으로 변화시키려는 목적에서다.

정치와 미디어의 측면에서는 이런 방향 전환이 이뤄진 지 오래다. 엘리트층의 담론을 전달하기 위해 알랭 핑키엘크로가 들어앉고 쥘리앵 드레는 축출됐다. 지금 그 담론을 보다 대중화한 영역에서는 에릭 제무르Éric Zemmour(1958~. 기자, 방송인. 주로 《피가로》에서 정치 분야를 취재했고 여러 방송국에서도 정치적 사안을 다룬 프로그램의 진행자를 맡았다―옮긴이)가 활동 중이다.

반인종주의를 생태주의운동이 대체하다

그런데 사교계 좌파의 본성이 공백을 두려워하는 것이기 때문에 이민자(이들은 사회적 덤핑의 과정에서 파업에 참여하지 않고 일하는 대체자의 역할 그리고 무의식적으로 혼혈주의자의 역할을 맡게 되었다)의 문제를 이 문제만큼 국경의 제한이 없고 '시장'에 유익한 다른 문제로 대체할 필요가 있었다. 보보들의 변덕스런 마음은 이슬람교의 아랍이 아닌 나무들에 기울었다. 이제부터 보보들은 생태주의운동을 위해 투쟁할 것이다.

갈등의 해결책과 제국의 전략

이렇게 고조되는 긴장감을 해소하기 위한 이상적인 일은 물론 동화정책으로 되돌아가는 것이다. 본국인 혹은 이민자인 우리가 모두 프랑스의 보편주의를 확고하게 견지하는 것이다. 다만 작은 문제가 있다. 아니, 식민주의와 관련된 거짓말 때문에 가차 없이 작은 것으로 축소된 문제가 있다. 한 세기 동안 진행된 민족학과 두 차례의 세계대전을 거치며 '계몽'된 서구사회의 우월성을 받아들인 우리 프랑스인들이 그러한 정책 모델을 더 이상 믿지 않는다는 것이다. 이와 동시에 대서양중심주의자인 사르코지를 지지하는 에릭 제무르를 포함하여 우리의 공화주의 엘리트들이 모두 동화정책과는 정반대되는 앵글로색슨계의 신자유주의적이고 집단주의적인 모델과 결탁했다는 것은 생각할 필요조차 없다. 이들이 동화정책을 위해 투쟁한다며 할 수 있는 일이란 고작 프랑스 유대인기관대표위원회의 저녁 회식을 마치고 나오면서 앞으로는 이슬람교도들도 수많은 프랑스인들이 애용하는 퀵Quick(프랑스에서 흔히 볼 수 있는 패스트푸드 체인점—옮긴이)을 이용하게 되면 얼마나 좋을까 하고 푸념하는 것뿐이다.

한편 강요된 혼혈의 상황이 보편적으로 전개되고 있지만, 물론 어떤 혼혈인은 국민 모두에게서 인정받고 정당하게 정체성이 상승하는 경험을 한다. 이런 일은 당연히 일어나게 마련이다.

하지만 불행히도 리포스트 라이크Riposte laïque(2007년에 생겨난 웹사이트로 반이슬람주의 운동을 펴고 있다―옮긴이)와 유대인보호연맹(LDJ: Ligue de défense juive)을 거쳐 프리메이슨과 시오니스트들의 네트워크들이 이러한 정체성 상승을 이용하고 있다. 예를 들어 '아페로 소시송 피나르'¹ 모임은 레콘키스타Reconquista(1492년에 스페인의 왕들이 이베리아 반도에서 이슬람왕조를 궁극적으로 쫓아낸 일을 가리키는 표현―옮긴이)를 고래고래 외치는 술 취한 이들의 모임으로 변했다. 곧 네트워크들은 유고슬라비아의 사례를 모델로 민족 간 내전을 통해 국가를 완전히 분열시키는 작업을 가속화하려 하고 있다.

이런 모든 과정은 결국 해체된 '국가들' 위에서 번영을 이루는 세계주의 프로젝트에 정확히 부합한다.

나오는 글
내일, '제국'의 지배는 계속될 것인가
아니면 '국가들'이 반란을 일으킬 것인가?

헬레니즘·그리스도교의 인문주의를 도구화한 것, 네트워크들이 공화국을 대상으로 공작을 펼친 것, 계급갈등을 심화시킨 것, 여론 민주주의를 조작한 것. 지금의 모든 현상은 지배를 위한 히브리스로부터 영양분을 공급받아 무르익을 만큼 성장한 금융의 소수특권층에 의해 18세기부터 시작된 긴 과정이 마지막 지점에 다다랐음을 가리킨다.

수많은 도정, 곧 베니스에서 시작해 프랑크푸르트와 런던을 거쳐 뉴욕에 이르는 도정을 통해 전달되고 계획된 프로젝트가 위기를 겪지 않은 건 아니다. 그런데 오늘날 그것이 완성 단계에 가까워진 것으로 보인다. 두 세기 이상 동안 비밀스런 작업을 진행한 이후 마침내 그들이 제 이름과 함께 모습을 드러내려 하기 때문이다.

이 '신' 세계질서를 통해 그 탐욕스런 소수특권층은 이제부터 부시 부자父子 같은 우파의 하수인들이나 로카르, 스트로스 칸 같은 좌파의 하수인들의 입을 통해 자신들의 손에 완전한 권력이 놓이기를 요구할 것이다.

"세계를 운영하는 일"이 시민의 선거권보다 더 중요해지도록 요구할 것이고 '국가들'이 해체된 자리에 생겨날 '세계정부'를 위기에 대한, 기근에 대한, 고의적으로 조장된 전쟁에 대한 궁극적인 해결책으로 제시하며 세계정부의 존재를 요구할 것이다.

이런 전략을 이용해 독재적 권력을 강요하려는 제국의 시도로 말미암아 서구세계는 2012년을 기점으로 그 세계의 존망이 걸린 선택의 문제에 직면하게 된다.

마르크스가 선언한 바 있던 그 '만인 대對 만인의 투쟁'을 두 세기 이상 동안 끊임없이 조장해온 약탈자, 소수특권층에 전적으로 굴복해서 그 도정을 완성시켜주는 것.

아니면 한곳에 정착해서 살아온 민중들이 금전에 예속되기는 했지만 극도로 비참한 상황에는 이르지 않은 지금, 자신들의 이익만을 위해 이 세계를 '전통'이 말해주는 그 '암흑시대'로 이끌려 하는 악마의 수법을 지닌 노마드적 소수특권층에 대항해 반항하며 일어서는 것.

내일 : '제국'의 독재, 아니면 민중 봉기의 시작. 세계의 운영, 아니면 '국가들'의 반란.

현대사의 한 이면裏面과 금융권력

『그들이 세상을 지배해왔다』는 이미 절대권력이 사라진 것처럼 보이는 현대세계에서 소수계층이 세계를 운영하고 지배하려 했던 움직임을 추적하고, 나아가 오늘날의 세계도 그 소수계층에 의해 운영되고 있는 현실을 보여준다. 그 소수계층이란 유대인, 앵글로색슨계의 일부 신교도, 프리메이슨 같은 비밀 네트워크들을 가리킨다.

저자는 먼저 프랑스혁명에서 시작한다. 프랑스혁명은 프랑스사는 물론 세계사적 관점에서 근대세계 혹은 현대세계가 시작하는 중요한 한 시점이다. 프랑스혁명으로 인해 세계사에서 처음으로 왕정이 붕괴되고 공화정이 들어섰다. 프랑스혁명 이전에는 미국독립전쟁이 있었다. 미국은 영국 왕정을 붕괴시키지는 않았지만 독립전쟁을 통해 그 권력에서 벗어나 민주정체를 수립했다. 이 두 사건은 모두 시민이 왕권에 대항하고 그 권력에서 독립하며 인류 역사상 처음으로 공화정이나 민주정체를 세운 사례다. 그런데 저자가 프랑스혁명에 주목하는 이유는 저자 자신이 말하는 대로 그가 프랑스인이기 때문에 조국의 역사를 더 상세히 다룰 필요가 있기 때문이다.

하지만 저자는 시민의 힘으로 공화정을 세운 프랑스혁명을 매우 비판적인 시각에서 바라본다. 그 혁명의 주도 세력이 당대에 큰 금융권력을 가졌던 상층 부르주아지였다고 판단하기 때문이다. 17세기부터 지위가 크게 상승하기 시작한 프랑스의 부르주아지는 자신들의 권력을 위해 계몽주의의 토대가 되는 '이성'을 불순하게 이용하며 왕실과 가톨릭의 권력을 궁극적으로 청산했다. 이때부터 왕권과 종교적 권력 대신 상업적 권력 혹은 금전권력이 가장 우위에 서는 현대성의 세계가 열린다. 동일한 시기는 아니지만 영국과 미국에서도 유사한 일이 일어났다. 영국에서는 왕실과 금융가들이 결탁해 식민지화를 추진하는 시대가 열렸는데, 가장 대표적인 결과물이 바로 동인도회사다. 미국에서는 독립전쟁 이후부터 소지주·소기업주의 시민들과 영국에서 건너온 금융가들이 갈등하는 상황이 전개되고, 궁극적으로는 뉴욕에서 연방준비제도가 창설되면서 금융권력이 승리한다. 지금 이 순간에도 세계를 운영하고 지배하는 플랜은 이 연방준비제도에서 나오고 있다. 저자는 이러한 일련의 국면들에서 금융권력을 쥐었던 소수계층이나 상층 부르주아지를 은유적으로 '제국'이라는 용어를 이용해 표현한다. 이 책은 이 '제국'이 성장하고 확장한 과정을 다시 답사하고 앞으로 어떤 상황을 맞게 될지를 예측하고 있다.

그런데 이 책의 특징과 관련해 두 가지 내용을 조금 자세히 언급할 필요가 있을 것 같다.

첫 번째는 저자가 수많은 역사의 국면들 가운데서도 금융권력의 지배와 관련된 국면을 강하게 부각시켰다는 사실이다. 예를 들어, 저자는 프랑스혁명의 가장 주요한 세력이 상층 부르주아지였다고 언급하고, 나아가서는 프랑스혁명의 궁극적인 동기가 '돈'이었다고 지적한다. 프랑스혁명을 계몽주의의 가치를 실현하고자 한 혁명으로 이해하는 사람이 있다면 저자는 그 사람을 순진하다고 말할 것 같다. 실제로 어느 혁명에서나 혁명을 주도하는 세력은 대개 사회 내의 위계단계에서 중간계급에 속한 사람들이다. 일반적으로 상위층은 혁명을 일으킬 동기가 없고 하위층은 혁명을 일으킬 이론적이고 현실적인 수단이 결여되어 있다. 그렇기 때문에 한 사회에서 혁명을 일으키는 세력은 상위층에 대해 비판적인 시각(어떤 경우에는 '불만')을 갖고 있는 중간계급이다. 프랑스혁명 당시 이 중간계급의 사람들이 부르주아지였다. 그러나 부르주아지가 프랑스혁명의 주요 세력이었다고 해도 그 과정을 금융권력의 지배라는 측면에서만 보는 것은 무리일 것이다. 역사의 과정을 어떤 한 요소로만 환원시켜 설명하려는 건 단순한 발상이 될 수 있다. 그럼에도 저자의 접근법이 타당성을 지닐 수 있는 건 왕권과 종교적 권력이 붕괴된 자리에서 현실적으로는 '돈'이 가장 우월한 가치를 지니게 된 현대세계가 열렸고, 이러한 현대세계가 형성될 때 상층 부르주아지가 가장 큰 역할을 한 것이 사실이기 때문이다.

두 번째는 저자가 이러한 금융권력의 역사를 특정 민족이나 소수계층의 권력쟁취 역사와 매우 긴밀하게 연관시키고 있다는 점이다. 이 책이 이따금씩 '음모론'의 성격을 띠는 것처럼 보이는 것은 이런 이유 때문이다. 그 특정 민족이나 소수계층은 바로 유대인, 앵글로색슨계의 일부 신교도, 프리메이슨을 포함한 비밀 네트워크들이다. 이들이 세계를 운영해왔고 지금도 그렇게 하고 있다. 그중에서도 가장 큰 비판의 대상이 되는 건 유대인이다. 저자가 역사적 사건들을 빠르게 훑고 지나가듯 글을 쓰고 표면적으로는 유대인에 대한 비판이 그리 크지 않은 것처럼 보이지만, 실은 이 책의 기저에는 유대인을 비판하는 내용이 치밀하게 깔려 있다. 유대인과 더불어 미국과 영국의 신교도 상류층 그리고 권력형 네트워크들에 대한 강도 높은 비판도 담겨 있다. 저자는 이들이 현대역사 내내 가장 큰 금융권력을 쥐고 있었다고 간주한다. 여기서 우리나라의 많은 독자들은 낯선 세계를 접하는 듯한 느낌을 받을 수 있다. 저자가 비판하는 그 집단들이 우리와는 별로 관련이 없기 때문이다. 그런데 실상 서구인들도 그런 집단들의 정체성에 대해 명확한 판단을 내리고 있지 못하는 듯하다. 그런 집단들이 어떻게 조직되어 있고, 어느 정도로 큰 규모이고, 얼마나 큰 권력을 행사하는지 알려진 게 거의 없기 때문이다. 서구국가들의 금융계에서 유대인이 커다란 권력을 갖고 있고, 다른 집단들도 여러 국가들에서 권력을 갖고 있다는 일반적인 사실만이 알려져 있을 뿐이다. 그래서인지 저자가 그런 집단들을 비판할 때 객관적 예시가 아닌 직관에 의지하는 경우가 있다는 인상을 주기도 한다. 그렇지만 우리나라를 비롯해 대부분의 국가에서 정부나 기업의 고위층 집단은 매우 폐쇄적인 성격을 가지고 있다. 그들이 국민들로부터 굳건한 신임을 얻지 못하는 것은 이런 이유 때문이다. 특히 최근에는 특권을 지닌 소수계층이나 소수집단의 문제가 단순한 사회현상을 넘어 중대한 사회문제가 되고 있다. 이런 의미에서 이 책은 긍정적인 의미를 가질 수 있다. 서구사회에서 어렴풋이 보이던 권력적 존재의 실체를 해명하고자 시도하기 때문이다.

저자 알랭 소랄Alain Soral은 특이한 경력을 갖고 있다. 우리나라에 알려진 많은 프랑스 사회학자나 철학자들과는 달리 학위가 없는 대신 다양한 정치적 활동을 했다. 그는 민족주의적 성향을 보이는데, 이 글에서 나타나듯 가톨릭과 한곳에 정착한 농민이나 소기업주 같은 민중을 매우 중시하는 것도 그런 성향과 관련이 있는 것으로 보인다. 현재는 글쓰기와 정치활동을 계속 하면서 동시에 권투 코치를 하고 있다.

　　한편 이 책의 특징은 역주가 매우 많다는 것이다. 저자가 한 권의 책에 많은 역사적 사건과 인물들을 언급하고 있어 주석이 많아졌다. 옮긴이가 주석을 붙일 때 책이나 브리태니커 백과사전 같은 공식 출간물을 참조한 경우도 있지만 많은 경우에 위키피디아를 참조했다. 위키피디아가 좋은 백과사전이기는 하지만 익명의 개인이 작성하기 때문에 이따금씩 정확하지 않거나 잘못된 내용이 실릴 수 있다. 옮긴이가 그 내용을 해석하는 과정에서 실수를 범할 수도 있다. 따라서 독자는 주석에 오류가 있을 수 있음을 양해해주기 바란다. 잘못된 내용을 지적한다면 기회가 있을 때 시정하도록 노력하겠다. 번역서의 내용도 마찬가지다.

2012년 12월

이현웅

주

1. 신화가 된 역사

1. 베르됭Verdun은 프랑스 북동부에 위치한 도시로 독일의 국경과 조금 멀리 떨어져 있
   다. 제1차 세계대전 당시 참호 진영이 있던 이곳은 프랑스 군대의 교두보 역할을 했
   는데, 1916~1917년에 걸쳐 커다란 전투가 벌어지면서 프랑스군과 독일군 양측에서
   약 70만 명의 사상자가 발생했다.

2. 이 '역사의 의미'가 구체적으로 무엇을 의미하는지는 언급되지 않고 있다. 다만 문맥
   을 볼 때 '선의 진보'를 나타낸다고 판단할 수 있다. 문장 바로 앞에서 '선이 악에 승
   리를 거두는 역사'가 암시되었기 때문이다. 글의 앞부분에서는 이 '진보하는 역사'
   와 대비되는 것으로 니체의 '영원회귀'가 언급된다. '영원회귀'란 동일한 진리, 진
   실, 현상 등이 영구히 반복해서 일어나는 것을 가리키는 표현으로 역사가 발전한다
   는 진보사관과는 명백히 대비된다.

3. 실증주의는 19세기 후반 서유럽에서 나타난 철학적 경향이다. 실증주의를 철학의 한
   경향으로 자리 잡게 한 콩트는 자연과학에서 사용하는 실증적 연구 방법을 인간과
   사회에도 그대로 적용할 수 있다고 보았다. 실존주의는 이러한 실증주의를 반대하며
   나타났다. 본질을 탐구하고자 하는 실증주의 같은 합리주의 철학을 반대하고 인간의
   일반적 본질보다도 개개인의 실존, 특히 무엇과도 바꿀 수 없는 자기 독자의 실존을
   강조했다.

4. 방데Vendée는 프랑스 중서부 끝에서 대서양과 접한 지역이다. 프랑스혁명 때인
   1793~1796년, 이곳의 농민들은 귀족계급과 사제집단의 지지를 받으며 국민의회
   (혁명의회)에 대항해 봉기했다. 이에 국민의회는 진압 군대를 파견한다. 이 전투 기
   간 동안 총 50여만 명의 사망자가 발생했다. 정치적 이유(반가톨릭적 혁명에 대한 거
   부감, 군주제 옹호 등)도 있었지만 특히 경제적 이유(가난)와 징집 문제 때문에 봉기
   가 일어났다.

5. 이 글에서 저자는 줄곧 '이성'을 부르주아지의 종교 혹은 부르주아지가 자신들의 이
   해관계를 위해 사용한 도구라고 간주한다. 한 예로, '이성'은 종교의 근거를 무력화
   시킬 때 용이하게 이용할 수 있는 방법이다. 이런 식으로 저자는 '이성'의 순수한 측
   면 대신 부르주아지가 그것을 정치적으로 이용하던 국면들을 계속해서 부각시킨다.

6. 수장이었던 장 코테Jean Cottet의 별명을 따서 '올빼미당Chouans'으로 부르기도
   한다. 왕당파는 혁명세력에 반대하며 왕정복고를 이념으로 삼았다. 프랑스혁명 시기
   는 물론 그 이후에도 왕당파는 줄곧 정치무대에서 가장 주요한 세력 가운데 하나가

된다.

7. 프랑스혁명 이후로 공화정, (왕정복고의) 왕정, 제정 체제가 번갈아 나타난다. 제2공화국에 이어 1852년에 나폴레옹 1세의 조카인 나폴레옹 3세의 제정시대가 열린다.

8. 이 책에서는 프랑스어의 'christianisme'(영어의 Christianity)을 '기독교' 대신 '그리스도교'라고 옮겼다. 저자는 (개)신교를 가톨릭과 함께 그리스도교의 한 갈래로 분류하는데, 우리나라에서 쓰는 표현인 '기독교'가 일반적으로는 서양의 (개)신교를 가리키기 때문이다. 그리스도교는 예수 그리스도의 가르침에 토대해 성립된 종교 전체를 말한다. 주요하게는 가톨릭과 (개)신교 이외에 그리스정교가 포함된다. 한편 저자는 유대교를 그리스도교와 대립되는 것으로 제시한다.

9. 콜베르Jean-Batiste Colbert는 루이 14세 때 재무장관을 지내며 국가가 주도하는 중상주의 정책을 추진했다. 반면 튀르고Anne Robert Jacques Turgot는 루이 16세 때 재무장관으로 있는 동안 중농주의 정책을 취하며 귀족계급에게도 세금을 부여하고 곡물시장의 자유거래제를 도입하여 자유주의적인 경제를 활성화시키려 했다. 두 인물은 모두 경제개혁을 단행한 공통점을 지니고 있지만, 전자는 규제를 많이 가했고 후자는 그 반대의 조처를 취했다. 따라서 이러한 과정에서 볼 때 시간이 흐르자 부르주아지의 위상이 차츰 높아졌음을 알 수 있다.

10. 일반적으로 프랑스의 구체제 당시 제3신분은 성직자집단과 귀족계급을 제외한 피지배 계급 전체를 의미했다. 대개는 상인이나 수공업자들로 구성된 도시의 부르주아들이 의회 같은 곳에서 이 계급을 대표했다.

11. 폴레트 칙령Édit de la Paulette은 앙리 4세 때인 1604년에 생긴 것으로 전통적으로 귀족계급이 차지하던 사법기관의 관직을 돈으로 살 수 있게 허용했다. '법복'은 사법기관의 관직을 상징한다. 따라서 상대적으로 돈이 많은 부르주아는 이 관직을 사들여 신흥귀족이 될 수 있었다. 그리고 이런 사실 때문에 구귀족(중세시대 때는 검을 차서 기사 활동을 하던 귀족)과 신흥귀족이 대립하는 상황이 일어난다.

12. 전통적인 귀족계급은 군사직을 수행하는 대가로 왕으로부터 토지를 받았다. 그러나 폴레트 칙령으로 인해 많은 돈을 가진 부르주아지가 일종의 서비스직인 법관직을 사들이며 상류층으로 진입하면서 귀족계급이 갖고 있던 권력을 차츰 빼앗았다. 이러한 권력 탈취의 국면은 궁극적으로 프랑스혁명으로까지 이어진다.

13. 네케르Jacques Necker는 루이 16세 때 튀르고에 이어서 재무장관을 역임했다. 젊은 시절에 은행업을 했던 그는 주로 금융가의 관점에 서서 국가 경제를 운영했는데, 그런 정책의 결과로 부르주아지에게는 많은 이익이 돌아갔지만 국가의 재정적자는 커지게 된다. 예를 들어 프랑스가 미국독립전쟁에 참전하는 일 때문에 높은 이자의 채

권을 남발한 사례가 있다. 여기서도 부르주아지가 차츰 경제적 능력을 기반으로 권력을 갖게 되는 현상이 나타난다.

14. 프랑스혁명 당시 가장 명석하면서도 도덕적인 인물 로베스피에르는 '이성'을 기치로 삼던 혁명으로 말미암아 사람들 사이에서 '신성神性'의 의미가 사라지게 될 위험을 걱정했다. 그래서 그는 '궁극의 존재' Être suprême'가 있고 영혼은 불멸한다는 믿음을 내세웠는데, 이 믿음은 가톨릭의 인격화된 신에 대한 믿음이 아니라 오히려 자연과 조국을 숭배하는 믿음이었고 또한 '이성적인' 성격이 강했다. 그는 민중이 정신적으로 결합되어야 한다는 생각도 갖고 있었다. 그래서 1794년 6월 그는 사람들 앞에서 그런 믿음과 관련된 의식을 직접 보여주기 위해 가톨릭적 의미에서의 무신앙을 상징하는 동상에 불을 붙인 채 동상을 싣고 있던 마차를 거리에서 운전하는 시범을 보인다.

15. 이 책에서 '자유주의'라는 표현은 두 가지 의미로 사용된다. 하나는 우리가 자주 사용하는 '신자유주의'라는 표현처럼 경제적 의미에서 '자유주의libéralisme'다. 다른 하나는 정치적 의미에서 '자유주의libertarisme'로 개인의 자유에 가능한 어떤 제약도 두지 않으려는 이념이다. 무정부주의와 비슷한 면이 있지만 그렇다고 무정부주의와 완전하게 동일시할 수는 없다. 그런데 '경제 자유주의'와 '정치 자유주의'의 이 두 이념이 완전히 분리되는 것은 아니다. 오히려 한 이념이 다른 이념을 지지하기 때문에 서로 밀접한 관련을 맺고 있다. 그럼에도 저자는 어느 정도 두 용어를 구분해서 쓰고 있다. 지금 문장에서는 두 번째 의미로 쓰이는데 앞으로 의미가 혼동될 수 있다고 생각하는 곳에서는 용어 앞에 '경제(적)' 아니면 '정치(적)'이라는 수식어를 붙였다.

16. 프리메이슨계열의 종파는 종종 신이나 절대자를 '우주의 위대한 건축가Great Architect of the Universe'라고 표현한다. 이는 프리메이슨이 건축업자 길드에서 생겨난 것과 연관이 있다. 프리메이슨이 탄생한 배경에는 여러 추측이 있지만, 10세기경 영국에서 교회 건축이 성황을 이룰 때 건축업에 종사하는 석공길드를 기반으로 생겨났다는 것이 일반적인 견해다. 이 길드의 구성원들은 스스로를 '자유 석공free masons'이라고 불렀지만 고용주의 지시에 따라야 하는 입장이었다. 그리고 임금의 상한선이 동결되어 있던 상황이었기 때문에 비밀노동조합이 결성되었다. 오늘날까지도 프리메이슨이 일반인들 사이에서 수많은 억측을 불러일으키는 이유는 내부 모임에서 어떤 일이 일어나는지 결코 외부에 알리지 않기 때문이다. 인류 역사의 여러 위인들이 프리메이슨 단원이었던 점을 봐서 특별히 사악한 조직으로 볼 필요가 없겠지만, 전 세계에 약 590만 명의 프리메이슨 단원들이 있다는 사실을 생각할 때 그중

올바른 조직만 있다고 판단할 수는 없을 것이다. 실제로 프리메이슨 단원들이 인맥을 이용해 정부나 기업 내에서 주요 요직을 독점한다는 비판이 존재한다. (『프리메이슨』, 폴 제퍼스, 황소자리, 2007 참조)

17. 프랑스에 존재하는 주요 프리메이슨 조직들이다. 이때 '로주'라는 단어는 '본부'로 옮길 수 있다. 프리메이슨 조직들의 특징 중 하나는 전체를 지휘하는 지도부 없이 독립적으로 운영한다는 것이다. 서로 반목하는 일 없이 협조하며 조직을 운영하는 경우가 많다고 한다. 이는 프리메이슨 단원들 사이에서도 마찬가지로 적용되는데, 가령 그들끼리는 자신이 속한 조직의 단원이건 아니건 간에 서로 도움을 주도록 하는 규칙이 있다. 어쩌면 이 때문에 프리메이슨 단원들끼리 부정적인 의미의 인맥을 형성하는 사례가 생겨나는 것인지도 모른다.

18. 이 책의 뒷부분에서는 '사교계 좌파'라는 표현이 등장하고, 이 사교계 좌파는 '문화 좌파', '보보(bobo: bourgeois bohème 부르주아적 보헤미안) 좌파' 등으로 표현되기도 한다. 대개 노동계층이 아닌 부유한 집안 출신이면서도 좌파적 이념을 갖는 사람을 가리키는 용어다. 저자가 볼 때 이런 좌파는 사교적인 이유나 이해관계 때문에 좌파적 이념을 갖고 있거나 지적으로 세련됐음을 과시하기 위해 좌파적 사상논쟁을 하는 사람들이다. 노동계층의 현실적인 고통을 겪어보지 못한 사람들로서 이들의 이념은 피상적일 수밖에 없다는 것이 저자의 생각이다. '사교계 인문주의'도 이와 비슷하게 이해할 수 있다. 사교적인 멋과 세련됨의 표징 때문이기도 하지만 궁극적으로는 이해관계 때문에 인문주의적 지식을 지니고 있는 태도를 말한다.

19. '하늘이 이 세계에 내재內在한다'는 말은 하늘(종교적인 것들에 대한 은유)이 이 세계 안內에, 이 세계 사람들의 생각과 생활 안에 있다 혹은 그것들과 매우 밀접한 관련을 맺고 있다는 뜻이다. 곧 사람들이 종교와 이 세계의 모든 현상을 분리할 수 없는 것으로 생각하고 있었다는 것이다. 그런데 프랑스혁명으로 인해 이러한 세계관이 많이 파괴된다. '이성'이 종교와 관련된 것들을 의혹의 대상으로 삼고 파괴했기 때문이다. 더불어 종교를 근간으로 조직화되고 정당화되어 있던 사회질서도 파괴되면서 당연히 기존 계급 간의 질서도 의문시된다.

2. 천박한 권력, 금융의 탄생

1. 이 용어는 아메리카 인디언들의 말이다. 서로 다른 사회집단이나 라이벌 관계에 있던 집단들이 의식을 통해 서로 증여하는 행위를 의미한다. 구리그릇이나 이불 같은 용품들을 주고받았는데 이런 의식이 미국과 캐나다의 인디언 사회에서는 매우 중요한 인간적, 사회적 의미를 담고 있었다고 한다.

2. 영화 〈음악살롱The music room〉은 1958년 작품이다. 이 영화는 귀족가문의 마지막 자손이자 한때 음악을 매우 사랑했던 주인공 로이Roy가 화려했던 과거를 회상한 다음 현실로 되돌아오는 형식을 취하고 있다. 자본주의적으로 변해가는 현실에 적응하지 못하고 몇 명밖에 남지 않은 하인들의 시중을 받으며 살아가던 늙은 로이는 어느 날 이웃집에서 열린 성년식에서 음악콘서트가 벌어지는 소리를 듣고 자신의 성년식을 떠올린다. 그때도 화려한 연주회가 있었다. 그러고는 그의 기억은 아내에게 모든 돈을 음악을 듣는 일에 쏟고 싶다고 말한 일, 이어서는 그의 아내와 자식이 연주회를 듣기 위해 배를 타고 귀가하는 중에 풍랑을 만나 익사한 사건으로까지 이어진다. 이 사건 이후로 로이는 음악살롱의 문을 영원히 폐쇄하고 슬픔에서 헤어 나오지 못하며 점차 현실과의 적극적인 접촉을 상실하게 된다. 또한 그 현실에서는 시대의 변화로 인해 귀족에게 부여되어 있던 영광도 퇴색한다. 현재로 돌아온 로이는 이웃집에 자랑하기 위해 마지막으로 연주회를 연다. 연주회가 끝난 후 로이는 조상들의 초상화를 꺼내 하인들에게 옛 시절의 영광에 대해 말한다. 그러고는 하인들이 보는 앞에서 말에 올라탄 다음 가파른 지형까지 내달려 그곳에서 몸을 던진다.

3. 이 계층에는 주로 유대인이 포함된다. 중세시대부터 유대인들은 예수를 죽게 만든 민족이라는 이유로 핍박을 받았고 직업도 고리대금업 같은 천한 직업밖에 가질 수 없었다. 일반적으로 우리는 유대인이 상술에 뛰어나다고 알고 있지만, 역사적으로 이렇게 고리대금업 같은 일만을 해야 했기 때문에 뛰어난 상술을 지니게 됐다고 판단할 수도 있다.

4. 원래 스페인에서 기원한 보르자Borgia 가문은 이탈리아에 뿌리내린 이후 15세기에 두 명의 교황과 여러 종교지도자를 배출하면서 그곳에서 커다란 정치적, 종교적 영향력을 행사하게 된다. 그런데 보르자 가문의 몇몇 구성원들은 비도덕적 행위로 세간에서 유명 인물들이 된다. 이 가문은 16세기부터 몰락하기 시작하고 18세기 중반에는 완전히 사라진다.

5. 이전의 시라크와 사르코지 대통령이 소속되어 있던 당으로 중도적 경향의 우파다. 앞으로 프랑스의 정당들이 자주 등장하기 때문에 여기서 대표적인 정당들을 간단히 소개할 필요가 있어 보인다. 국민전선(FN: Front National)은 1972년에 장 마리 르펜Jean Marie Le Pen이 창립했고 지금은 그의 딸인 마린 르펜Marine Le Pen이 대표로 있다. 정치평론가들은 이 당을 극우정당으로 평가하지만 국민전선 자체는 이런 사실을 부인한다. 중도 우파로는 방금 소개한 대중운동연합이 있다. 중도 좌파로는 사회당(PS: Parti Socialiste)이 있고 2012년 현재 대통령인 올랑드가 사회당 소속이다. 과거의 미테랑 대통령도 사회당 소속이었다. 급진적인 좌파 정당으로는 프랑스

공산당을 포함한 여러 개 정당이 있는데 2009년부터 좌파전선(Front de gauche)이라는 이름으로 단일후보를 내고 있다. 이 책에서 이따금씩 언급되는 장 뤽 멜랑숑이 좌파전선의 후보로 지난 대선에 출마했다. 극좌 정당인 반자본주의신당(NPA: Nouveau parti anticapitaliste)은 2007년 혁명적 공산주의 연맹(LCR: Ligue communiste révolutionnaire)이 새로이 조직되어 태어난 당이다. 역시 이 책에서 이따금씩 언급되는 올리비에 브장스노Olivier Besancenot가 NPA 소속으로 대변인을 지낸 바 있고 68년 5월 혁명의 주요 인물이었던 알랭 크리빈Alain Krivine은 LCR 때부터 활발히 활동했다.

6. 여기서 표현은 어려워 보이지만 다음과 같이 생각하면 될 것 같다. 가령 A은행이 B고객에게 자본금으로 1천만 원을 대출한다고 생각해보자. 그러면 시중에 1천만 원이 풀리는 것이기 때문에 시중의 통화량이 추가적으로 1천만 원 증가하는 것이다.

7. 주 6의 예에서 이자가 10퍼센트라고 가정하자. 그러면 B고객은 은행에 원금 이외에 이자 100만 원을 지급해야 한다. 경제가 이상적으로 계속 성장할 때는 B고객이 대출받은 돈으로 상품을 만들어 판매해 1,100만 원 이상의 수익을 올릴 수 있다고 충분히 가정할 수 있다. 그러면 B고객은 원금과 이자를 은행에 갚을 수 있다. 이때 저자는 원금과 이자가 기업이 투기시장(주식, 채권, 부동산 등) 같은 곳에 투기를 해서 벌어들인 수익이 아니라 직접 상품을 생산해 벌어들인 수익에서 나온 것이기 때문에 기업의 실질적인 부에서 나온 돈이라고 간주한다. 여기서 저자의 이상적인 경제관과 기업관을 볼 수 있다.

8. 오늘날에는 이 "실제로 갖고 있는 돈"을 '시재금'이라고 한다. 은행은 고객에게서 예금을 받으면 그 예금액 중 일부를 '지급준비금'이라는 명목으로 중앙은행에 예치한다. 나중에 고객이 돈을 찾을 때를 대비하기 위해서인데 고객이 돈을 한꺼번에 찾는 경우가 많지 않기 때문에 일부분만 예치하는 것이다. 일반적으로는 중앙은행이 이 '지급준비금'의 비율을 정하고 현재 그 비율은 약 3.8퍼센트 정도다. 만일 갑 은행이 고객으로부터 1천만 원의 예금액을 받으면 이 중 38만 원을 중앙은행에 예치하고 지금 은행이 갖고 있는 돈, 곧 시재금인 962만 원으로 대출 등의 사업을 한다. 지금 저자는 은행이 "실제로 갖고 있는 돈"보다 더 많은 돈을 대출하는 것에 관해 말하는데 이런 관행이 유럽에서는 중세시대부터 존재했다.

9. 경제학에서는 '승수'라는 표현이 들어가는 용어가 많다. 예를 들어 '승수효과', '투자승수', '신용승수' 등이 있다. 여기서는 간단하게나마 '승수효과'와 '투자승수'의 개념을 이해할 필요가 있다. 우선 승수는 사전적 의미로 '어떤 수에 곱하는 수'로서 '5×3=15'에서 5에 대한 승수는 3이다. 이런 의미에서 다음과 같이 생각해볼 수 있

다. 만일 한 기업이 생산을 위해 A만큼의 돈을 투자하고 여기서 최종적으로 A에 대해 B만큼의 총판매액을 벌어들였다고 가정해보자. 이 경우 A와 B 사이에 $A \times X = B$의 관계가 성립한다고 생각할 수 있다. 이때 X가 '투자승수'가 된다. 그리고 '승수효과'라는 것은 어떤 경제량의 변화가 최종적으로 낳게 되는 총효과를 가리킨다고 이해할 수 있다. 그런데 지금의 문맥에서는 저자가 어떤 의미에서 '승수'라는 표현을 쓰는 것인지 이해하기 어렵다. 다만, 다음의 주에서 설명하는 대로 은행이 증서나 '가상의 화폐'나 '허구의 화폐'를 발행해 수익을 올리는 것과 연관이 있어 보인다. 은행이 그런 식으로 대출하더라도 경기를 부양하는 효과가 생겨날 수 있다. 곧 신용 창조(대출)를 통해 돈이 유통되면서 경기가 살아날 수 있고, 이 과정에서 사회의 총통화량이 커질 것이다. 이런 측면에서 본다면 '신용승수'와 연관이 있을 것이다.

10. 이 표현은 사회 전반의 부가가치 창출능력 이상으로 은행이 대출을 한다는 의미다. 곧 저자는 은행이 고의적인 전략을 통해 대출을 확대한다고 판단하고 있다. 그리고 이런 은행의 전략에서 가장 중요한 것이 화폐 발행 권한이다. 화폐를 무작위로 발행할 수 있기 때문이다. 저자는 이런 식으로 발행되는 화폐를 '가상의 화폐' 혹은 '허구의 화폐'라고 언급한다. 2장에서는 주로 이 '가상의 화폐'를 주제로 내용이 전개되고 있다.

11. 두 차례의 세계대전을 통해 국력이 크게 신장한 미국이 결국에는 브레튼우즈협정을 통해 달러를 기축통화로 만든다. 이후로 미국을 제외한 다른 국가들에게는 무역 거래 등을 위해 달러를 확보하는 일이 매우 중대한 사안이 됐다. 달러가 없다면 대금을 지불할 수 없기 때문이다. 그럼에도 이때까지는 금본위제도가 계속 유지되고 있었다. 따라서 브레튼우즈협정의 이념을 달리 말하면 미국 달러 중심의 금본위제도를 유지한다는 것이었다. 브레튼우즈협정 이전까지는 영국 파운드 중심의 금본위제도였다.

12. 당시 베트남전쟁을 수행한 미국은 재정적자가 매우 커졌고 무역수지도 크게 적자였다. 이때까지는 금본위제도가 유지되었기 때문에, 미국의 적자로 달러 가치가 하락할 것을 우려한 여러 국가들은 미국이 보관하고 있는 금과 자신들이 보유한 달러를 교환해줄 것을 요구했다. 이런 식으로 금의 유출이 매우 커지자 닉슨 대통령은 결국엔 달러와 금의 교환을 중지시킨다. 미국에서 금이 없어진다면 달러 중심의 금본위제도가 무의미해진다고 판단했기 때문이다. 실제로 이 시점을 기준으로 금본위제도는 사실상 폐지된다. (『화폐전쟁 3.0』, 윤채현, 다산북스, 2010 참조)

13. 1945년 사우디아라비아 군주정의 이븐 사우드Ibn Saoud와 미국의 프랭클린 루스벨트 대통령이 맺은 퀸시 협정The Quincy Agreement. 사우디아라비아는 이 협정을

통해 미국에 석유를 아주 저렴한 값에 제공해주는 대가로 군사적 보호를 보장받는다. 이 협정에 관해서는 7장에서 다시 언급된다.

14. 18세기에 생겨난 사우디아라비아 이슬람교도들의 종교적 · 정치적 운동. 오스만제국에 의해 거의 소멸되었다가 20세기 초반부터 다시 부흥하고, 현재 사우디아라비아 군주제가 이 이념을 신봉하고 있다. 사우디아라비아 출신인 오사마 빈 라덴도 이 운동과 관련 있을 것이다.

15. 힌두교에서 구분하는 세계의 시기 중 4번째에 속하는 것으로 오늘날이 이 시기에 속한다. 이 시기의 특징은 인간이 신적인 것과 가능한 관계를 맺지 않고 살아가는 것이고 이 시기는 앞으로 약 43만 년 후에 끝난다고 한다.

3. 사상, 위인, 네트워크

1. 앞으로 '내재성', '내재적인 것'이라는 표현이 자주 등장하고, 이 표현은 앞부분의 주석에서 '하늘이 이 세계에 내재하다'와 관련해 언급한 내용과는 뜻을 달리한다. 지금 언급되는 '내재성'이란 쉽게는 '초월성', '초월적인 것'의 반대가 되는 개념으로 이 세계에 내재하는 것, 곧 실제적이고 물질적인 측면과 가까이 맞닿아 있는 성격을 가리킨다. 저자가 자주 언급하는 '세속성'과 의미가 유사하다. '내재론'은 '내재성'을 이념으로 삼는 이론이다.

2. oratores, bellatores, laboratores는 모두 라틴어다.

3. 1830년은 '7월 혁명'이 있던 해다. 이 혁명으로 1814년에 복고된 군주제의 두 번째 왕이던 샤를 10세가 몰락하고 의회제가 성립된다. 이 시기에 산업 프롤레타리아가 등장하고 노동자들의 상호부조회나 결사단체가 많이 생겨났다. 역으로 생각하면 부르주아지가 많은 권력을 가졌던 때다. 실제로 혁명으로 태어난 7월 왕정은 산업 및 금융 부르주아지와 긴밀한 관계를 맺으며 공공사업들을 펼쳐 나간다.

4. 1894년에 프랑스 군대 지도부는 군사정보가 독일 대사관으로 새어 나간다는 사실을 발견한다. 당시 참모부에서 유일하게 유대인이었던 알프레드 드레퓌스Alfred Dreyfus 대위가 그릇된 혐의로 기소된 다음 유죄판결을 받고 악마의 섬' ile du Diable으로 유배된다. 그러나 시간이 지나며 판결의 진위에 대한 의문이 증폭됐다. 그래서 1897년에 피카르Picquart 대령과 대위의 가족 등이 재심리를 시도하기에 이른다. 무엇보다 1898년에 에밀 졸라의 「나는 고발한다' accuse」때문에 이 사건이 널리 알려지고 대중은 커다란 분노를 느꼈다. 당대의 정치인과 지식인들도 이 사건의 진위를 밝히고자 참여하는데, 이 과정에서 드레퓌스파와 반드레퓌스파가 생겨나 대립한다. 개략적으로 본다면 급진파와 사회주의자들의 좌파가 드레퓌스파에, 가톨릭

인사와 민족주의자와 반유대주의자들이 반드레퓌스파에 섰지만 실제적인 대립구도
는 더 복잡했다고 한다. 특히 이 사건은 아나톨 프랑스, 샤를 페기, 앙드레 지드 등이
드레퓌스파로, 모리스 바레스, 샤를 모라스, 폴 발레리, 레옹 도데 등이 반드레퓌스
파로 자처하면서 처음으로 '지식인'들이 정치현장에 적극 참여한 사건이 된다. 특히
언론이 적극 참여해 커다란 사회적 파장을 일으키는 데 기여한다. 결국 1898년에 드
레퓌스 유죄판결의 근거가 된 자료가 위조된 것이 드러나면서 사건의 재심리가 불가
피했지만, 그럼에도 1899년의 제2차 드레퓌스 재판에서도 드레퓌스는 유죄를 선고
받는다. 다만 재판부는 정상참작을 한다고 덧붙인다. 이후에 드레퓌스는 대통령에
의해 사면되고 복권되어 군대에 복귀할 수 있었다. 프랑스군대가 이 사건의 재심리
를 줄곧 거부한 이유는 군대의 사기를 떨어트리고 독일에 맞서는 국민의 결집력이
약화될 수 있다는 것이었다. 여기에 더해 아마도 유대인에 대한 부정적인 정서도 있
었을 것이다. (『프랑스의 역사』, 다니엘 리비에르 저, 최갑수 옮김, 까치, 1995.
pp.347~348 요약)

5. Jules Ferry(1832~1893). 그는 1870년 9월에 파리 민중을 이끌고 시청으로 행진하
   여 제3공화국을 선포한 공화주의자 중의 한 사람이었고 이어서 파리 시장까지 역임
   했다. 이때까지는 쥘 페리가 혁명을 위해 주요한 역할을 했다고 할 수 있다. 그러나
   그는 더 급진적인 사회주의자들의 소요로 파리가 동요될 때 보수적인 의회를 대변했
   고 파리코뮌이 결성될 때는 파리를 떠났다. 티에르가 실각된 이후부터 공화주의 좌
   파의 의장으로 있으며 줄곧 정부의 고위직을 맡았다. 특히 교육부 장관으로 있을 때
   초등학교의 의무교육, 무상교육, 세속주의(정교분리) 교육을 위한 법을 마련했다.
   말년에는 식민정책에서도 주도적 역할을 담당했지만, 잘못된 정책을 강행한 이유로
   정치권에서 물러나게 된다.

6. 1848년은 2월 혁명으로 프랑스혁명에 이어 두 번째로 왕정이 폐지되고 제2공화국이
   탄생한 해다. 공화주의적 이념이 군주제에 다시 승리를 거둔 것이다. 이는 정치적 자
   유주의와 사회주의적 이념이 이전부터 무르익었기 때문에 가능한 일이었고, 가톨릭
   도 이런 현실의 영향을 받아 개혁의 대상이 되었다.

7. 1871년은 프랑스와 독일의 전쟁이 원인이 되어 자치정부인 파리코뮌이 생긴 때다.
   이전 해인 1870년 9월 독일과의 전쟁 중에 나폴레옹 3세가 항복할 때 파리의 공화파
   의원들이 파리시청에서 제3공화국을 선포한다. 결국 나폴레옹 3세는 영국으로 망명
   하여 프랑스의 제2제정은 끝나지만, 새 공화국은 전쟁을 계속 수행할지를 두고 의견
   이 갈린다. 의회는 대부분 독일과의 평화협상을 지지하는 보수적인 부르주아들로 구
   성된 반면, 전쟁 수행을 주장한 극좌파는 1871년에 자치정부를 선언한다. 파리코뮌

은 프랑스혁명의 이념을 계승해 지방분권적이고 사회적이고 세속적인 공화국을 수립한다는 강령을 내세웠지만 내부적으로 분열을 겪었다. 결국 베르사유에 자리를 잡았던 보수적 부르주아지 정부가 군대를 파견해 파리코뮌을 점령하는데, 이 과정에서 파리 민중 2만여 명이 학살당한다. 이때 파리코뮌 점령의 책임을 맡은 이가 중도적 경향의 공화주의자였던 티에르Thiers였다.

8. 프랑스 혁명기인 1790년 파리에서 결성된 급진 성향의 대중적 정치 클럽. 공권력의 남용과 인권 침해를 감시할 목적으로 설립되었다. 군주제와 구체제에 대한 혁명적 수단을 장려하고 자유, 평등, 박애라는 표어를 보급시키는 역할을 했다. 실제적으로 이 클럽은 1795년에 자코뱅파에 의해 폐쇄되었다. 여기서 언급되는 클럽은 혁명기 때의 클럽을 모델로 생겨나 그 이념을 따르며 활동하는 클럽을 가리키는 것 같다.

9. 1944년에 생겨난 모임으로 프랑스 정부를 비롯한 각계의 주요 인사들이 회원이다. 회원의 이름을 공개하기 때문에 프리메이슨 같이 폐쇄적이지 않지만 정치권과 언론이 결탁한 모임이라는 비판을 받는다. 한 달에 한차례씩 모임이 이뤄지는데, 실제로 2010년부터는 이 모임 현장에 모임을 반대하는 사람들이 시위를 벌이고 있다. 하지만 회원인 파리 경찰서장이 병력을 동원해 시위를 차단하고 있다.

10. 르네 지라르René Girard는 그의 전 작품에서 일관되게 '모방 충동'과 '모방 경쟁'이라는 내용을 다루었다. 그는 '모방 충동'을 인간의 근원적인 본성으로 간주한다. 가령 A가 훌륭하거나 좋게 보이는 C를 갖고 있다면(C는 추상적인 것일 수도 물질적인 것일 수도 있다) B도 A처럼 C를 갖고 싶다는 충동을 경험한다. 곧 A를 모방하고픈 충동을 경험한다. 그런데 이때 한편으로 B는 A에 대해 경쟁의식을 갖게 되고, 나아가서는 C를 두고 A와 B가 경쟁하는 관계가 형성되기도 한다. 르네 지라르는 방금 언급한 기본 도식을 바탕으로 여러 문학작품과 사회현상을 분석했는데, 충실한 그리스도교 신자이기도 했던 그는 인간의 이러한 모방 본성을 원죄와 비슷한 것으로까지 언급했다. 여기서 저자가 말하려는 내용은 '모방 경쟁'이라는 것이 극복하기가 매우 어려운 것인데도 불구하고 프리메이슨 단원들이 그것을 넘어 집단의 존재가 될 만큼 비인간적인 존재가 되었다는 것이다. 르네 지라르가 매우 부정적인 관점에서 인간의 모방 행위를 다룬 면이 있지만, 그의 이론은 경제학을 비롯한 여러 학문에 영향을 미쳤다.

11. Illuminati. '밝은' 혹은 '계몽된'이라는 뜻의 라틴어 illuminatus의 복수형으로 원래는 프랑스의 계몽주의 시대에 반가톨릭 활동을 했던 비밀조직의 명칭이었다. 오늘날에는 계몽주의 시대의 그 비밀조직을 본받겠다고 말하며 공개적으로 그 명칭을 사용하는 단체들이 있는데, 이러한 단체들은 일반적으로 위험한 비밀조직으로는 간주되

지 않는 것 같다. 한편으로는 계몽주의 시대의 그 비밀조직이 오늘날까지도 존속해 세계를 운영하고 있다는 '음모론'도 있다. 저자가 말하는 조직이 전자와 후자 중 어디에 속하는 것인지 쉽게 판단할 수 없지만, 지금껏 '선'과 '이성' 등을 명분으로 활동하는 조직들에 의심스런 시선을 던진 저자의 태도를 볼 때 전자에 속한다고 보는 것이 옳을 것 같다.

12. 보헤미안 클럽은 매년 7월 말 2~3주에 걸쳐 샌프란시스코의 '보헤미안 그로브'에서 캠프를 하며 모임을 가진다. 이 '케어의 다비식'은 모임이 성공적으로 끝나도록 기원하기 위해 첫날밤에 연출하는 의식으로, '케어(근심)'라는 성령을 화장하는 의식(다비식)을 내용으로 하고 있다. 이때 돌로 만든 12미터 크기의 커다란 부엉이 상 앞에서 의식이 치러진다. 이 의식은 1881년부터 내려왔다고 한다. 그리스도교나 유대교 신자들로 알려진 회원들이 부엉이 상 앞에서 의식을 치른다는 것이 특이한 점이다. 이렇게 부엉이 형태의 석상 앞에서 의식을 치르는 것이 몰록에 예배하는 의식과 비슷하여 어린아이를 희생시켜 악마숭배를 하고 있다는 음모론이 있다. 하지만 이런 의식을 고대 동방의 이민족이 아니라 켈트민족이나 북유럽의 이교신앙과 관련지어 생각할 수도 있을 것이다.

13. 2009년 아론 루소Aaron Russo는 방송인 알렉스 존스Alex Jones와의 인터뷰에서 록펠러Nick Rockefeller가 말한 이야기를 폭로했고, 이 인터뷰 동영상은 존스가 운영하는 사이트 www.prisonplanet.com에서 볼 수 있다. 록펠러는 아론 루소에게 그들의 최종 목표는 모든 사람들에게 마이크로칩을 장착시켜 전 세계를 통제하고 은행가와 엘리트그룹이 세계를 통치하는 것이라고 말했다 한다. 그리고 그는 9·11 이전부터 아프가니스탄을 침공할 어떤 이벤트를 준비하고 있었고, 그 이벤트를 통해 정부가 미국 국민을 완전하게 통제할 생각이었다고 말했다. 나아가 그에 따르면, 여성해방운동은 모든 인구에게 세금을 과세할 수 있도록 하기 위해 만든 것이고, 어린이들을 어린 나이에 학교에 보내는 것도 전통적인 가족 모델을 파괴하고 국가를 가족으로 받아들이도록 하기 위해 만든 조처다. 그는 엘리트그룹에 의해 인류가 통치되어야 하고 그러기 위해선 세계 인구를 절반으로 축소시켜야 한다고 말하기도 했다. 물론 닉 록펠러 한 개인의 의견만 듣고 현재 세계를 지배하기 위한 전략이 진행되고 있다고 판단하기는 어려울 수 있다. 그러나 그러한 생각을 품거나 부분적으로 실천하는 부나 권력을 지닌 개인과 조직들은 있을 것이다.

4. 계급을 혼란시켜 현실을 은폐하다

1. Michel Coluche(1944~1986). 프랑스의 코미디언이자 배우. 1970년대 중반까지는 조

연극에 머물렀지만 이후에는 특히 코미디 연기에서 일류급 배우로 부상한다. 1984년에 세자르 최우수 배우상을 수상했다. 높은 사회적 위상 때문이기도 했지만 평소 현대사회에 비판적 시각을 갖고 정치적 경향을 보이던 그는 1981년에 대선에 출마하는데 이때 펠릭스 가타리, 질 들뢰즈, 피에르 부르디외 같은 지성인들이 그를 지지했다. 그러나 정치적 압력을 받고 그의 선거참모가 살해당하는 일이 벌어지면서 출마 포기를 선언한다. 1985년에는 빈민층을 돕는 기관인 '마음의 식당Les Restaurants du cœur'을 창립한다. 이 기관을 창립한 지 불과 몇 달 후에 오토바이 사고로 사망한다.

2. 1870년 2월 프랑스와 독일의 전쟁에서 당시 프랑스군은 도시 세당에서 패배한다. 이 결과 나폴레옹 3세는 항복하지만 강베타L. Gambetta를 중심으로 한 파리 민중은 오히려 프랑스제정의 종식을 선언한다. 곧이어 제3공화정이 탄생하고 독일군에 대항할 군대가 재정비된다.

3. 독일의 사업가인 오스카 쉰들러와 그의 부인 에밀리 쉰들러는 제2차 세계대전이 끝날 무렵 전 재산을 바쳐 1,100명의 유대인들의 몸값을 일일이 지불해 그들을 강제수용소에서 구한다. 이때 쉰들러 부부는 구출할 유대인들의 명단을 작성해 독일 장교에게 넘겼는데, 이 명단이 '쉰들러 리스트'다. 이 실화는 스티븐 스필버그 감독에 의해 〈쉰들러 리스트Schindler List〉라는 제목으로 영화화되기도 했다. 그러나 지금의 대목에서는 수많은 '유대인 이름들'이 있다는 사실에 초점을 맞춘다.

4. 프랑스의 노동자들이 파시스트 경향이 있는 것으로 비판받은 큰 이유는 일자리 때문이다. 아랍계의 이주노동자들이 차츰 많은 일자리를 얻자 이에 불안을 느껴 국수적이고 인종주의적인 성향을 갖게 된 것이다.

5. '사장'을 뜻하는 프랑스어 président-directeur général의 약자. 이 사장들은 '금융'의 소수특권층이나 앞으로 언급될 초계급과는 구별된다. 1960년대 부르주아지(중산층)의 상사로서, 표현 그대로 '권위적이고 지방색이 짙은' 사장들일 따름이다.

6. '상 파피에Sans-papiers(undocumented immigrants)'란 신분증이나 체류허가증 없는 불법체류자를 말한다. 프랑스에서는 불법체류자가 큰 사회적 문제로 부각되자 1990년대 후반부터 이들을 심사해 국내 체류를 허가하거나 거부하고 있다. 그런데 이 과정에서 인권을 고려하기 때문에 가급적 관용적으로 처리한다. 이는 아마도 좌파의 견해가 반영됐기 때문일 것이다. 저자는 이러한 정책 때문에 프랑스의 노동자들이 역차별을 당했다고 판단한다. 이주노동자들이 일자리를 차지함으로써 프랑스의 노동자들은 거주지와 먼 데서 일해야 하는 상황에 처하는 것이다.

7. '영광의 30년'은 서구사회의 대부분의 선진국들, 특히 OECD 회원국들이 급성장을

한 1945년부터 1974년까지의 시기를 가리키는 표현이다. 이 시기에 그들이 크게 발전할 수 있었던 것은 전후 재건 사업에 노력하고, 과학기술이 크게 발전하고, 대부분의 선진국에서 거의 완전한 고용이 이뤄지고, 인구가 많아진 덕에 고급 인력의 수가 증가했기 때문인 것으로 평가된다.

8. '두 번째 좌파Deuxième gauche'는 미셸 로카르Michel Rocard가 1977년부터 그동안 중앙집권적이고 관료주의적 성격을 띤 채 남아 있다고 판단한 좌파와 결별하기 위해 주도한 운동이다. 사회주의 국가들의 전체주의에 환멸감이나 거부감을 느낀 많은 지식인들이 이 운동에 합류했다. 이어서 1988년에 사회당의 미테랑 대통령이 근본주의 좌파운동정당(MRG: Mouvement des Radicaux de Gauche)의 로카르를 국무총리로 지명하면서 연립내각이 구성된다. '수평적인 신계급연대'란 이런 연립내각이 구성된 상황을 가리킨다. 원래는 대통령과 국무총리는 같은 당에 속하는 것이 원칙이지만, 이러한 이질적인 연립내각이나 동거정부는 프랑스의 고유한 정치제도로 존재하고 있다. 이 당시 총리에 지명된 로카르는 프랑스에서 최초로 '최저통합수당Revenu Minimum d'Insertion'을 실시했다. 이 대목에서 우리는 저자의 매우 근본주의적인 성향을 보게 된다. 로카르가 이른바 '사교계 좌파'이자 '보보 좌파'에 불과한 사회당과 연합한 것을 암묵적으로 비판하기 때문이다. 이 연대에서 태어난 조직이 중산계급에게서 가장 많은 세금을 거둬들이며 사회보장 정책을 실시한 것에 대해서도 비판을 하고, 나아가 그렇게 중산계급을 착취한다는 이유로 그 연대를 기생적 존재들의 연대라고 비난한다.

5. 시장을 위한 여론 민주주의

1. Édouard de Rothschild. 로스차일드 가문은 18세기 후반, 골동품상과 대부업으로 시작해 세계에서 가장 부유한 금융그룹으로 성장한 유대인 금융 가문이다. 로스차일드는 역사상 처음으로 '금융권력'을 만들어냈다고 할 수 있는데, 19세기에는 유럽 국가들의 화폐 발행을 관장하고 막강한 자금줄 역할을 하는 등 영향력이 지대했다. 또한 이스라엘이 건국될 때 재정 지원을 한 것으로 알려져 있다. 에두아르 드 로스차일드는 현 로스차일드 가문의 당주라고 할 수 있는 데이비드 드 로스차일드의 이복동생이다. 에두아르는 현재 《리베라시옹》의 지분 37퍼센트를 소유하고 있다.

2. 1930년대 후반 스탈린 시대에 이뤄진 숙청재판을 총칭하는 말. 이 당시 몇몇 혁명가들이 트로츠키와 제국주의자들과 공모하여 소련체제를 전복할 음모를 꾸몄다고 자백해 전 세계 공산주의자들에게 충격을 주었다. 그들의 자백은 고문에 의한 거짓이었으나 대부분 처형당한다. 1956년 소련은 스탈린이 자국민에 대한 범죄를 저질렀

음을 시인했다.

3. 이 표현은 혁명적 마르크스주의 입장에 서 있으면서도 레닌주의와 교조적 마르크스 주의를 비판하는 사람들의 입장을 가리키는 용어로, 특정 정당이나 단체가 아닌 어 떤 하나의 운동을 총칭한다. 예를 들어 68년 5월 이후로 '국제공산주의경향Courant communiste international'이나 '교환과 운동Échanges et mouvement' 같은 조직 들이 그러한 운동을 폈다.

4. 1985년에 조직된 민족주의자들의 정당으로 특히 미국과 이스라엘에 대해 반대하는 입장이었고 다국적기업과 은행들의 정책에 강한 비판을 했다. 창립자인 장 질 말리 아라키스Jean-Gilles Malliarakis의 배타적 권력 때문에 정당이 해체됐으나 최근에 다시 정당 활동을 시작했다.

5. 2006년 9월 고등학교 철학교사인 로베르 레데케(Robert Redeker, 1954〜)가《피가 로》에 이슬람 세계를 모독하고 특히 코란을 폄하하는 글을 실은 뒤 튀니지와 이집트 에서는 이에 항의해 큰 시위가 일어났다.《피가로》는 알자지라 방송을 통해 사과의 뜻을 전했지만, 레데케는 이슬람단체로부터 살해 위협까지 받았다. 한편 프랑스 지 성계에서는 레데케의 이슬람세계에 대한 시각을 두고 논쟁이 전개됐다.

6. 이란 여인 사키네흐Sakineh Mohammadi Ashtiani는 2006년 이후로 간통을 했다는 혐의로, 다음에는 내연남과 공모해 남편을 살해하려 했다는 혐의로 처형을 언도받고 감옥에 수감되어 있다. 사키네흐 자신은 남편을 살해하려는 공모는 없었다고 말한 다. 그런데 이란의 관습에 따라 돌팔매질을 해 사키네흐를 처형한다는 내용이 언론 에 전파되면서 사키네흐 사건은 국제적으로 커다란 관심을 불러일으켰다. 곧 여러 국제단체들이 그녀를 구제하고자 움직였다. 한편 디외도네는 베르나르 앙리 레비가 이 사건에 개입해 언론을 통해 사건의 진위를 조작했다고 비판하기에 이른다. 디외 도네가 직접 이란에 가서 확인한 결과 사키네흐는 돌팔매질에 의한 처형 언도를 받 지 않았으며 그러한 내용은 이슬람세계를 왜곡하기 위해 유대인인 베르나르 앙리 레 비가 조작했다는 것이다. 현재 사키네흐의 정확한 혐의는 알려지지 않고 있다. 지금 국제단체가 그녀의 사형 선고를 철회할 것을 이란에 요구하는 가운데 사키네흐는 여 전히 감옥에 수감되어 있다.

7. '과도기 대상'은 심리학에서 쓰는 용어다. 아기는 처음에는 엄마와 친밀한 관계를 맺 다가 그다음 외부사물과 관계를 맺게 되는데, '과도기 대상'은 이 두 단계를 매개하 는 역할을 한다. 엄지손가락(을 빠는 행위), 이불 끝자락(을 무는 행위), 곰인형(을 꼭 껴안는 행위) 등이 그것이다. 이는 아마도 아기가 외부사물과 관계를 맺기 위해 차츰 엄마에게서 떨어져 나오면서, 당분간은 엄마의 애정을 대체할 대상을 필요로

하거나 엄마에게 갖고 있던 애정을 대상에 투사하기 때문일 것이다.

8. 바아시즘baasisme은 1947년에 다마스에서 결성된 바스당Parti Baas의 이념으로 아랍의 여러 국가들을 하나의 커다란 국가로 통일한다는 내용을 담고 있다. 바스당은 현재 시리아의 집권당이고 이라크에서는 2003년까지 통치를 했다. 그러나 이 두 국가의 바아시즘은 시간이 흐르면서 초기의 바아시즘과는 그 성격이 크게 달라졌다.

6. 제국이 제한 없이 군림하다

1. 프랑스의 제4공화국은 1946년부터 1958년까지 유지됐다. 이 공화국은 미국의 핵우산 보호를 받았고 1949년에 창설된 나토에 군사기지와 참모부를 제공했다. 하지만 프랑스는 외교적 차원뿐 아니라 경제적 차원에서도 미국에 종속되는 양상을 띠게 된다. 제4공화국 말기에는 드골이 다시 정치에 복귀해 새로 헌법을 기초하고 국민도 이 헌법을 압도적으로 지지한다. 이렇게 제5공화국이 시작되고 1958년에 드골은 대통령으로 당선된다.

2. 아마도 68년 5월 혁명을 이끈 학생들에 속했던 다니엘 콩 방디를 가리키는 것으로 보인다. 그의 부모는 유대계 독일인으로서 나치즘을 피해 1933년에 프랑스로 왔지만, 미국 이민을 염두에 두었기 때문에 아들인 콩 방디의 출생 신고를 하지 않았다. 이런 이유로 콩 방디는 프랑스에서 태어났지만 프랑스 국적을 갖고 있지 않았다. 그리고 68년 5월 혁명 당시 콩 방디는 두 명의 혁명 동지와 함께 프랑스의 방송국인 ORTF(L'Office de Radiodiffusion-Télévision Française)에 출현해 전 국민을 대상으로 혁명의 경위에 대해 설명하게 된다. 이를 계기로 그는 더욱 유명해졌다.

3. Jean Moulin(1899~1943). 프랑스의 레지스탕스. 외르에루와르Eure-et-Loir의 도지사로 있던 때는 점령군인 독일군의 명령에 불복종하기도 했다. 런던으로 피신한 이후 프랑스 레지스탕스 조직들의 연맹인 프랑스레지스탕스국가위원회CNR를 조직하는 데 주도적인 역할을 하고 1943년에는 CNR의 초대 의장이 된다. 그러나 같은 해 프랑스로 들어왔을 때 동료의 배반으로 게슈타포에 의해 체포되어 고문을 당하고 독일로 이송되던 중 죽음을 맞는다. 1964년에야 그의 유해가 프랑스의 위인들이 묻힌 팡테옹에 안장된다.

4. 클라우스 바르비Klaus Barbie는 독일 나치주의자로 1942년 11월부터 1944년 8월까지 게슈타포 대장의 지위로 리옹에 파견되었다. 그 기간 동안 유대인들을 독일로 이송시키고 레지스탕스와 싸우는 등 활발한 활동을 한다. 이 시기에 장 물랭을 체포하기도 했다. 전후에 볼리비아에서 신분을 숨긴 채 살아가던 중 1983년에 정체가 드러나 프랑스로 이송된다. 프랑스에서 1987년부터 그에 대한 재판이 시작되고 '인류에

대한 범죄'의 죄목으로 종신형을 선고받은 그는 1991년 감옥에서 사망한다.

5. '덤핑'이란 일반적으로 기업이 상품을 국내에서는 비싸게 파는 대신 외국에서는 싸게 팔며 해외시장을 확대하는 전략을 말한다. 여기에서는 국내의 노동자들에게 비싼 임금을 지불하지 않는 대신 해외의 많은 노동자들을 국내로 들여와 그들에게 싼 임금을 지불하는 정책을 다소 아이러니한 방식으로 '사회적 덤핑'이라고 표현했다.

6. 1984년에 쥘리앵 드레를 포함한 몇몇 사회당 소속의 인사와 좌파 인사들이 인종주의를 척결하기 위해 만든 단체. 좋은 일을 하는 단체지만 프랑스에서는 이 단체가 정치적으로 도구화되었다는 비판이 제기되기도 한다. 예를 들어 좌파가 대중의 결집을 유도하기 위해 단체를 이용한다는 견해가 있다. 일부 아랍계 이민자들도 그런 사실을 알기 때문에 SOS 라시슴에 강한 거부감을 갖고 있다.

7. 이번 장을 읽을 때는 주요한 사건이나 현상들의 배후에 궁극적으로는 유대인이 있다는 것을 상기하면 도움이 된다. 이 문장이 담고 있는 내용도 마찬가지다. 유대인은 인종주의를 거부하면서도 인종주의를 필요로 한다. 인종주의를 거부하는 것은 유대인들이 인종 차별의 대상이 될 수 있기 때문이다. 반면 이 문장에서처럼 인종주의를 필요로 하는 것은 인종주의 때문에 아랍인들이 프랑스인들을 계속 증오할 수 있기 때문이다. 이것은 나치 협력의 이력이 있는 프랑스인들이 증오를 받을 만한 존재이기 때문이다. 프랑스인들이 증오의 대상으로 남아 있기 위해서는 인종주의가 계속 필요하다는 판단이다. 저자가 반복적으로 비판하는 것 중 하나가 유대인들의 이런 식의 이중적 전략이다. 이런 전략 다음에는 유대인들이 다른 이유 때문에 노골적으로 인종주의를 지향하게 된다는 것이 이번 장의 주된 내용이다. 그런데 저자의 견해들은 검증이 필요하다. 프랑스에서 생활하지 못한 외국인인 우리가 일단 저자의 견해에 수긍한다 하더라도, 저자의 견해는 보다 구체적일 필요가 있고 또한 많은 예증이 필요할 것으로 보인다. 이는 우리가 서구세계의 문화를 제대로 이해하기 위해서도 필요한 일이다.

8. 장 바티스트 보튈Jean-Baptiste Botul은 작가 프레데릭 파제Frédéric Pagès가 신비적인 색채를 부여하며 가공해낸 상상의 작가로서, 1896년에 태어나 1947년에 사망한 것으로 간주된다. 그런데 파제가 보튈의 이름으로『엠마뉘엘 칸트의 성생활La vie sexuelle d'Emmanuel Kant』(Mille et une nuits, 1999)이라는 책을 출간했는데, 2010년 베르나르 앙리 레비가 자신의 책『철학 내의 전쟁에 관해De la guerre en Philosophie』에서 보튈을 실존 인물로 간주하며 그의 책을 진지하게 인용한다. 이 에피소드로 말미암아 레비는 한때 문학계에서 웃음거리가 된다. 다른 문학인들은 보튈이 가공인물이라는 걸 이미 알고 있었던 것 같다.

9. Bernard Kouchner(1939~). '국경 없는 의사회'의 창시자. 정치인이기도 한 그는 프랑스에서 인도주의활동 및 보건과 관련해 여러 공직을 맡았고 1999년부터 2001년 까지는 유엔을 대표하는 자격으로 코소보에 파견되기도 했다.

10. 나이지리아로부터 분리해 1967년부터 1970년까지 존립했던 나라이지만 다시 나이 지리아에 편입됐다. 비아프라 망명정부가 지금도 독립운동을 계속 하고 있다.

11. 레몽 아롱은 한때 사르트르와 활동했지만 전체주의적 공산주의를 비판하고 자유주 의적 자본주의를 옹호하는 입장에 서게 된다. 그는 프랑스 지식인들이 공산주의 체제에 호의적 태도를 갖는 것에 강하게 비판했다. 그러나 그가 맹목적으로 자본주의 를 옹호한 것은 아니다. 그는 줄곧 중도적 입장을 취했다.

12. Jean-Pierre Chevènement(1939~). 정치인. 1971년 미테랑과 협력해 사회당을 창 립했다. 그는 2002년에 리오넬 조스팽이 사회당 후보로 대선에 출마했을 때 좌파진 영에서 같이 대선에 출마했다. 프랑스에서는 1차에서 과반 수 이상의 득표가 나오지 않으면 2차 선거까지 실시하는데, 사람들은 조스팽이 2차까지 갈 것이라고 예상했 다. 그러나 조스팽이 1차에서 3위를 하고, 극우파인 르펜이 2위를 하며 2차 결선에 오르는 상황이 발생했다. 당시 많은 사람들이 르펜이 대통령이 될 것을 우려해 거리 로 몰려나와 캠페인을 벌였고 슈벤망은 조스팽의 표를 잠식했다는 이유로 비판의 대 상이 됐다. 그러나 그는 일반적으로는 정치경력 동안 좌파적 이념을 신념 있게 유지 한 정치인으로 평가받는다.

13. 랑베르주의자Lambertiste는 피에르 랑베르Pierre Lambert(본명은 피에르 부셀Pierre Boussel, 1920~2008)의 이념을 따르는 사람을 가리킨다. 레온 트로츠키는 1938년 프랑스에서 제4차 인터내셔널을 조직한 바 있는데 이 조직은 1953년부터 다시 분열 되기 시작했다. 피에르 랑베르는 여전히 주요한 트로츠키주의자로 남아 국제노동자 연맹을 조직하기 위해 계속 노력한다. 이런 식으로 노동자들의 국제적 단결을 추구 하는 랑베르주의가 생겨난다.

14. 올리비에로 토스카니는 흑인·백인·황인이라는 제목이 달린 3개의 심장, 흑인여성 의 몸에 안겨 젖을 먹는 백인아기, 연인처럼 키스하는 신부와 수녀 등의 사진 광고에 "유나이티드 컬러즈 오브 베네통United Colors of Benetton"이라는 녹색 로고를 넣 었다. 이러한 광고의 메시지는 원래 베네통과 전혀 관련 없지만, 이 광고에 쓰인 사 진들은 브랜드 이미지를 강렬하게 부각시키도록 치밀하게 선택된 것이다. 이러한 광 고 덕분에 베네통의 브랜드 가치는 엄청나게 상승했다. 저자의 시각에서 본다면 소 수계층이 상업적인 목적과 혼혈주의를 위해 쓰인 예다.

7. 제국의 지배에서 벗어날 수 있을까?

1. Apéro saucisson-pinard. 아페로, 소시송, 피나르는 각각 '식전에 마시는 술', '커다란 소시지', '포도주'를 의미하는 프랑스어다. 프랑스에서는 2009년부터 SNS를 통해 사람들이 모여 '아페로 제앙Apéro géant(커다란 술병)'이라는 축제를 벌이는데, 이런 부류의 축제 중에서도 '아페로 소시송 피나르'는 특히 이슬람문화에 적대적인 사람들이 만든 모임이다. 2010년에도 큰 모임이 SNS를 통해 조직됐지만 행정당국에 의해 금지조처를 당했다.

저자의 다른 책과 영화들

에세이

『부모들을 위한 유행 설명서Les Mouvements de mode expliqués aux parents』
(엑토르 오발크Hector Obalk, 알렉상드르 파슈Alexandre Pasche와 공동 집필),
Robert Laffont, 1984 ; 재판, France Loisirs et Le Livre de poche.

『유행의 창조La création de mode』, S.I.S., 1987.

『바람둥이의 사회학Sociologie du dragueur』, Éditions Blanche, 1996 ; 재판,
2004.

『여성화를 향해?Vers la féminisation?』, Éditions Blanche, 1999 ; 재판, 2007.

『어디까지 내려갈까?Jusqu'où va-t-on descendre?』, Éditions Blanche, 2002 ; 재
판, 『주위에 가득한 어리석음의 ABC Abécédaire de la bêtise ambiante』, Pocket,
2003 / Éditions Blanche, 2008.

『소크라테스에서부터 생트로페까지Socrate à Saint-Tropez』, Éditions Blanche,
2003 ; 재판, 『주위에 가득한 어리석음의 ABC Abécédaire de la bêtise
ambiante』, Éditions Blanche, 2008.

『전전(戰前)의 연대기Chroniques d'avant-guerre』, Éditions Blanche, 2012.

소설

『밤과 낮, 혹은 어느 젊은 건달의 생활Le Jour et la Nuit, ou la vie d'un vaurien』,
Calmann-Lévy, 1991 ; 재판, 『어느 젊은 건달의 생활La Vie d'un Vaurien』,
Éditions Blanche, 2001.

『욕망의 비참함Misères du désir』, Éditions Blanche, 2004.

『추락!Chute!』, Éditions Blanche, 2006.

영화

〈슈아바다발레, 두 와이퍼의 애정 다툼Chouabadaballet, une dispute amoureuse
entre deux essuie-glaces〉, Édition Soral, 1990. (단편)

〈노 젓는 사람들, 카리에르 쉬르 센의 감정적 비참함과 육체 문화Les Rameurs,
misère affective et culture physique à Carrière-sur-Seine〉, Agat films, 1993. (단
편)

〈어느 바람둥이의 고백Confession d'un dragueur〉, Flach films, 2001. (장편)

함께 읽으면 좋은 갈라파고스의 책들

『왜 세계의 절반은 굶주리는가?』
-유엔 식량특별조사관이 아들에게 들려주는 기아의 진실
장 지글러 지음/ 유영미 옮김/ 우석훈 해제/ 주경복 부록/ 202쪽/ 9,800원
* 한국간행물윤리위원회, 책따세 선정도서/ 법정스님, 한비야 추천도서

120억의 인구가 먹고도 남을 만큼의 식량이 생산되고 있다는데 왜 하루에 10만 명
이, 5초에 한 명의 어린이가 굶주림으로 죽어가고 있는가? 이런 불합리하고 살인적
인 세계질서는 어떠한 사정에서 등장한 것일까? 그 책임은 누구에게 있을까? 학교
에서도 언론에서도 아무도 알려주지 않는 기아의 진실! 8년간 유엔 인권위원회 식
량특별조사관으로 활동한 장 지글러가 기아의 실태와 그 배후의 원인들을 대화 형
식으로 알기 쉽게 조목조목 설명했다.

『탐욕의 시대』
-누가 세계를 더 가난하게 만드는가?
장 지글러 지음/ 양영란 옮김/ 364쪽/ 15,000원

세계는 왜 점점 가난해지는가? 이 세계의 빈곤화를 주도하는 자들은 누구이며 부의
재편은 어떤 방식으로 이루어지는가? 그리고 기아와 부채는 가난한 자들의 발목을
어떻게 옭아매고 있는가? '신흥 봉건제후들'이라 불리는 거대 민간 다국적 기업들
과, IMF, IBRD, WTO 등 시장원리주의와 세계화를 맹신하는 신자유주의적 국제기
구들, 전쟁과 폭력의 조직을 일삼는 '제국'들, 부패한 권력층의 실체를 고발하고, 그
에 대항한 전 세계 시민들의 즉각적인 연대를 촉구하는 장 지글러의 역작.

『빼앗긴 대지의 꿈』
-장 지글러, 서양의 원죄와 인간의 권리를 말하다
장 지글러 지음/ 양영란 옮김/ 312쪽/ 12,800원
* 2008년 프랑스 인권저작상 수상작/ 한국인권재단 선정 2010년 올해의 인권 책

과거 서구 제국주의의 침략과 수탈에 의해 현재까지도 비참한 삶을 이어가고 있는
남반구 22억 사람들의 뼈아픈 기억과 그로 인해 위기에 봉착한 오늘의 세계를 이야

기한다. 동시에 서구 열강에 대항해 세계 곳곳에서 기적처럼 되살아나는 연대와 혁명의 움직임까지 장 지글러 특유의 격정과 논리로 강렬하게 포착해내고 있다.

『푸코, 바르트, 레비스트로스, 라캉 쉽게 읽기』
-교양인을 위한 구조주의 강의
우치다 타츠루 지음/ 이경덕 옮김/ 224쪽/ 12,000원

구조주의란 무엇인가에서 출발해 구조주의의 기원과 역사, 그 내용을 추적하고, 구조주의의 대표적 인물들을 한자리에 불러 모아 그들 사상의 핵심을 한눈에 들어오도록 정리한 구조주의에 관한 해설서. 어려운 이론을 쉽게 풀어 쓰는 데 일가견이 있는 저자의 재능이 십분 발휘된 책으로, 구조주의를 공부하는 사람이나 구조주의에 대해 알고 싶었던 일반 대중 모두 쉽고 재미있게 읽을 수 있는 최고의 구조주의 개론서이다.

『지식의 역사』
-과거, 현재, 그리고 미래의 모든 지식을 찾아
찰스 밴 도렌 지음/ 박중서 옮김/ 924쪽/ 35,000원
* 한국간행물윤리위원회 선정도서/ 한국경제신문, 매일경제, 교보문고 선정 2010년 올해의 책

문명이 시작된 순간부터 오늘날까지 인간이 생각하고, 발명하고, 창조하고, 고민하고, 완성한 모든 것의 요약으로, 세상의 모든 지식을 담은 책. 인류의 모든 위대한 발견은 물론이거니와, 그것을 탄생시킨 역사적 상황과 각 시대의 세심한 풍경, 다가올 미래 지식의 전망까지도 충실히 담아낸 찰스 밴 도렌의 역작이다.

『촘스키처럼 생각하는 법』
-말과 글을 단련하고, 숫자, 언어, 미디어의 거짓으로부터 나를 지키는 기술
노르망 바야르종 지음/ 강주헌 옮김/ 352쪽/ 13,500원

생각의 주인으로 살고 싶은 교양인을 위한 지적인 자기방어법 강의. 언어, 수학, 심리학, 과학, 미디어 등 각 분야를 두루 살펴가며, 비판적 사고를 하는 데 필요한 거의 모든 지식을 꼼꼼하게 정리했다. 여론 조작, 정치인의 허튼소리, 광고의 속임수, 미디어의 정보 조작을 꿰뚫어 볼 수 있는 도구들을 제공하는 책.

『성장의 한계』
30주년 기념 개정판
도넬라 H. 메도즈, 데니스 L. 메도즈, 요르겐 랜더스 지음/김병순 옮김/485쪽/23,000원

1972년, MIT 젊은 과학자 네 명이 연구 끝에 세상에 발표한 '인류의 위기에 관한 프로젝트' 보고서를 바탕으로 엮은 책이다. 가장 최근의 데이터들로 새롭게 무장한 이 책은 브레이크 없는 경제 성장이 지구 환경에 어떤 영향을 미치게 될지 그 원인과 전망을 분석하고, 성장주의의 가공된 신화에서 벗어나 '지속 가능한 미래'의 중요성을 강조한다.

『물질문명과 자본주의 읽기』
자본주의라는 이름의 히드라 이야기
페르낭 브로델 지음/김홍식 옮김/204쪽/12,000원

역사학의 거장 브로델이 우리가 미처 알지 못했던 자본주의의 맨얼굴과 밑동을 파헤친 역작. 그는 자본주의가 이윤을 따라 변화무쌍하게 움직이는 카멜레온과 히드라 같은 존재임을 밝혀냄으로써, 우리에게 현대 자본주의의 역사를 이해하고 미래를 가늠해볼 수 있는 넓은 지평과 혜안을 제공하였다. 이 책은 그가 심혈을 기울인 '장기지속으로서의 자본주의' 연구의 결정판이었던 『물질문명과 자본주의』의 길잡이판 격으로 그의 방대한 연구를 간결하고 수월하게 읽게 해준다.

『굶주리는 세계, 어떻게 구할 것인가?』
장 지글러의 '대량살상, 기아의 지정학' 절망 속에서 희망을 찾다
장 지글러 지음/양영란 옮김/360쪽/16,000원

이 책은 장 지글러가 유엔 최초의 식량특별조사관으로서 활동한 8년간의 절망과 희망을 기록한 책이다. 전 세계 곳곳의 기아 현장을 누빈 이야기는 물론 굶주리지 않을 권리인 '식량권'과 식량권을 지키기 위해 창설된 FAO, WFP와 같은 국제기구의 한계와 가능성, 기아의 새로운 원흉으로 부상한 바이오연료와 식량투기꾼, 유엔 내부에서 겪었던 갈등과 저자에게 가해진 압력 등을 생동감 있게 풀어냈다.

그들이 세상을 지배해왔다

금융권력, 제국의 지배는 계속될 것인가

국가가 반란을 일으킬 것인가

1판 1쇄 인쇄 2013년 1월 3일

1판 1쇄 발행 2013년 1월 8일

지은이 알랭 소랄 ｜ 옮긴이 이현웅

기획 임병삼 ｜ 편집 김지환 백진희 정다혜 ｜ 표지 디자인 가필드

펴낸이 김경수 ｜ 펴낸곳 갈라파고스

등록 2002년 10월 29일 제13-2003-147호

주소 121-838 서울시 마포구 합정동 376-27 국제빌딩 5층

전화 02-3142-3797 ｜ 전송 02-3142-2408

전자우편 galapagos@chol.com

ISBN 978-89-90809-47-6 03300

이 도서의 국립중앙도서관 출판시도서목록(CIP)은 e-CIP 홈페이지

(http://www.nl.go.kr/cip.php)에서 이용하실 수 있습니다.

(CIP 제어번호: CIP 2012006211)

갈라파고스 자연과 인간, 인간과 인간의 공존을 희망하며, 함께 읽으면 좋은 책들을 만듭니다.